社会工作实务

操作手册

沙 卫 主 编 殷茹媛 副主编

个人与家庭需求评估实务指南

参与编写 沙 卫 殷茹媛 刘颖红 赵雅萍

复旦大學出版社

社会工作实务操作手册
编委会名单

序一

顾东辉[1]

社会工作是协助弱困对象抗逆复常的知行合一专业活动，“人境共优”即助人自助和促境美好的兼顾是其利他特色。社会工作既可以为对象纾解困境，又可以助力对象获得成长，还可以推进社会公平正义，因此是文明社群和发达场域中不可或缺的专业、职业和行业。

实务是理论和现实的中介环节，有其积极功能。一是于工作对象有利他效果，如协助对象纾解困境并助其成长；二是于宏观场境有积极价值，如降低问题成本从而显示经济功能，保护社群权益从而体现政治功能，助人恢复常态从而彰显社会功能，关助弱困人士从而呈现文化功能；三是于社会工作者有增能成效，社会工作因需协助对象而被不断激发潜能，实现助者成长的预外功能。可见，实务应该是社会工作的关键板块。

规范培训不但可以体现社会工作的专业属性，而

[1] 复旦大学社会工作学系教授（博导）、中国社会工作教育协会副会长、全国社会工作专业学位研究生教育指导委员会副主任。

且可以保证社会工作的实务质量，而培训手册无疑是进行社会工作规范培训从而扩大实务效果的重要载体。

上海乐群社工服务社是全国首家民办社会工作机构，二十年来，切实秉持利他理念，致力服务弱困社群，其专业能级已得到业界的高度认可。

编制本系列实务手册是上海乐群社工服务社贡献专业智慧的积极举措。乐群基于二十年的实务积累，分别以个人、家庭、社区等传统实务，以及儿童托管服务、志愿服务中心托管等社会行政管理实务为切入口，梳理说明了社会工作实务一般过程的专门技术，涉及需求评估、关系建立、方案制定、计划推进和评估总结等若干环节。其中，既有专业社会工作的一般经验，又有中国本土社会的在地探索，还有乐群社工的自主实践。此行此举充分反映了乐群的社会责任感和专业使命感。

当然，乐群虽尽心竭力以期最佳服务业界，但是，因“未满”乃工作常态而难免有其疏漏之处。尽管如此，本系列手册所含的专业技术和实践智慧依然值得助人利他同道、党政相关部门、高校社工师生和其他有兴趣人士的审读、参鉴和学习。

对于上海乐群社工服务社的如此利他举措，表示特别敬意！

2023 年 5 月 28 日

序二

马伊里[1]

上海乐群社工服务社（简称“乐群”），这个中国内地首家由专业社会工作者组成的职业性机构，自2003年成立至今，已经走过了二十年的历程。她的出现，表明了在中国内地，社会工作由大学的一个专业开始走向了社会，走向了实践！她的出现，宣告了一个新的职业和新的职业载体的诞生！值得钦佩的是，最初的这群年轻社会工作者，在社会认同、社会理解还不充分的情况下，奔着一个远大的目标，肩负着专业的使命，俯下身子，一步一个脚印，在改革开放的前沿——浦东，开始了社会工作中国实务的最初实践。从2003年应对SARS到2008年汶川地震，从维稳、信访、司法、矫治到民族、宗教、优抚、老人、儿童、残疾人，从社区、家庭到医院、学校……乐群的社会工作者们，

[1] 第十二届上海市政协常委，曾任上海市民政局党组书记、局长。现任中国社会学会社会政策研究专业委员会常务理事。

用自己所学的专业，积极回应社会所需。二十年的探索，二十年的积累，汇集成这本《社会工作实务操作手册》，真是难能可贵！如果说，社会工作理论还可以先从国外学得，那么，社会工作实务，尤其是肩负着回应中国现代社会之急迫需求的社会工作实务，就只有一条路可走，那就是：一个案例一个案例地进行本土实践！乐群用他们特有的勇气、执着、务实和坚持，为中国社会工作实务的历史留下了浓墨重彩的一笔。乐群走过的二十年，可以说是中国社会工作实务的一个缩影。尽管起步异常艰难，但是，这一过程凝聚着众多前辈们身体力行的支持，全体乐群社会工作者孜孜不倦的努力，他们每一步都走得非常坚定而扎实！

社会工作因社会问题而生，社会工作以回应社会问题而存。二十年后的今天，中华民族已经开启了中国式现代化的新征程。中国社会工作实务只要坚持在回应现实需求的路上不断探索，不断实践，就一定能够为促进中国本土社会工作的发展，为全社会的和谐进步作出无愧于我们这个时代的新贡献！

2022 年 12 月 11 日

序三

吴水丽[1]

为回应社会服务社会化的方向，上海乐群社工服务社（以下简称“乐群”）于2003年在上海浦东成立，成为中国首家按1999年《民办非企业单位登记暂行办法》成立的社会工作机构。它的成立，代表着我国有组织社会工作实务的源起。

作为一家民办的社会工作机构，除按整体社会政策承担各种社会福利服务外，更肩负两项重要任务：其一是尝试创新性服务，期盼以更有效的专业手法服务有需要的人；其二是总结经验，分享推广，促进社会工作专业的发展。作为一家民办机构，乐群作为个体肯定无法满足整体社会的需要。乐群成立后不久，2006年，中共十六届六中全会明确提出，要建立一支宏大的社会工作人才队伍。在此背

[1] 上海乐群社工服务社创办人之一、香港社会工作人员协会荣誉会长、国际社会工作联盟前副会长、香港基督教服务处荣休行政总裁。

景下，各项相关政策陆续出台，各部委及社会相应配合，社会工作机构纷纷成立。乐群未忘成立时有关民办社会工作机构角色的初心，在2009年推出了《乐群社会工作实务丛书》计划，先后出版了《社区工作放大镜——以都江堰社区重建为例的社会工作实务手册》和《其乐无穷——社会工作专业活动游戏集》两书，其后因要把当时人力物力都很有限的资源集中在直接提供服务上，丛书的出版遂告一段落。

经过二十年的发展，在理事会和各同工的努力下，乐群今天已成熟起来，很高兴我们并没有忘记总结经验、发展专业的角色。这次实务手册系列包括了以下5本（以后还会因应新项目及需要出版其他领域的手册）:《个人与家庭需求评估实务指南》《社区大型活动实务指南》《儿童托管服务实务手册》《社区志愿服务中心托管项目实务手册》《家庭社会工作项目实务手册》。各书以手册的形式编写，除了有相关理论的论述和框架，更注重实务操作的原则和要点，而且都已经过同工实践验证。

1988年，北京大学开设社工专业教育课程时就提出了社会工作本土化的议题。本土化需要哲理的探索、学术的研究等上层建构，而在实务中总结到的历程，以及从服务使用者身上学习到的他们生命中的喜乐和成长才是本土化的素材。

这5本书集合了多位同工的心力和智慧，现在把成果呈现在各位面前，期盼对促进专业发展略尽绵力，也请各位推介和不吝指正。

2023年5月4日

序四

吴　铎[1]

上海乐群社工服务社（简称“乐群”）于2003年创建，是我国改革开放后，政府支持、民间自办、自负盈亏、非营利性的第一个专业社工服务机构，迄今已发展二十周年了。沙卫教授等编写的《社会工作实务操作手册》，可以说是“乐群”诞生后学习成长、服务社会的一份成绩报告单。

上海乐群社工服务社所从事的专业社会工作，是在上海浦东新区开发开放的大背景下起步的。上海浦东新区开发开放后，当时新区政府社会发展局主持制定了《上海市浦东新区90年代社会事业发展战略及规划研究》和《上海市浦东新区90年代社会保障发展规划研究》。实施这两个规划，不仅要有政

[1] 时任上海市浦东新区社会工作者协会会长，兼任上海乐群社工服务社第一届理事会理事长，华东师范大学党委副书记、学科教育与社会学教授。现为上海乐群社工服务社荣誉理事长。

府的具体举措，还需要有社区、社会组织、专业人才尤其社会工作人才的介入。因此，社会发展局与高校、社科院的社会学教授和专家紧密合作，在开展社区建设、培育社会组织、推进社会工作、发挥社工人才作用等方面，进行了深入的探索和实验。

上海市浦东新区社会工作者协会于1999年12月注册成立，并建立了社区社会工作、学校社会工作、医务社会工作三个专业委员会，分别负责促进、指导社区、学校、医务社会工作的开展。具有社区公共服务中心特点的“罗山市民会馆”于1996年正式对市民开放。潍坊新村社区社工站、沪东新村社区社工站、东方医院社工站、育英学校社工站、罗山市民会馆社工站等社工机构陆续建立。社会工作实务在浦东新区社会生活各个领域的广泛推进，催生了乐群社工服务社。

“乐群”取义于《礼记·学记》“敬业乐群”[1]，体现了社会工作本土化精神。本着“立足社会、助人为念、倡导群乐、发展专业”的宗旨，乐群为广大市民提供了专业化、多元化的社会工作服务。

[1]“乐群”，典出《礼记·学记》：“一年视离经辨志，三年视敬业乐群。”唐代经学家孔颖达（574—648）在《五经正义》中释义说：“敬业，谓艺业长者，敬而亲之；乐群，谓群居朋友善者，愿而乐之。”朱熹（1130—1200）说：“敬业者，专业致志，以事其业也；乐群者，乐于取益，以辅其仁也。”

二十年来，上海乐群社工服务社历经了两届理事会。第一届理事会主要任务是初创工作，根据浦东新区社会建设的需求，制定民办社会服务机构的蓝图和规划，奠定民办社会工作机构的基础。第二届理事会的主要任务是巩固发展，根据社会建设和发展的新形势，加强机构自身组织、制度、工作规范等方面的建设，扩展、提升和优化社会服务工作质量，更好满足社会服务需求。上海乐群社工服务社还历经了四届主任。第一届至第三届主任任期基本上在第一届理事会期间，主要是适应社会服务需求，创设条件，克服种种困难，奠定创业基础。第四届主任任期在第二届理事会期间，主要是适应社会服务新的需求，健全组织制度建设，扩展社会服务领域，提升社会服务质量。理事会的同仁和主任等机构管理成员以及所有同工，二十年来都不负改革开放和社会建设的要求，作出了出色的贡献。上海乐群社工服务社的建立和发展还得到中国社会科学院社会学研究所、香港基督教服务处、上海基督教青年会等机构相关专家的支持和悉心指导。

“竹外桃花三两枝，春江水暖鸭先知。”《社会工作实务操作手册》的编撰和出版，只是反映了在我国专业社会工作发展领域的“春江水暖鸭先知”。我衷心祝愿，在习近平新时代中国特色社会主义思想指引下，专业社会工作和服务机构在中国式现代化建设中，能够发挥更具特色的为民服务作用，取得更多创新性的经验。

2023 年 5 月 2 日

目　录

引　言

《社会工作词典》中将**人类需求**定义为：为了生存、幸福和完善而提出的对生理、心理、经济、文化和社会等方面的需要[1]。**需求评估**是社会工作者和其他专业人士对服务对象的需要所进行的系统测量和评价的专业活动，在进行需求评估时，既要了解和判断服务对象遇到的困难和问题，也要了解和评价服务对象所拥有的资源、潜在的解决方法 / 方案，以及在问题解决过程中存在的障碍。通常，社会工作者将需求评估结果与机构功能进行对照，然后确定为服务对象提供服务还是将其转介[2]。

上海乐群社工服务社（以下简称“乐群”）将需求评估作为向服务对象提供专业服务的基础，强调在较全面地了解服务对象[3]的前提下，准确且动

[1] Barker，R. L., *The Social Work Dictionary*, 4th ed., Washington DC: NASW Press，1999，p.323.

[2] 王思斌:《社会工作导论》，高等教育出版社 2004 年版，第 160 页。

[3] 本手册中“服务对象”指服务对象和 / 或潜在服务对象。

态地把握他们的需要，并以此为依据，制定或调整具有针对性的、切实可行的服务方案，以满足服务对象的需求。其中的内在逻辑是，如果服务对象的需要不能得到满足，会由需求不足产生困难和问题，基于对需求不足带来的困难和问题的评估与解析，可以发现他们有什么需求，通过什么样的服务可以满足他们需求，进而使他们面临的困难或问题得到解决或缓解。

作为确定服务目标和制定服务方案的基础，在乐群目前的实务工作中，需求评估主要有两种类型：一种是为个人/家庭制定具体服务方案提供依据的需求评估；另一种是为既有项目的实施设计具体服务和活动提供依据的需求评估。

为个人/家庭制定具体服务方案提供依据的需求评估。此类评估较多地运用于微观层面，如在个案服务和家庭服务中，需求评估是为了解服务对象的现状（遇到的问题和困难）、他们的相关经历（以往的应对经历与结果）、他们的需要（需要的帮助或改变、他们的期待）、现有的资源（支持系统与社会资源）等，在此基础上，发现并确认服务对象的具体需要，且对其需求排出优先顺序，继而依据需求评估的发现，确定服务的目标、内容和方法，最终形成具体的服务计划。

为既有项目的实施设计具体服务和活动提供依

据的需求评估。此类评估活动较多运用于中观和宏观层面，当社会工作者（简称“社工”）需要服务于某一类同质性较高的人群、多个人群或某个社区时，在为既有项目策划实施计划和设计具体活动方案之前，首先要较深入地了解相关目标人群的现状（基本信息、数量、分布等）、服务对象的需要（遇到的困难/问题、他们的心声与期待等）、对问题已有的回应（政策方面回应，社会、管理与服务的回应等），以及相关社会环境（目标服务人群总体状况、相关的政策和服务，以及服务空白）等信息，从中发现特定群体及社区的需要，为策划实施计划和设计活动方案提供依据。

上述两类需求评估也均可以在服务计划实施的过程中开展，评估的结果可以作为服务计划和方案的调整依据。

本手册为《个人与家庭需求评估实务指南》，旨在帮助乐群社工及同行专业地和规范地开展需求评估工作，并帮助其他新入行的社工和社会工作专业学生实现成长。

第一章

需求评估工作必备知识

一、了解适用范围

根据乐群目前的项目情况，家庭社会工作项目较多用到此类评估，其他服务项目，如儿童托管服务、困境青少年服务等，若遇到需要深入介入、采用个案辅导或个案管理方法提供服务的对象（家庭和个案），亦可运用此评估方法对需求进行评估。

二、明确工作任务

根据目前乐群为家庭和个案所提供的服务项目，机构要求社工在提供服务之前，要通过需求评估完成三项任务：第一，了解服务对象需求，完成风险排查；第二，通过需求分析把握核心需求，并排出优先顺序；第三，根据实际情况，作出服务决定。上述三项任务都是在为提供服务作准备，为制定服务方案提供依据。

三、知晓操作流程

需求评估的一般操作流程（如图 1-1 所示）大致可以分为六个环节：（1）接案或接受转介；（2）需求评估工作准备；（3）与服务对象见面并建立专业关系；（4）了解需求与风险排查；（5）对需求进行分析与总结；（6）作出服务决定，形成评估报告。

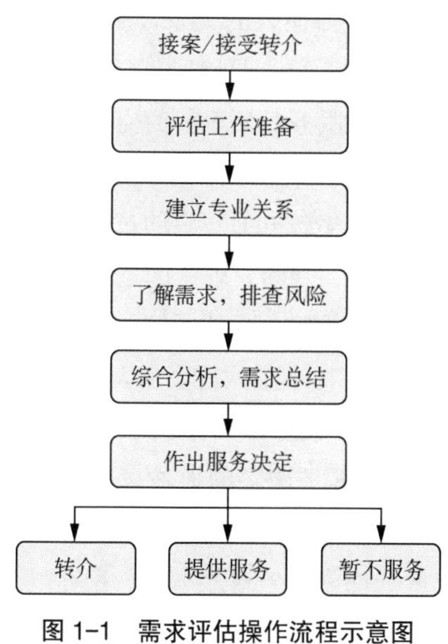

图 1-1　需求评估操作流程示意图

四、掌握工作方法

根据需求评估的任务，社工要向服务对象了

解他/她的需要，但这并不意味着可以直接问他/她："你有什么需要？"而是要通过各种方式收集相关资料，了解他们遇到的事件、问题和困难是什么；这些事件和问题对他们有怎样的影响；面对当前的问题和困难，他们想要什么、有什么期待。有时，还需要较全面地了解他们的生理、心理、精神状态、生命周期中所处的阶段、个人的经历、职业、家庭、与家庭的关系、与他人的关系、所处的社会环境、存在的资源等各方面的具体情况。经过梳理和分析，才能准确地把握服务对象当前的需要，甚至将来的潜在需要。

这是一个收集各方面资料的过程，也是一个了解、探索、澄清、判断、确认的过程。在了解服务对象需求时，既要较全面地了解，也要对重要方面深入探索；既要就一个问题了解与之相关的信息，也要发现问题与问题之间的关系。因此，要熟练掌握"望""闻""问""确"的评估方法，在收集评估资料时，充分调动自己的眼、耳、鼻、嘴，从多个角度去了解和探索服务对象本人、家庭以及其所处环境的情况。

1. 望

望，即用眼睛观察。一方面，要观其本人，如个人的外表、衣着、表情、情绪、行为、动作等，以及服务对象微妙的感受和表达；另一方面，如果是家庭探访，还要观察居住的小区环境、居住的具体位置、居家的内部情况、家庭成员的互动等。

2. 闻

闻，即用耳听之，并以鼻嗅之。一方面，要听服务对象讲述的内容，比如核心事件的起因、发展，听其观点、立场、意愿，同时也要关注其用词用语，说话时的语音、语调、语气（情绪和情感流露），甚至是喘气声等。另一方面，闻也包括嗅觉，特别是在对卧床不起的老年人、患者或残疾人士进行家庭探访时，住所内特殊的气味等对评估也有辅助作用。

3. 问

问，即向服务对象发出询问。一方面，对所发现的风险线索提出询问，深入地了解详情，对其中重要的信息询问细节。例如，事情发生的经过是怎样的，相关的人物有谁，此人在事情的过程中是如何行动或回应的等。细节常常是获得真实信息的有效途径，也是帮助社工作出判断的重要依据。另一方面，对需要评估的某些方面、服务对象没有提及的内容、信息不够清晰的地方，都要通过询问去了解实际情况，特别是对服务对象在表述中没有提及的重要信息，可以参照评估框架逐项提问。

4. 确

确，即对重要的评估信息进行确认。为了保证所获得的资料以及理解和评估判断具有真实性和准确性，对于发现的重要信息和需求等要进行重点确认。第一，对在观察、倾听和询问中发现的风险线索以及潜在风险进行确认。在需求评估时，对风险线索既要加以重视，也要减少误判。第二，对需要解决的问题（核心问题的界定）进行确认。第三，对需要优先满足的需求进行确认。第四，对服务对象就问题解决的目标、方式等方面的意愿进行确认。

确认在某种意义上也是一个澄清的过程。如何澄清[1]可参考工具箱1。

工具箱1 澄清的步骤

第一步，详细讲述你的发现。将你的发现有逻辑地、清晰地逐条向服务对象陈述，请其判断你的发现是否真实与准确。

第二步，辨别并与之商讨差异之处。对服务对象所提出的不认同和有歧义的内容，请他/她重述自己的想法、意愿或事实。

---

[1] J. R. Ballew & G. Mink：《个案管理》，王玠、李开敏、陈雪真译，（台北）心理出版社2009年版，第77—78页。

第三步，修正并重述你的发现和理解。根据其重述的内容，修正你的理解和你的陈述内容，再次向其陈述。

第四步，得到确认。请其判断你重述的内容是否真实并准确地反映了其要表达的意思。

如果依然存在差异，则再次从第二步开始重复这个过程，当其表示你的理解与他/她想要表达的意思一致时，则完成整个过程。

五、熟悉评估工具

在诸多需求评估的工具中，本手册选用了若干适合目前乐群服务项目使用的评估工具：《需求评估通用框架》《风险线索》[1]《老年需求评估指标》[2]《家庭暴力风险评估指标》[3]《儿童风险家庭评估指标》[4]

---

[1] 全国社会工作者职业水平考试教材编委会：《社会工作实务（初级）》，中国社会出版社2020年版，第101—103页。

[2] 中华人民共和国民政部：《老年社会工作服务指南》，2016年1月8日发布，第2页。

[3] 全国妇联权益部：《预防和制止家庭暴力妇女之家工作手册》（试行），2016年发布，第103页。

[4] 中华人民共和国民政部：《儿童社会工作服务指南》，2014年发布，第11页。

《资源评估指标》[1]《障碍评估指标》[2]。上述评估工具详见附录1。如果需要，还可以选用其他评估工具，如《社会支持评定量表》[3]等，或其他专业的量表，如抑郁量表、焦虑量表等。

---

[1] J. R. Ballew & G. Mink：《个案管理》，王玠、李开敏、陈雪真译，（台北）心理出版社2009年版，第101—107页。

[2] 同上书，第138—139页。

[3] 汪向东、王希林、马弘等编：《心理卫生评定量表手册》，中国心理卫生杂志社1999年版，第127—129页。

第二章

接案或接受转介

目前乐群家庭社会工作项目的服务对象通常有三种来源：一是服务对象直接求助，即某居民/个人直接向社工寻求帮助。二是获得转介，即由居委会、妇联或其他部门/机构，将需要帮助的个人/家庭的一些基本信息（如名字、地址等）交给社工，或者将需要帮助的个人直接介绍给社工。三是家庭社工在社区的家庭走访和排摸中，主动发现需要服务的个人和家庭。上述三种来源的需要帮助者均是社工的潜在服务对象。根据乐群家庭社工项目操作流程的要求，对所有潜在服务对象都要进行需求评估和风险排查。

一、接受求助

求助有两种情况，一种是由潜在服务对象本人向社工直接求助，另一种是由他人如潜在服务对象的家人、亲戚或朋友代为求助。一般情况下，社工在接受有需要者直接求助时，可以立即对其开展风险筛查和需求评估工作，或在排除风险的前提下，先初步了解情况，如遇到什么困难、主要事件的情况如何、求助者有什么期待等，再另约时间进行更全面和深入的需求评估。

如果是由他人代为求助，社工通常先尽可能地向代为求助者多了解情况，如潜在服务对象的性别、年龄、婚姻状况、职业等基本信息，并尽快约见本人进行需求评估。

二、接受转介

社工在接受转介时，应尽可能地从转介者那里多了解服务对象的情况，如性别、年龄、婚姻状况、职业等基本信息。此外，尽可能多了解服务对象的文化背景、宗教信仰、家庭情况，以及所在社区的大致情况等方面的信息。

三、发现潜在服务对象

家庭社工在社区排摸和家庭走访时，应在对居民家庭表达关心和问候的同时，进行风险排查和参照评估通用框架初步了解情况，如发现存在风险因素和/或有服务需求，则立刻进行需求评估，或另约时间进行全面需求评估。

第三章

为需求评估工作作准备

对于并非在接案时立即进行需求评估，而需要另约时间开展需求评估的服务对象，建议应在需求评估之前，先完成以下几项工作。

一、收集外围信息，熟悉现有资料

在需求评估工作之前，要尽量地熟悉已经掌握的资料。掌握现有资料，可以在需求评估和风险排查时更有方向性和针对性。如有必要，可以联系了解服务对象的相关人员，如居住地的楼组长、居委会工作人员等，向他们了解服务对象本人及其家庭的基本情况。

二、选择评估工具，准备评估提纲

根据对服务对象已掌握的资料，要选取适合的评估工具，并且规划如何使用被选中的评估工具。如果你对这些评估工具已了如指掌，并已熟练地掌握需求评估的方法和技巧，则可以按照自己的风格开展工作。如果你是新手，则可以参照以下步骤进行准备。

第一步，选择评估工具。选定主要工具，预备辅助工具。例如，当服务对象是老年人时，可以选择《老年需求评估指标》作为主要评估工具。与此同时，还要思考是否需要其他需求评估工具作为辅助或备用工具，如《风险线索》《家庭暴力风险评估指标》《社会支持评定量表》等，把认为需要的辅助或备用工具选取出来。

第二步，思考如何使用这些工具。如果选择将《老年需求评估指标》或《需求评估通用框架》作为评估工具，必须清楚这两个工具的内容庞大，如果不能在一次探访中完成全部内容，那么要思考在这一次评估中，将重点放在哪些维度，以及下一次评估的重点可以是哪些维度。

第三步，为需求评估准备初步的访谈提纲。首先，把想要重点了解的维度及相关内容列出来，然后用疑问句形式把想知道的内容变成社工对自己提出的疑问。例如，社工将要对一位身患重病的中年妇女进行需求评估，计划这一次先重点评估她的心理需求，以及其他方面需要的帮助。在心理需求方面，如果社工想要了解她的情绪状况和对疾病的看法，那么，社工对自己提出的疑问可以是“她的情绪状况如何？疾病对她的情绪产生了怎样的影响？”“她对身患重病这件事有怎样的认知？”等。在需要的帮助方面，社工想知道疾病对她产生的困扰，那么，社工对自己提出的疑问可以是“疾病给她的生活带来哪些困难和问题？”“严重程度如何？”等。

列出疑问之后，要思考针对自己提出的这些疑问，如何去问服务对象，即把对自己提出的疑问变成向服务对象的参考提问。例如，“她对身患重病这件事有怎样的认知？”的疑问，可以变成诸如以下提问方式和具体的问句，如“得知这个诊断时，您想到的是什么？”“对生病这件事情，您是怎么想的？”“生病这件事情，对您意味着什么？”等。

事前准备的疑问和提问，有助于社工在现场进行需求评估。

三、联系服务对象，约定见面的时间与地点

与服务对象取得联系时，要征询其接受需求评估的意愿，并商定与其首次见面的时间和地点。首次见面如果需要居委会工作人员或他人陪同，则要事先与相关人员取得联系，沟通与服务对象见面的相关事宜。

1. 与服务对象联系

常用的联系方式为电话联系，在通话中应完成以下任务：

（1）社工要介绍自己的名字、身份，并告知对方自己是从什么渠道得知其联系方式的。

（2）告知对方来电是为了与其预约见面的时间和地点。

（3）征询其对见面时间和地点的选择意愿，如问其希望在具体的哪个日期、时间段和地点见面。

（4）确认见面的具体时间和地点。

（5）如果通话是通过座机，最好能获得其手机号码，在见面的前一天发短信提醒服务对象见面的时间和地点。

2. 见面地点的选择

首次接触方式通常以家庭探访为主，或约在某个地点见面，如居委会、社区服务中心或社工的办公室等。在征询见面地点的意愿时，应尽量尊重服务对象的意愿，但如果其表示在家里和在外见面都可以时，则宜将家庭探访作为首选。因为家庭探访不仅可以从服务对象那里“听到”信息，还可以通过自己的观察获得更多的信息，如可以“看到”服务对象的家庭居住环境、经济状况、其在家中的活动情况，甚至可以观察到家庭成员之间的互动情况等。

如果服务对象拒绝家庭探访，在选择见面的地点时，应考虑以下因素：

（1）约定的见面地点要方便服务对象到达，尤其是老年、有残疾和患重病的服务对象，还要考虑见面地点的楼层、电梯和无障碍通道等因素。

（2）见面地点的环境应适合会谈，如见面会谈的地方应有一个相对私密、比较安静、不受干扰的空间，以避免在嘈杂的、人来人往的环境中会谈。

3. 沟通注意事项

如果与居委会工作人员或其他相关人员一同前往服务对象的家中进行走访，应与一同前去家庭走访的工作人员沟通好如何分工与配合，如由谁作为主要沟通者；如果居委会或其他相关工作人员经验丰富，应向其请教与服务对象见面和沟通时，有哪些应注意的事项、是否有禁忌等。

需求评估实质上是一个互动的过程，需要社工在与服务对象的互动中完成。实际的互动过程或许不是我们所想象的那样，且需求评估的过程中，互动的情况也千变万化。事先的准备是为了让我们对将要进行的需求评估工作有个较明确的方向、目标以及相应的内容和范围。有时，你不用提出问题，服务对象已经在与你的交流中透露了相关的信息。然而，事先的准备能让你清晰地知道自己想要了解的是什么，服务对象已经提供了什么，还需要了解的是什么。总之，充分准备有助于我们在互动过程中根据实际情况灵活应变，作出适当调整。

第四章

破冰与建立专业关系

初次见面时，与服务对象建立良好的专业关系是社工的首要任务。这里所指的专业关系是一种信任的、开放的、坦诚的和有效的工作关系，这样的关系有助于服务对象将自己的实际情况和真实意愿向社工表露。借此，社工能够较全面和深入地了解服务对象的真实情况，发现其真正的需要。

服务对象与社工之间建立专业且有效的工作关系，可以通过以下几个方面开展工作：双方建立彼此的信任，双方明确地了解彼此的期待，让服务对象了解社工有帮助的意愿，且使其对社工的能力具有信心。以下方法与技术有助于建立有效的工作关系。

一、自我介绍

社工首先要向服务对象介绍自己的姓名，说明自己的社工身份，可以简要地介绍自己所在的专业社会服务组织和自己的工作内容。自我介绍的内容要简短且清晰，时间以控制在3分钟以内为宜。

二、说明来由

对于转介的潜在服务对象，要解释前来家庭探访的缘由。社工可以说明服务对象被转介的原因、转介方的意图以及自己对转介原因的想法等。例如，可以透露以下信息：自己来家庭探访的目的，一方面是想要了解其情况，有什么困难、想法等；另一方面，自己在思考能为其做些什么。这些信息既表达了来的目的和期待，也表达了愿意提供帮助的态度。

三、表达关心

与服务对象沟通时，应持有真诚和尊重的态度，要表达对服务对象本人及其家庭的关心，表示关注其处境，并希望能对困难、困扰等问题更进一步了解。与此同时，应关注和接纳他们的感受，可运用同理心表达等技术及时给予适当的回应。

四、鼓励表达

应鼓励和协助服务对象讲述关于其本人、家庭的情况，以及遇到的困难和困扰。当服务对象在讲述时，社工要积极地、有回应地倾听，适时运用同理心表达技术和鼓励性的肢体语言等，以示对其表达的鼓励。例如，在服务对象倾诉时，可适当地点头，用“嗯”“是”等词语表示肯定和希望其继续分享的态度；对其某些行为或情绪，可以说“我看到您刚才叹气，感受到您的无奈，说一下您的感受好吗？”等语句，以此鼓励和引导服务对象表达其内心感受。

五、寻找话题

若遇不善言谈或话语简短的服务对象（并非语言障碍等生理原因所致），可以作出一些尝试，找到“打开话匣子”的“敲门砖”，即找到服务对象愿意与你沟通和表达的话题。例如，可以尝试在服务对象和自己之间寻找相似点，了解服务对象的喜好或介绍自己的喜好，如喜欢做的事情、喜欢吃的食物、看过的电视剧等，去探索你们之间的共同爱好；也可以通过分享生活经历（如自己遇到过的困难、经历等），尝试寻找与服务对象之间的相似点，如小时候都是与爷爷奶奶一起生活，读过的一篇文章，听过的一个故事等；还可以尝试将分享自己所发现的服务对象的独特之处（他/她的个人特点、家中装饰、摆设等）作为话题，如将服务对象家中的用具，挂在墙上的字画或月历等作为话题。总之，要尝试找到其愿意较多表达的话题，以此为敲门砖，逐渐使服务对象愿意与你有更多的交谈。有时，相似点还能够使你和服务对象拉近距离，建立信任。

六、建立信任

在交谈中传达你的关怀，让服务对象知道你了解且接纳他/她的感受，并让其知道你的态度和你在想什么，有助于建立信任。具体参考建议如下：

1. 表达感同身受及接纳的态度

可以适当地运用同理心表达和接纳等技术，让服务对象知道你能真正地了解其感受，并且表达出你认为他/她的感受是真实而合理的。这样做可以传达你对服务对象的感受（包括负面感受）以及对面临的问题所持有的接纳态度。

2. 表达一起面对困扰和问题的意愿

真诚地表示愿意与他/她一起面对困扰和问题，这有助于让服务对象感到你不仅能够理解他/她，并且愿意帮助他/她，与他/她一起面对困境和探讨如何解决问题。

在与服务对象初次见面时，如果服务对象愿意与你交谈，你便可以将话题内容引向需求评估所涉及的范围。

第五章

了解需求

一、引入评估内容，由表及里，由浅入深

当服务对象与你能较好地沟通互动时，你可以将评估所涉及的内容引入话题。例如，可以询问其身体情况如何、日常做些什么事情、与谁一起生活等一些不敏感的话题。

需要注意的是，一开始就涉及敏感和隐私的话题，较容易引起阻抗，从而导致服务对象不愿意甚至拒绝谈及这样的话题，你就难以获得真实的评估资料。因此，要先从外在的、可见的方面开始了解情况，如生活起居、休闲娱乐、身体状况、职业/学习、社会交往等方面，这些方面的情况相对不太敏感，较少涉及个人和家庭的隐私。

对不敏感话题的交流，以及在此过程中社工能以关心、接纳、尊重的态度与服务对象互动，有助于服务对象放下警惕和防卫心理，逐渐向社工开放地表露自己。若服务对象能逐渐地表露自己的内心

感受和想法，则可适时扩展到其心理情绪、家庭关系等较敏感和隐私的话题。倘若服务对象不愿意谈及他/她的内心感受、想法和较敏感话题，则不能勉强其回答，敏感内容可以在以后的工作中再行沟通和探讨。

但需要注意的是，如果在敏感和隐私话题的范围发现有风险线索或潜在风险因素，则要开展风险排查工作（风险排查工作详见第六章）。

二、倾听诉说，仔细观察，适当询问

建议先倾听服务对象的诉说，特别是要听服务对象讲述其遇到的问题、面临的困难以及与求助相关的生活事件，从其表达的内容中了解具体情况。此外，还要关注并仔细观察其他信息，如听其语音语调、语言用词，细心观察其表情、动作等各方面的表现，从多个角度收集相关评估资料。倾听的时候应专注和全身心地投入，并且适当回应。积极倾听[1]可参见工具箱2。

---

[1] Gerard Egan：《助人者技能练习：高明的心理助人者训练手册》（第5版），郑维廉译，上海教育出版社1999年版，第25页。

工具箱2　积极倾听的SOLER技术

积极倾听的技术有助于你在倾听时与服务对象良好地互动，也可以起到鼓励服务对象表达的作用。

（1）积极倾听可以帮助社工调整自己的状态和行为表现，给服务对象一个良好的第一印象，因此有助于增加服务对象对社工的好感与接纳度。

S（squarely）：社工宜坐在服务对象正面或侧面，表示你已经准备好与他一起面对困难。但要与服务对象保持适当的距离，不要太远，也不要像说悄悄话那样太近，除非服务对象在沟通中主动采用与社工轻声耳语的方式叙述。

O（open）：社工的姿势要自然开放并展示出接纳的倾向。

L（lean）：社工身体要自然放松地微微向服务对象前倾，以表示你对他的关注以及你与他同在。

E（eye）：与服务对象要有目光接触和眼神交流，以表示你真诚地关心他的处境。

R（relax）：在与服务对象交流的过程中，要营造自然放松的氛围，以表示你的信心并帮助他放松。

（2）倾听时要专注，全身心地投入，切勿在倾听时思考其他事情。

（3）倾听时可以用适当的肢体动作或微表情给予回应；与此同时，也要注意自己的情绪管理，尤其是自己的微表情等下意识的动作，如皱眉、叹气等。

在倾听的同时，对想要进一步了解的信息也应适时地提出询问。适当的询问可以发挥如下作用：首先，当一些重要信息被提及但不清晰和详尽，需要进一步了解时，你可以提出询问，请服务对象详细介绍相关的情况，详情有助于对重要信息有清晰和准确的把握。其次，对一些必须要了解但服务对象并未提及的信息，可以通过询问去了解情况。例如，对于身患疾病的独居老人，可以询问“谁给您做饭？”“谁帮您打扫卫生？”“谁陪您去看病？”等问题。最后，提出询问也可以帮助将评估内容扩展到其他方面，使你能较全面地了解情况和收集资料。例如，当你了解到独居老人需要生活照顾，想了解其家庭支持系统的情况，便可以询问“您有几个子女？”“他们来看望您吗？”“他们帮您做些什么事情？”“您还有其他亲戚或朋友吗？”等问题。

如何询问可参见工具箱3。

工具箱3　适当询问

询问时，尽量采用开放式提问，减少使用封闭式提问。

开放式提问：“对于这件事情，您是怎么想的？”

封闭式提问：“对于这件事情，你是这样想的，是吗？”

三、兼顾广度与深度的平衡，灵活恰当地使用评估策略

一个全面的需求评估要从各个方面了解服务对象的情况，但是，由于全面评估涉及诸多维度，所以，通常难以在一次会面的有限时间里完成全部的评估资料收集工作。

如果面面俱到地对服务对象身、心、社、灵、环境和资源等各个方面开展深入的需求评估，通常要分若干次去收集资料才能完成，需要很长时间。如果对每个方面的了解只是蜻蜓点水，则难以发现其深层次的需求。如果只关注某一方面的需求而进行深入了解和探索，可能会忽略其他重要的相关方面。因此，如何在与服务对象首次见面的有限时间内，尽可能地完成有效的需求评估，则要根据实际

情况，在广度与深度上灵活地把握好评估策略，使第一次评估能够较准确地发现服务对象真正且急切的服务需求。

1. 若情况紧急，应快速聚焦以发现核心问题与急迫需求

如果服务对象表示遇到了具体的困难或问题，或有明确诉求，建议你以此为起点开始了解情况，收集评估资料。如果服务对象遇到的问题较突出，且/或情况较紧急，则宜采用快速聚焦策略，将核心问题及其影响作为评估的重点，快速发现当下急迫的需求。

在首次见面评估时，先聚焦有限的一两个突出的困难和问题进行较深入的了解，了解困难和问题的现状、变化及来龙去脉，探索深层次原因和影响因素。聚焦有限的范围收集相关资料并研判分析，有助于较快速地发现服务对象当下急迫满足的需要，从而及时地予以回应。

需要提醒的是，即使是聚焦突出困难和问题，也不能仅关注困难和问题本身，而是要同时关注受到这些问题影响的其他方面。例如，你聚焦某个重要事件时，还要了解这个事件对服务对象及其家庭产生的影响、影响的范围、影响的程度、具体的表现等。

此外，快速聚焦并非是将目光仅局限于所关注的需要，而是先在有限的范围内快速发现急需回应的核心需要，并在以后的服务中，逐渐地将评估范围扩展到其他方面，发现其他需求，提供其他相关服务。

2. 若情况复杂，宜点面结合抓住核心

有时服务对象所面临的问题和困难较多，所处的困境比较复杂，其所提供的信息会涉及诸多方面，而且内容繁杂无章，可能难以逻辑清晰地向你讲述他们的困境及其来龙去脉。面对复杂困境，建议你使用快速聚焦策略和“望、闻、问、确”的方法，先把紧急的和重要信息了解清楚，并且初步梳理出这些重要信息之间的逻辑关系，从中辨别出核心且急需满足的需求。与此同时，也要将在后续的工作中进一步了解和评估的问题和需求，用疑问句的形式罗列出来。

可以参照以下步骤进行资料的收集：

（1）先聚焦重要事件。把求助或转介的主要事件了解清楚，包括事件的严重程度、发展过程，以及其他与该事件有较高度相关性的信息。

（2）探索问题。了解该事件引起的困难和问题，即该事件导致什么困难和问题。

（3）目前还有什么其他问题或困难。在了解上

述三方面重要信息的基础上，还需要将视线扩展到一些服务对象并未谈及但容易受到影响、产生问题的方面，通过询问和确认进行快速扫描，初步对是否会有潜在问题有所了解并作出判断。与此同时，也需要通过了解他们的社会支持状况，评估他们可及的和潜在的资源。

（4）容易受到影响的方面。例如，当一个家庭陷入困境时，家庭成员的情绪和关系容易受到影响；有身患重病的家庭，家庭支出也容易受到影响；夫妻发生矛盾时，孩子容易受到影响等。

（5）资源和社会支持状况。例如，有谁可以帮忙解决当前的困难，以往遇到困难和问题会找谁帮忙等。

在具体操作时，当听服务对象讲述事实和困难的时候，可能听到的是一堆错综复杂的信息。在这种情况下，建议一边听，一边适当地作一些简要的记录，以便将听到的信息按照一定的逻辑进行梳理归类。对模糊不清的信息和没有提到的重要信息，可通过询问获得补充。对于可能产生潜在问题的方面，可以参照下文的《需求评估通用框架》，选择其中相关的内容，通过询问快速地对有较高相关度的方面进行情况扫描（参见附录1）。

3. 若全面评估，可逐项扫描全方位了解

有一些转介而来的服务对象，当你去了解他们的需求时，他们表示没有需要帮助解决的困难或问题。此类问题常见于转介的一些老年服务对象。另一些服务对象则面临多重困难和问题，表示出多种非紧急的需求。这样的情况有时会让社工不知该如何入手。

如果遇到类似的情况，建议采用全面扫描策略，对服务对象进行全面了解，然后分析和判断其服务需求。

全面扫描策略，即全方位了解服务对象的情况，从个人、家庭、社会各个层面，扫描式地通过观察、询问、倾听和确认收集评估资料，从而对服务对象进行全面的评估。但由于评估资料涉及范围广、资料数量多，因而全面评估可以参照《需求评估通用框架》，通过若干次收集资料，逐项进行扫描。

四、《需求评估通用框架》使用指南

《需求评估通用框架》是为帮助社工评估服务对象需求而设计的，该表为社工提供了需求评估参照

框架。社工可根据实际情况，选取表中部分维度或使用全部维度进行需求评估，使用该表时可参照以下使用说明。

1. 评估框架简要说明

（1）表5-1是需求评估维度及内容的通用参考框架，该评估框架分为不同的层面，每个层面都有不同的维度，各维度有其相应的内容以及参考细目。

（2）内容中参考细目提示可以从哪些具体的角度去收集信息，使用者可以从这些角度去准备提问。

（3）参考细目中所提示的只是部分角度，在具体操作时，社工应根据实际情况补充需要的内容。

（4）分析判断一栏中列出了一些分析的方向供参考，使用者应根据实际情况对评估资料进行分析。

（5）潜在需求一栏中所列出的是与该项评估内容相关的需要，仅供参考。

（6）该表内容较多，建议根据实际情况选取适用的部分，如果需要评估的维度较多，建议分成若干次进行。

2. 需求评估通用框架（见表 5–1）

表 5–1　需求评估通用框架

层面 / 视角	维度	内容	参考细目	分析判断	潜在需求
核心问题	关键事件	**事件及影响**	事件是什么、事件有何影响、对事件有怎样的反应	重大丧失、事件的突发性、可弥补性	解决问题的途径与方法
个人层面	健康状况	**疾病**	性质：急性病 / 慢性病； 阶段：诊断 / 治疗 / 康复； 影响：疼痛等症状 / 行动受限 / 生活自理 / 经济负担（治疗支出）等	疾病 / 残障产生的影响；个人的应对方法和能力（行为、认知、资源利用等）	就医陪伴、医疗资源、健康照顾、生活照顾、辅助器具、经济援助、危机干预
		残疾	影响：活动受限 / 功能丧失； 性质：残疾部位与程度，是否有残疾证； 治疗 / 康复：内容 / 方式 / 支出等		
	生活居住	日常生活	生活起居内容、方式、由谁协助	自我照顾能力、由谁照顾、日常生活是否需要辅助、生活是否得到保障	生活照顾
		居住出行	居住安全、环境、设施、出行方式		居家设施、出行辅助
		生活保障	经济来源、家庭照顾、监护人等		经济援助、监护、照顾服务、照顾者支持

（续表）

层面 / 视角	维度	内容	参考细目	分析判断	潜在需求
个人层面	职业学业	职业	就业状况、职业种类、工作时间、失业、找工作 / 换工作	职业 / 学习能力情况，是否有困难	职业技能培训
		学业	就读年级、学习情况、学习困难		学习能力改善、学业帮助
	个人经历	重要事件	人生经历、原生家庭、重大生活事件（荣誉成就、挫折打击、创伤性事件等）	对其影响有什么	心理创伤、关系修复、完成心愿、人生回顾等
	心理状况	**情绪**	焦虑、抑郁、愤怒、哀伤等情绪波动情况，有情绪如何处理	负面情绪、情绪稳定、情绪波动影响因素、如何处理情绪	情绪疏导服务，情绪应对能力（宣泄、控制）等
		认知	对事件、对困难 / 问题、对与他人关系以及对疾病 / 残疾等的想法	认知结构、影响因素	认知改变、危机干预
		自我观念	自卑、羞耻、自信、自我接纳、自我效能感、自我价值、自我实现等	对自己的看法，影响因素	自我认知改变

（续表）

层面/视角	维度	内容	参考细目	分析判断	潜在需求
个人层面	心理状况	生活目标	对未来的想法，生活目标，努力的方向，具体打算等	希望感、目标、计划，行动的能力	生活目标、重建希望
		行为	日常行为方式、处理问题的行为方式	行为模式的影响、自杀、自我伤害	行为改变、危机干预
	闲暇生活	才能特点	琴棋书画、厨艺、手工制作、运动等，幽默感、同情心、助人为乐等	愿望与机会	提供机会，提升自信、自我价值感等
		娱乐资讯	娱乐形式、喜欢做的事情、想了解的信息（健康、知识、展览等）、期待	对其影响，适当、可及，愿望	精神需要
	人际交往	亲友伙伴	与谁来往、内容形式、感受、困扰等	与人沟通、互动、相处的能力，社会参与能力	人际交往改善，能力提升、参与机会

（续表）

层面/视角	维度	内容	参考细目	分析判断	潜在需求
家庭层面	家庭构成与角色功能	家庭成员	有谁、什么关系		
		功能状况	本人及其他成员的角色功能	角色功能发挥，缺乏什么	角色功能改善、角色功能改变、角色功能补缺
	成员关系	**关系性质**	关系类型与程度：协作、支持、对抗、冲突等 突然丧亲、离异等易发生风险	家庭关系情况、资源或障碍、症结是什么、受什么影响、关系丧失	关系改善、关系改变、丧亲服务、哀伤辅导
	家庭功能	**功能状况**	照顾功能、亲职功能（家庭教育）、监护功能、支持性功能等	哪些功能完备、哪些功能欠佳、哪些功能缺失	功能完善、能力提升、提供支持或补充

（续表）

层面/视角	维度	内容	参考细目	分析判断	潜在需求
社会层面	社会交往	社交网络	由近至远的社交圈现状，其对社会交往的期待	社会交往的数量、质量、功能，满足了哪些需要	社会交往补充、社会关系修复、社会参与机会
	社会支持系统	非正式社会支持	情绪困扰找谁倾诉、遇到困难谁会帮忙	社会支持网络状况，缺乏什么？	提供支持性服务，挖掘调动社会支持资源，整合资源，转介
		正式社会支持	哪些机构/部门给予过帮助		
其他需求	涉法涉诉	矛盾纠纷	有权益受损或权益被侵犯的情况、有各种矛盾纠纷或涉法涉诉的事宜	相关事件在过去、当下和未来是否有过或可能需要法律介入	法律援助
	其他				

3. 参考框架使用说明

（1）本需求评估的参考框架按照个人、家庭、社会等层面排列，但在逐层逐项扫描时，并不一定要按照表内的顺序进行询问，而要先从外在的、可见的方面开始，如从生活起居、休闲娱乐、身体状况、职业/学习、社会交往等方面开始，之后逐渐向敏感和可能涉及隐私的方面扩展，如家庭关系、心理情绪、人生经历等。需要注意的是，服务对象所面临的困难和问题不同，其敏感点也有所差异，基于需求评估之前从已经获得的服务对象部分资料中的了解，可以对提问的先后顺序有一个大致的预案。例如，可以根据将要评估的重点维度和内容，列出访谈的询问提纲。

（2）表中粗字体是较容易出现风险因素的方面，在对这些维度和内容了解需求时，应注意排查是否存在潜在风险。

（3）核心问题通常与关键性事件有关，对关键性事件不仅要了解现状、来龙去脉和未来可能的发展趋势，还要关注事情的性质，如事件是否突然发生，是否有重大丧失（如失去亲人、丧失财产等），事件有什么样的后果，是否可弥补，事件是否已经或可能引起危机。如果是突然发生的、不可弥补的重大丧失，则需要进行风险排查。

（4）如果发现服务对象有疾病或残疾，要了解与疾病和残疾相关的情况，并了解疾病和残疾对其日常生活和行动的影响，了解其独立生活的能力（如衣食住行、购物、个人卫生和清扫等）。如果发现日常生活和行动受到影响，还要了解目前其主要由谁照顾以及照顾的方式。若需要进一步了解服务对象的生活能力，可对其进行自主能力评估。从疾病及影响、当下的自主能力等方面，结合所需的生活照顾和现在照顾模式等角度分析，以发现生活照顾等方面的需要。

（5）若服务对象患有疾病，则还要了解服务对象的健康史与疾病史，了解其对健康的看法与信念，包括身体营养和疾病预防，以及其对烟、酒或药物使用的看法。对上述各方面综合分析，有助于发现健康服务需要，以及对健康认知、行为改变的需要。

（6）生活居住维度中包括日常生活、居住出行以及生活保障等内容。日常生活起居的话题通常可以作为需求评估的开场话题，建议采用聊家常的方式了解情况，服务对象的生活照顾、生活保障等需要通常能在日常生活的细节中发现。

（7）对居住与出行方面的评估。要观察住所的地点和楼层、住所内部状况与设施安全、住所所在的环境安全等。要将住所地点、住所状况、环境安全、独立生活能力以及服务对象对住所的看法等进行综合分析，并考虑其是否有居住设备完善改造或添置安全设施的需求。还要了解服务对象的出行方式与交通工具，如出行能独立行动还是需要协助，从而提供相应服务。

（8）倘若未发现有经济困难，首次见面不一定要问及家庭经济收入这样的敏感议题。但如果了解到服务对象有治疗、康复或其他原因的大笔支出，或有经济困难的可能性，则需要了解收入等经济状况以及家庭支出及支付能力等情况。对收入和支出等情况的分析有助于判断该家庭是否有经济资助的需求，如果需要，还要考虑其符合哪些资助的条件。

（9）在就业方面，对就业需要的评估要在了解当前的就业状况、就业史、掌握的专业技能的基础上，分析服务对象是否需要就业安置或就业培训的机会。在学业与教育方面，对学生或正在学习的服务对象，需要了解当前的学习内容、就读年级以及是否存在学习困难。需要提醒的是，在就业阶段的成年人也会有接受继续教育和提升知识水平与文化程度的需求。

（10）关于对生命历程的回顾，如果服务对象不愿意回忆和讲述生命过程中的重大挫折、打击或创伤性事件等痛苦经历，切记不得强迫服务对象。但如果这些经历与当下核心问题密切相关（如失去亲人等），或与潜在风险有关，需求评估必须了解，社工可以尝试运用自我披露的技术，分享自己或自己家庭中的相似经历，给服务对象起到一个示范的作用，引导和鼓励其分享自己的经历和感受。但是，如经过尝试，服务对象依然不愿意涉及此话题，说明服务对象尚未准备好触及这个伤痛，社工不得勉强其回忆。

（11）如果服务对象在分享自己人生经历时出现哭泣、暴躁、悲伤或愤怒等负面情绪，社工要及时给予适当的处理，如安慰、情绪支持、同理心表达或适当的肢体接触，以协助其平复情绪。在离开服务对象家之前，应确认其情绪已经恢复平静。

（12）心理状况的评估维度包括情绪、认知、自我概念、生活目标和行为等内容。在情绪方面，既要了解服务对象的情绪状况，如是否有需要缓解的抑郁和焦虑，也要了解服务对象在情绪处理方面的能力如何。

（13）在认知方面，除了解服务对象对主要困难和问题的认知外，也要了解其自我观念、人生态度和生活目标等内容。在需求分析时，建议结合人生不同阶段的需求和任务等理论进行综合分析。

（14）在行为方面，首先要关注风险行为线索（详见风险排查），其次要了解日常行为模式、偏差行为等，最后要了解服务对象应对压力的方法和解决问题的方式。

（15）在闲暇生活方面，第一，要了解服务对象的个人特点、才能、技巧等优势，如琴棋书画、幽默感、厨艺、手工制作、同情心、关心他人等，以及其拥有的各种能力。第二，要了解其想要学习和掌握的才艺技能，关注他们学习技能的意愿和展示才艺的机会。第三，要了解服务对象目前主要的休闲娱乐方式，目前的方式对其有怎样的影响、是否适合，还要了解和分析服务对象期待什么休闲娱乐方式、期待的休闲娱乐方式对其是否可及等内容。

（16）在个人层面，人际交往侧重于了解服务对象个人的人际交往方式、技巧和其在人际交往过程中的感受等情况，要注重分析个人的人际交往和社会参与能力。

（17）为便于了解服务对象的家庭情况并发现需求，可从三个维度了解情况：家庭构成与角色功能、成员关系和家庭功能。三个维度各有侧重点，在分析家庭需求时，需要对这些维度进行综合分析。

（18）家庭构成与角色功能维度。家庭构成侧重于了解家庭的结构，即家庭成员有谁、家庭成员之间是什么关系等。对家庭结构的了解可以画出家庭结构图。角色功能侧重于了解每个家庭成员在家庭中的角色与功能。

（19）家庭成员关系注重对家庭成员之间的互动和关系的了解，通过对家庭互动和关系类型进行分析，有助于发现家庭成员的互动与成员关系中需要改善或改变的潜在需求。

（20）家庭功能维度侧重于了解和综合分析整个家庭的功能状况，如照顾功能、亲职功能、监护功能等，判断哪些功能完备、哪些功能需要提升、哪些功能缺失。

（21）社会层面中的社交网络维度侧重于了解服务对象的社交网络，既要了解其朋友伙伴，如亲朋好友有谁，也要了解与之相关的群体和组织。要分析评估社会交往的数量、质量、功能以及社交网络对其有怎样的影响，满足了他/她的哪些需要，还有什么需要。

（22）社会层面中的另一个维度是服务对象的社会支持，可从非正式与正式的社会支持两个方面，对服务对象的社会支持系统进行评估分析。社会支持状况的评估可以采用问询或社会支持量表。

（23）对法律协助的需求。该维度主要是关注涉及服务对象权利保护的议题，或与矛盾纠纷、法律诉讼等相关的议题，要了解服务对象权利受到侵犯或损害的相关事件，可能或已经存在的涉法涉诉的事件，也要了解服务对象在维护自身权益方面的能力，综合分析服务对象是否有协助接洽律师或寻求法律协助的需求。

（24）其他方面的需求。《需求评估通用框架》

只是提供了对个人和家庭进行需求评估时可参考的常用维度和内容，并未能涵盖所有的需求，因此，在实际工作中，社工应根据服务对象的实际情况，有重点地仔细询问，以发现其真正的需要。

（25）若服务对象的需要呈现多种类型，需要跨专业的多种服务，其可能需要采用个案管理的模式提供服务，建议在收集《需求评估通用框架》相关内容资料的基础上，进行资源评估和障碍评估（参见附录 1 中的资源评估和障碍评估部分）。

综上所述，面对困境复杂、需求较多的服务对象，要灵活地运用不同的策略，点面结合，兼顾和平衡好评估工作的广度和深度。在需求评估时，要边听、边梳理，边询问、边归纳，既要快速抓住核心问题进行深入了解，又要快速扫描发现潜在问题。这样可以使我们能够在已获得的信息中梳理出核心事件及其影响的逻辑脉络，发现服务对象当下的核心需求。

第六章

风险排查

风险排查工作是要发现存在对服务对象的生命、生存、安全等有威胁或伤害的情况以及各种风险因素，例如，是否有自杀、自残的风险，是否有家庭暴力、被虐待的可能性，是否有自我忽视、被疏于照顾、监护缺失的情况。

一、发现风险线索

从与服务对象见面开始，你就要运用“望、闻、问、确”等方法，留意各种风险线索，如果发现有疑似情况，则要进一步详细了解情况并确认是否确实存在风险。

1. 自杀线索

社工应特别留意服务对象的言语和行为表现中透露出的信息，如果发现有以下情况，需要进一步深入了解服务对象真实的想法。

（1）**语言线索**。社工在与服务对象沟通时发现或家属反映其平时流露过类似语言线索，例如“活着没什么意思”“这样活着太痛苦”“现在真是太受罪了，没啥意思”“自己就是负担”“不想拖累家人”“没有我，家里人就不会那么辛苦”等类似的话语。

（2）**行为线索**。如果发现以下情况，应当引起重视：囤积药物，特别是安眠药；写遗嘱或修改遗嘱，向家人交代后事，或突然谋划自己的葬礼；把自己珍藏的心爱之物或贵重物品送给他人；长期情绪焦灼或抑郁者，突然变得安稳、平和[1]。

在与服务对象或与其家人/照顾者交谈中，若发现上述线索，一方面，要与其本人进行深入交谈，了解其想法，了解其是否有具体的行动计划。建议进一步询问具体细节，对细节的了解有助于对风险因素的识别和确认，也对以后制定具体的干预行动有所帮助。另一方面，还要向其家人和/或照顾者进一步深入细致地了解服务对象近期的行为表现。要结合各方的信息，在综合分析的基础上作出是否存在自杀风险的判断。如果发现确实存在自杀风险，就需要及时介入。

2. 被虐待/被侵害或自残的线索

社工还要留意潜在服务对象是否存在被虐待、

[1] 全国社会工作者职业水平考试教材编委会：《社会工作实务（初级）》，中国社会出版社2021年版，第101页。

被侵害或自伤自残的风险。

（1）**身体虐待和自伤自残线索**。身体有擦伤、抽打伤痕、烧伤、烫伤、骨折等受伤或受伤的痕迹，若发现有上述情况，则需要进一步向服务对象询问受伤发生的经过及相关细节，请其详细地描述受伤情景和经过，在安全的情况下，尝试让其模仿受伤当时的动作。还应向家人、照顾者以及其他与服务对象有接触的相关人员了解情况。综合多方信息，辨别受伤是意外发生还是有意为之，是由他人造成还是自己造成。

（2）**性侵、性虐待线索**。有认知问题、智力障碍或身体行动不便的老年人、儿童、女性等是性侵和性虐待的高风险人群。如果发现胸部或生殖器周围区域有擦伤，生殖器或肛门有异常出血，罹患无法解释原因的性传播疾病或感染等情况，应高度重视。一般的评估观察和询问不易发现这些信息，但是，如果服务对象提及类似的情况，一定要引起社工的重视。社工要进一步较详细地了解她 / 他的日常生活由谁照顾，特别是上厕所、洗澡等由谁协助，接触她 / 他的人有哪些，有什么样的接触方式等。是否有性侵和性虐待应由医生等专业人士检查鉴定，社工若发现有疑似的风险线索，建议向督导汇报，共同商讨处置方案。

3. 照顾/监护缺失线索

老年人、儿童、患有严重疾病者和残疾人士是易发生照顾缺失或监护缺失的高风险人群。相关线索包括：个人卫生状况很差，褥疮没有得到护理和治疗，水分摄入不足，营养不良，居住条件不安全，住处脏乱、不卫生，餐食用具不清洁等[1]。

若是卧床患者、残障者、老人等有上述情况，则重点要询问由谁照顾生活，照顾者具体做什么事情，怎么做，照顾的频率等情况，要综合各方面情况判断是否有照顾缺失或疏于照顾的情况。若是能够生活自理者，则询问是否有人照顾，自己如何照顾自己，每天的生活如何安排等问题。对有自主行为能力的成年服务对象，需要判断是否有自我忽视的情况，对儿童和丧失自主行为能力的成年人，还要判断是否存在监护缺失的情况。

二、确认风险因素

在风险因素排查时，除了观察和倾听外，对疑似风险线索的询问和确认也非常重要。对发现的疑

[1] 全国社会工作者职业水平考试教材编委会：《社会工作实务（初级）》，中国社会出版社2021年版，第103页。

似风险线索，要多花点时间，向服务对象详细地了解情况。例如，当你发现儿童的手臂上有多处锐器割伤的伤口和伤疤，你要询问细节，让他/她详细地描述每一处伤口和伤疤的受伤经过，被什么割伤，当时是怎样的情形，他/她当时有怎样的感觉，受伤后是如何处理的，当时有谁在场，他/她当时有怎样的想法，现在对受伤这件事情有怎样的想法等。对细节的了解，有助于初步判断受伤是偶然事件还是蓄意为之，是儿童自己为之还是他人为之。

必要时，要向较多接触该服务对象的相关人员了解情况，如家人、照顾者、邻居、居委会、老师、同学等。需要提醒的是，在向其他相关人员了解情况时，应注意保护服务对象的隐私。

三、运用评估工具，开展风险评估

如果发现有自杀风险、家庭暴力、儿童监护缺失等风险情况，建议运用风险评估工具作进一步的风险评估。具体的风险评估工具参照附录1。

四、及时恰当处理

如果在风险排查中发现确实存在风险因素，应根据相关规定立即作出适当的处理。

第七章

需求分析与总结

了解服务对象情况后，便收集了一堆关于服务对象的资料。通过这些资料准确把握服务对象的需要，是社会工作者在综合分析评估资料的基础上要完成的任务。

一、需求分析

综合分析所收集到的资料，是为了能够界定问题、发现原因、了解影响、瞄准核心。有些服务对象遇到的问题较简单，经过需求了解就直接可以发现主要的需求是什么，但有些服务对象遇到的困境较复杂、需求较多，而核心事件是无法改变的（如附录中的参考案例），或其强烈表达的需求恰恰无法直接得到满足，因而要通过对当前的事件、困难和问题进行综合分析，才能找出可介入的核心需求。对复杂困境个案的需求分析可以参照以下几个步骤进行[1]：

[1] 顾东辉:《社会工作评估》，高等教育出版社 2009 年版，第 179—181 页。

第一步，罗列问题和困难并初步归类。

将在需求评估时发现的需求和问题，按照不同的维度一一罗列和梳理出来，如主要事件、事件导致的问题、服务对象个人及其家庭面临的困难和问题、家庭的资源等。与此同时，将可能的潜在需求和问题、还不能确定和存在的疑问，以及要进一步了解内容也分类罗列出来，并打上问号。可将每一项写在一张卡片上，便于后续的使用。

第二步，梳理事件与不同困难和问题之间的关系。

在罗列和梳理的基础上，要分析各种困难和问题之间的关系。一般来说，不同困难和问题之间存在着一定的逻辑联系，有些是因果关系，有些是相互影响关系。

因果关系可以从关键事件、困难/问题发生的时间先后去分析，即分析关键事件发生后，随之产生哪些影响。知道因果关系的意义在于发现困境的根源，有些个案的关键需求是导致困境的原因，可在问题的根源上找到需求，通过满足需求去解决或缓解困境。**相互影响**的困难和问题通常表现为互为因果，即若干困难/问题之间是连锁反应，因为相互影响使困境加剧，有些还形成了恶性循环。发现产生相互影响关系的困难和问题，有助于去分析并找到能够打破恶性循环的介入环节，从而阻断困境的加剧，或使困境得到改善。

可以将写有困难和问题的卡片摆放在一张较大的白纸上，通过连线的方式去发现它们之间的关系，并根据因果关系和相互影响关系，画出关系图。关系图可以将服务对象面临的复杂问题和困难比较直观地展示出来，有助于社工从中发现服务对象当下的核心需要和急需解决的问题。操作步骤见工具箱4，操作案例可参见附录参考案例。

工具箱4　需求关系图

1. 将服务对象和所涉及的每一个人物、每一个困难和问题分别写在一张纸片上。

2. 可将纸片逐片摆放在一张大白纸上，根据已知的关系放在适当的位置，纸片与纸片之间留出可以画线条的空间；在摆放的过程中，纸片可以移动调整，相似的问题或困难可以合并。

3. 用不同样式的线段表示因果关系和相互影响关系，在纸片与纸片之间用线段画连线，关系不详可用线段和问号表示（可参见附录参考案例）。

4. 在纸片和连线中寻找核心的、需要解决的问题和困难，思考其背后的需求（需要的服务）是什么。

5. 观察全图并进行纸片和连线的调整，将有相同需求的问题和困难移动到附近的位置。

6. 将你发现的一些需求分别写在纸片上，然后放置在适当的位置。根据轻重缓急，标上数字。

7. 再次审视全图，发现遗漏或错误之处，给予修正。

二、需求总结

当完成以上七步之后，先将需求关系图上的需求逐一写下，然后进一步思考并描述服务对象需求的具体内容，最终用文字总结呈现服务对象的需求。具体可参照以下步骤：

第一步，根据优先顺序将服务对象的需求逐一列出，并对每一项需求的具体内容作出描述。

第二步，罗列出目前仍不清楚的事实，以及还需要进一步进行需求评估的事项。

第三步，根据相关要求，完成需求评估报告。

第八章

作出服务决定

完成需求评估后，应对被评估的潜在服务对象作出是否提供服务的决定，针对潜在服务对象，一般有三种服务决定：提供服务、转介和暂不提供服务。

根据乐群相关规定，凡是在机构服务区域范围内的服务对象，均应提供服务。但是，如果潜在服务对象拒绝接受服务，则不提供服务。

一、作出服务决定的常见情况

（1）潜在服务对象居住或工作在乐群的服务区域内，本人愿意接受服务，则提供服务。

（2）潜在服务对象生活或工作的区域均不属于乐群的服务区域（即非购买服务的区域），或服务对象拒绝接受服务，则暂不提供服务。

（3）潜在服务对象要求其他专业的服务，如心理咨询、法律等，则将其转介给相关机构。

（4）对潜在服务对象的需求，目前机构资源和社工能力均不能很好地为其提供服务和帮助，应积极转介给有资源和能力为其提供服务的机构。

二、需求评估注意事项

（1）必须遵循社工的专业伦理守则。

（2）不以敌意或批判的态度回应服务对象，当服务对象出现阻抗或语言攻击时，勿用自我防卫或给予回击。当服务对象出现攻击行为时，不能回击，但应首先保护好自己。

（3）如果服务对象出现较强烈的负面情绪，必须要及时地给予适当的处理。

（4）如果发现风险因素，应按规定及时处理。

结　语

需求评估是一项持续的工作，几乎贯穿整个服务过程。在提供服务之前，需求评估为制定服务方案提供依据。为了对服务对象的需要有更全面和准确的把握，需求评估工作可以分成几次进行，可逐步深入和/或逐步扩展。在服务过程中，需求评估为调整服务计划提供依据，因而，应持续地观察和考量服务对象是否还有其他需求，已知的需求是否已通过服务得到满足，是否有新的需求产生。由此可见，为了更好地帮助服务对象，我们应不断且尽可能地去全面了解他们及其面临的问题/困难。

附录 1

评估工具及评估参考指标

附录 2

参考案例

图书在版编目(CIP)数据

个人与家庭需求评估实务指南/沙卫主编;殷茹媛副主编.—上海：复旦大学出版社，2023.12
(社会工作实务操作手册 / 沙卫主编;1)
ISBN 978-7-309-17071-9

Ⅰ.①个… Ⅱ.①沙…②殷… Ⅲ.①家庭问题-社会工作-中国-手册 Ⅳ.①D669.1-62

中国国家版本馆 CIP 数据核字(2023)第 224450 号

社会工作实务操作手册/个人与家庭需求评估实务指南
沙 卫 主 编
殷茹媛 副主编
责任编辑/宋启立

复旦大学出版社有限公司出版发行
上海市国权路 579 号 邮编：200433
网址：fupnet@fudanpress.com http://www.fudanpress.com
门市零售：86-21-65102580 团体订购：86-21-65104505
出版部电话：86-21-65642845
上海盛通时代印刷有限公司

开本 787 毫米×1092 毫米 1/32 印张 18.375 字数 310 千字
2023 年 12 月第 1 版
2023 年 12 月第 1 版第 1 次印刷

ISBN 978-7-309-17071-9/D・1176
定价：98.00 元(全五册)

社会工作实务

操作手册

沙 卫 主 编　　殷茹媛 副主编

社区大型活动实务指南

参与编写 殷茹媛 张 超 金若逸 张妍文

复旦大學出版社

社会工作实务操作手册
编委会名单

主　编　沙卫

副主编　殷茹媛

编　委　陆坚松　鲁　梅　赵雅萍　张　超　张　亦
　　　　张晟晔　冯佩华　金若逸　朱　蓓　陈晓珏

《个人与家庭需求评估实务指南》

参与编写　沙　卫　殷茹媛　刘颖红　赵雅萍

《社区大型活动实务指南》

参与编写　殷茹媛　张　超　金若逸　张妍文

《儿童托管服务实务手册》

参与编写　张晟晔　张　雨　殷茹媛

《社区志愿服务中心托管项目实务手册》

参与编写　赵雅萍　冯佩华　张　超　殷茹媛　顾　昉
　　　　　刘梦婷　王　艳

《家庭社会工作项目实务手册》

参与编写　殷茹媛　张　亦　金若逸　朱　蓓　张妍文
　　　　　夏　卉　刘颖红　陶　真　李　钧

目　录

第一章

社区大型活动实务必备知识

社区活动是社会工作的一种常用工作形式，在社会工作者进入社区、与居民建立关系以及推动社区工作时，可以发挥重要的作用。无论是要进入社区、了解社区，还是增强社区凝聚力、营造社区氛围、改造社区环境，都可以借助社区活动来完成。本章主要以上海乐群社工服务社（以下简称“乐群”）为例，根据社区活动开展的不同类型、特点、工作原则和基本流程，帮助社会工作者在对社区大型活动有一个基本认识的基础上，了解如何在社区开展大型活动。

一、了解社区大型活动类型

社区活动的本质是联结居民和凝聚人心，一方面增加居民之间的感情，另一方面增强居民对社区的了解和归属感。因而，从活动设计到实施，社区活动整个过程应强调居民参与，鼓励和引导居民出主意、想方案、参与实施。由于每个社区的地理环境、资源状况、居民构成和基层工作人员情况各不相同，社会工作者应根据每个社区的特性和需求，设计并开展适合该社区的活动。常用的社区活动大致可分为以下三类，社会工作者应根据社区需求、活动目标等选择适当类型。

1. 社区睦邻类活动

通常，社区睦邻类活动是为了动员社区居民参与社区事务，创造居民互动的机会，从而促进社区融合。

活动目标：通过动员居民参与，提供居民密切互动和情感交流的机会，提高居民的社区意识和归属感，从而产生或增强社区凝聚力。

服务对象：一般为社区居民、志愿者、楼组长等。

活动设计指引：设计互动性、体验性、参与性较强的活动有助于达成服务目标。社区睦邻类活动本质上是为了增强居民的社区意识，前提是要掌握居民相似的需求或共同兴趣。通过创造居民密切互动及情感交流的机会，促进居民社区形成共同的象征或仪式。社会工作者在设计互动活动时，需要将这些因素结合其中，同时针对不同人群的特点，设计合适的活动内容和形式。

社区睦邻类活动既可以是单次的主题活动，也可以是系列活动，常用的内容和形式可参见表1-1。

表 1-1　社区睦邻活动参考

服务群体	活动形式	参考主题	活动功能
青年群体	运动会	定向跑	帮助居民相互认识
社区亲子家庭	文艺表演	宝贝时装秀	培养自治、互助团队
	运动会	趣味运动赛	培养自治、互助团队
社区文艺团队	文艺表演	纳凉晚会	促进居民对社区的归属感
	文艺表演	文艺大篷车	为居民提供便民服务
社区居民	摊位活动	社区睦邻节	促进居民对社区的归属感
	摊位活动	美食节、垃圾分类	促进居民对社区的归属感
	开放空间	社区营造、社区议事	培养居民的自治意识
	文艺表演	社区达人秀	促进居民对社区的归属感

2. 党建服务类活动

党建服务类活动指以党建条线为主，以服务党员为主要目标的活动。

活动目标：提升党员凝聚力，丰富基层党建生活。

服务对象：社区 / 共建单位党员。

活动形式：教育讲座、参观学习、总结表彰等。

此类活动主要以党建工作和爱国主义教育为主题，服务对象可以不限于社区党员，也可以与企事业单位、共建单位和社区联合举办。活动的具体内容和形式可参见表 1–2。

表 1–2 社区党建活动参考

服务群体	活动形式	参考主题	活动功能
社区 / 共建单位党员	学习教育	知识竞赛	提升业务能力
社区 / 共建单位党员	总结表彰	迎“七一”表彰大会	发挥标杆作用
社区居民及党员	动员宣传	唱歌比赛	扩大宣传引领

3. 生活技能类活动

生活技能类活动指以回应居民需求为导向，提升居民各项技能及能力的活动。

活动目标：增加居民生活知识，增强居民应对问题的能力。

服务对象：社区居民。

活动形式：讲座、工作坊、技能培训等。

社区中不同的群体面临的问题具有相似性，如部分家庭可能遇到亲子关系、夫妻关系、婆媳关系等家庭关系问题，老年人面临再社会化、健康保健、新技术学习和运用等问题，家长们面临亲职教育、青春期教育等问题。因此，社会工作者可以经常在社区举办大型讲座、工作坊、技能培训等活动，使居民掌握更多生活知识，增强他们应对各种问题的能力。此类活动的具体内容和形式可参见表1-3。

表1-3　生活技能类社区活动参考

服务群体	活动形式	参考主题	活动功能
青少年的家长	读书会	亲职教育、亲子沟通、青春期教育	学习亲职教育相关知识
老年居民	讲座	健康养生、防诈骗、反邪教	学习相关知识，提升能力
中老年居民	培训课程	计算机和智能手机学习班、插花班、烘焙班、书法班	学习新技能，结识新朋友

二、掌握社区大型活动实务原则

社区大型活动包括单次社区活动以及同一主题的多场次社区活动。社区大型活动的策划与执行通常应遵循以下几项原则。

1. 量身定制

活动方案的设计应个性化。社区大型活动的覆盖面较广泛，涉及社区中多类服务人群。由于社区居民构成、资源状况等特点各不相同，各社区的需求特点及服务重点也存在差异。虽然多个社区可以开展同一主题的社区大型活动，但由于社区特点不同，各个社区的活动方案应适合本社区特点，从活动的策划、执行、到评估等每个环节都应根据所服务社区的特点量身定制。

2. 主题鲜明

方案设计应主题鲜明。无论是单次社区活动，还是同一主题的多场次社区活动，都应主题明确、内容聚焦。因此，策划活动方案时，首先应确定活动主题，并且对主题的内涵和外延有清晰的界定。

3. 平衡需求

方案设计应尊重各方意愿，平衡各方需求。社会工作者应充分尊重委托方、合作方和服务对象等参与者的想法与意见，在社区大型活动方案策划前，需与委托方、合作方和服务对象等各方的代表沟通，既要明确委托方对活动的期待和要求，也要充分了解社区居民的需求和想法。在听取各方意见的基础上，综合衡量购买方及社区居民的实际需求，最终形成能平衡各方需求的活动方案。

4. 居民参与

活动的形式应强调参与性与互动性。社区活动的目的之一是使居民增加互动和提升其社区归属感。因而，社区大型活动的内容安排，应强调具体活动的参与性和互动性，并重视参与者的体验感。

5. 因地制宜

活动方案应符合当地实际条件。活动策划前，应实地考察和了解活动落地社区的场地、软/硬件条件，以及可能的天气和气温等情况，综合分析当地实际情况，因地制宜地设计具体活动。

6. 资源整合

应整合资源开展服务。社区大型活动的实施工作量大、涉及范围广，需要大量的人力资源和物质资源。因此，要广泛链接团队内部和外部的资源。在承接社区大型活动后，需及时挖掘和对接团队内部资源和外部资源，为活动的开展调动和整合所需要的资源。

7. 团队协作

社区大型活动的整个过程工作量很大。例如，筹备期需设计宣传品，布置场地和准备大量物资，活动实施期间更需要大量工作人员，既要分别执行各项工作，又要相互衔接配合完成整场活动。因而，机构通常可以在承接社区大型活动后组建“临时工作团队”，由活动负责人分工，协调和统筹各项工作。如在活动策划期召开方案讨论会，筹备期召集分工会、跟进会等，在活动实施期间，跟进和协调各工作人员的行动，以确保社区活动按计划开展。

三、知晓社区大型活动操作流程

社区大型活动实施流程大致可分为四个阶段：活动的策划、活动的筹备、组织与执行、评估与总结，实施流程示意图详见图 1-1。各个阶段都有各自的工作任务与要求。

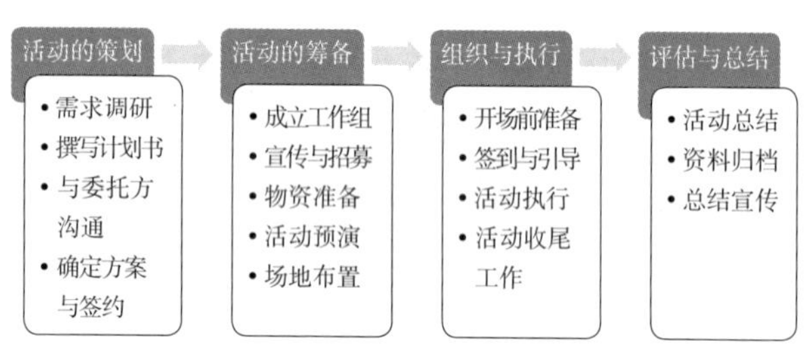

图 1-1　社区大型活动操作流程

第二章

社区大型活动的策划

作为社区服务的一种形式，社区大型活动是有组织、有计划的服务行动，需根据服务购买方的需求、社区特点和条件，制定适合的活动方案和执行策略。本章将根据活动策划的步骤，从需求调研、撰写计划书、与委托方沟通、确定方案到签订协议的流程逐一介绍。

一、需求调研

在策划社区活动之前，首先要进行需求调研。需求调研的主要目的是以拟要开展的活动为背景，了解相关各方的需求与期待，为活动方案设计提供依据。

1. 调研对象

需求调研的主要对象是直接服务群体、活动的委托方以及合作单位。

（1）直接服务群体。

直接服务群体指拟要开展的活动的主要目标服

务群体，或主要的直接受益群体。例如，一场大型的老年关节保健知识讲座的主要目标群体是社区的老年人，因此该活动的直接服务群体为老年人；社区垃圾分类宣传活动的直接服务群体则是社区所有的居民。

一般情况下，首先根据活动目的和主题确定直接服务群体的范围。在确定服务群体后，为了更直观地了解服务群体的需求与期望，可以在一定范围内，针对服务群体开展访谈或发放问卷，了解服务对象的需求。

如果社会工作者进入一个陌生社区开展社区活动，在进行直接服务群体的需求调研前，也可以先向项目购买方了解该社区直接服务群体的情况，如服务群体参与活动的喜好、开展活动的适宜时间等。

（2）活动委托方。

活动委托方是社区活动需求的提出者，也是出资购买社区活动的购买方。作为活动的委托方，在项目的设计与成效方面通常有具体的期待与目标。因而在活动设计之前，要充分了解委托方对于本次活动的想法和要求。委托方的需求调研通常采用面对面的访谈形式，在沟通前，建议社会工作者准备好访谈提纲和可供选择的活动清单。在向委托方了解需求时，可以提供活动清单给委托方参考和选择。

（3）合作单位。

有时社区活动需要与其他单位合作共同举办，合作单位可能是共建单位，如学校、公园、企业、大型商场、工业园区等。当社区活动需要联合合作单位共同开展时，社会工作者也需对合作单位进行需求调研，一方面了解他们对活动的需求与期待，另一方面了解他们可以为活动提供的资源。

通常社会工作者会前往合作单位拜访，与相关人员面对面地沟通，也可以以问卷的形式开展，如将需要沟通的问题以书面形式发给合作单位。建议先与合作单位沟通，征求其意愿，再确定需求调研的具体形式。

2. 调研内容

需求调研通常是要了解以下四个方面的内容。

（1）了解委托方要求并确定活动相关事宜。

社会工作者在策划大型活动前，首先要了解委托方对社区活动的想法和要求，通过沟通确定社区活动的内容和功能，具体应确定以下事项：活动的主要服务群体、活动类型、活动形式、活动时间及地点、具体内容等。若无法当场确定每一具体事项，可先大致确定活动的时间区间、室内还是室外、大致的参与群体等，或可以暂时预设一个大致的范围。

借此，社会工作者可以初步了解委托方对这场活动的具体要求和期待。

（2）评估相关各方需求。

在确定社区活动的活动类型后，可进行直接服务群体的需求调研。通常采用随机抽样或目标抽样的形式，抽取部分直接服务群体，通过面对面或电话访谈的形式了解服务对象的需求。若该社区大型活动有合作方参与，也要了解合作方在对本次活动的目标与期待。

在了解服务对象、委托方和合作方的需求后，应对各方的需求进行归纳和综合分析后，形成一份服务需求清单作为活动策划和资源准备的参考。该清单中应列出服务对象、委托方和合作方一致的服务需求和各自独特的服务需求。

（3）确定所需资源及来源。

根据服务需求清单，可列出活动需匹配的人力、物资、场地和资金等资源清单。然后，根据资源清单，逐项了解并确定资源的来源。资源可能来自活动的落地社区、机构本身、委托方、合作方等，因而需要与各方沟通和确认哪些是各方掌握并可提供的资源。或许上述各方均无法提供某些资源，此时则需与资源掌握方沟通和协调，争取获得其支持。经过资源挖掘和链接，最终形成所需资源的来源及确认清单。

二、撰写计划书

依据需求调研结果和项目目标，社会工作者可拟定社区大型活动计划书。计划书内容主要有活动名称、活动背景及服务理念、活动目标、参与对象、活动时间及地点、活动内容及安排、经费预算等。

1. 活动名称

活动名称是关于活动性质和内容最精炼、最浓缩的表述。活动名称应包含活动面向谁、具体做什么等信息。大多数参与者都是从活动名称开始接触活动的。活动名称需要吸引人的眼球、让人产生兴趣，以吸引更多人参与。例如“我是拉面王”社区拉面比赛、“行走的爱”社区探访活动、“寻找未来的我”青少年职业发展体验都是能够吸引人的名称。

2. 活动背景及服务理念

活动背景中需要阐述服务的缘起、背景资料及现有资源的情况等。社区活动计划书还应简明阐述本次活动背后的服务理念，社会工作者是从什么理论视角去看待社区中的需要和如何回应这些需要。简单地说，上述两项内容就是阐述举办本次社区活动所处的环境和社会工作者的服务视角。

3. 活动目标

活动目标是对本次活动最终期望达到的效果和影响的描述，通常对目标的描述应包括被服务的目标人群、各方共同的总体需求、最终希望达到的效果、达成目标所使用的策略等要素。

目标设定可遵循“SMART”原则，即S代表具体的（specific），指所设定的目标应是具体和有确定性的，不能笼统或模棱两可；M代表可度量的（measurable），指目标应可以量化、测量和验证；A代表可达到的（attainable），指经过努力可以实现目标，避免设立过高或过低的目标；R代表相关的（relevant），指目标与具体的服务需要相关联；T代表有时限的（time bound），指目标需要在一定期限内完成。例如，某区妇联组织妇女维权周宣传活动，活动目标可设定为通过社区宣传、社会倡导、互动体验相结合的服务形式，进一步加强妇女、儿童的维权意识，联动区域内多个社会组织，为妇女、儿童合法权益的保障提供知识普及和维权渠道，使普通市民能够共同体验、共同分享、共同感获。

4. 参与对象

计划书需要将参与活动的所有对象罗列出来，如被邀请的领导和嘉宾、服务对象、表演人员、志愿者等。与此同时，应预估各类参与者的人数，统计活动总人数。

5. 活动时间及地点

应写明活动举办的具体时间，一般包含年、月、日、星期几、开始和结束时间，例如 2023 年 2 月 13 日（星期日）9:00—11:00。活动举办的地点要详细标注具体的场所、地址及房间号，如果地址不是沿街，可配备简易的地图，如某街道社区文化中心（× × 路 × × 号）五楼多功能厅。

时间安排需首先考虑服务对象的特点、需要和便捷性，应以服务对象为本，以他们方便参与的时间作为活动的时间。例如，老年人活动需要放在上午或下午晚些时候，因为他们中午大多有午睡的习惯；青少年活动需要安排在双休日，因为周一至周五他们要上学。

场地选择需根据活动的内容、形式、服务对象的情况来安排。若是运动类或活动范围较大的活动，如亲子运动会、社区定向赛等，应有足够的活动空间或较空旷的场地，与此同时，需配备扩音设备。若是表演类活动，既可以室外也可以室内，如果是社区合唱比赛，则适合安排在室内音响较好的多功能厅。如果社区活动包含运动、文艺、分享等多种形式，则建议分别安排适合的场所。例如，需要大场地的运动可安排在室外，较小型的文艺演出可安排在室内，分享性活动适合安排在室内。如果分享会涉及个人隐私，则要安排有隔断、较私密和独立的封闭性场所。

6. 活动内容及安排

计划书应较详细阐述活动内容及安排，如活动的主题、内容、形式，以及活动所需要的资源等。活动设计应注意遵循以下原则：一是所设计的活动内容和安排都是为了达成活动目标；二是所设计的活动形式应与参与者的特点和活动能力相匹配。例如，开展社区重阳节活动，活动目标是为了让独居老人感受到邻里之间的关爱，并建立长期的关系。如果设计的活动是让独居老人到居委领取一份慰问品，那么就无法让老人感受到来自邻里的关爱，也无法建立邻里对独居老人的长期关爱。以下内容的设计则更符合此类活动的目标。

（1）社会工作者通过居委会了解社区独居老人的情况，拿到名单。

（2）在老人所住楼栋或附近楼栋里招募助老小组志愿者，开展基础助老培训。

（3）由志愿者了解独居老人的生活状况和兴趣爱好等信息。

（4）组织志愿者采购老人爱吃的食物（如重阳

糕等）；在重阳节当天由志愿者送上门，表达慰问，并建立初步关系。

（5）志愿者与需要关爱的独居老人结对，定期上门与老人聊天，将老人的特殊需求及时反馈给居委。

7. 经费预算

经费预算是计算服务过程中所产生费用的预计清单，清单应将费用类别、物品名称、单价、数量、金额等内容逐项罗列。社区活动计划书应尽可能详尽地罗列出物资清单，一方面便于统筹管理好活动经费，另一方面也需要向委托方交代在活动中如何使用资金。

三、与委托方沟通

1. 初次与委托方沟通活动方案

完成社区大型活动计划书初稿后，社会工作者应提交给委托方，并与委托方就方案进行初步沟通。建议采用面谈的形式进行沟通，一方面，可以更清晰地向委托方阐述活动的设计思路、具体内容与形式，并向委托方解释方案背后的服务理念；另一方面，可以更直接了解到委托方对于细节的想法和意见，有些尚不确定的部分，也尽可能在面谈中得到澄清和确认。

2. 沟通中的注意事项

（1）沟通越细致越好。

在与委托方的沟通中，应主要沟通并确认活动方案中的服务人数、服务开展的时间和地点、具体服务流程、经费预算、宣传、采购等事项，对每一个环节和细节都需要逐一认真确认。

（2）提供分析与建议。

若委托方对某些内容难以抉择，社会工作者需向委托方分析利弊关系，可以根据以往的经验提出一些具体建议，协助委托方确定方案。

（3）提出解决难点问题的请求。

社会工作者应将方案设计过程中遇到的难点、无法确定的问题、需要委托方确认和协助的事项都提出来，请委托方协助社会工作者解决。

四、确定方案与签约

从对初稿进行修改到最终签约，社会工作者可参照以下程序进行工作。

1. 方案的修改与确定

在与委托方沟通过初稿后，项目团队的主要负责人需召集项目团队所有项目执行人员、参与人员一起开会，探讨修改意见，并最终形成活动方案的定稿。定稿后的活动方案需交送给机构的部门总监审核。

（1）方案修改的程序。

① 主要负责人根据委托方对活动方案初稿的意见与建议，完成对方案的初步修改。

② 方案修改后，再与工作团队人员一起交流进一步完善方案。

③ 在此期间，应与委托方保持沟通，及时了解对方的新想法，并及时对方案进行修正。

④ 需将修改后的方案提交给部门主管进行审核。

（2）确定方案。

① 部门主管对所修改的方案审核并最终确认。

② 部门主管确定后的方案，需交委托方，得到其最终的确认。

2. 签订服务购买协议书

通常，社区大型活动属于社会服务项目中的一项，但有时社区大型活动作为一个单独的项目被独立购买。凡是被购买的社区大型活动项目都需要与委托方（即购买方）签订购买协议书。与购买方的签约工作可参照以下程序。

（1）准备协议书初稿。

根据项目购买协议的模板，填写项目名称、委托方信息、项目的服务周期、项目金额及支付方式等必要信息。与此同时，应完成以下工作。

① 确认协议书上的金额与项目方案上的总金额一致。

② 确认甲方地址为法定地址。

③ 确认协议书的支付条款中，有明确的支付日期（各机构可根据实际需求确定），其表述一般有如下两种：

第一种：甲方于协议签订后 15 日内，并于活动开始前向乙方一次性支付项目总金额。

第二种：甲方于协议签订后 15 日内，并于活动开始前向乙方支付 50% 的项目总金额，活动结束后 7 日内支付余下的 50%。

④ 协议一式四份，两份交给委托方，两份机构留存。

（2）审核协议书初稿。

① 将活动方案与协议书初稿交给部门主管审核。

② 若协议书经审核未通过，则需要根据意见再修改。

（3）与委托方沟通。

① 将由部门主管审核通过的协议书初稿交给委

托方。

② 若委托方有疑问，应及时提供说明与解释。

③ 若委托方有修改意见，则需要征询部门主管的意见，对协议书的修改进行沟通协调。

（4）协议书的确认与签订。

① 协议书经部门主管认可后的最终版本，应与委托方最终确认。

② 委托方与机构双方签字盖公章，签订协议书。

③ 签订协议书之后，再开展活动。

（5）开具项目服务发票。

根据活动协议书开具发票。开具发票应仔细审核以下内容：

① 委托方抬头（全称）与税号，如开具专用发票则需提供地址、电话及开户行账号。

② 开票内容：项目名称及服务内容，或合作方指定符合要求的内容（需与委托方确认）。

③ 开票金额：根据服务购买协议书，正确填写开票金额。

第三章

社区大型活动的筹备工作

社区活动的筹备过程是一项系统性工作，需要工作团队紧密合作，也需要与委托方和合作方及时沟通与协调。乐群经过多年实践，归纳整理出通用工作流程，并总结了实务经验，供社会工作者参考，社会工作者可根据实际情况进行调整和优化。

一、成立工作组

1. 成立工作团队

虽然社区大型活动以单次活动为主，但是工作涉及范围较广，服务时间较紧迫，需要的人手较多，所以通常需要活动负责人根据项目的需求，调动机构内部合适的人员组成临时工作团队，由活动负责人统筹和协调团队成员的分工与合作。

（1）确定团队成员。

活动负责人选择合适的社会工作者作为“临时工作团队”成员，列出名单。联系名单中的社会工作者，确认其是否有时间参与。向能参与的社会工作者的主管提出申请，获得批准后调用该社会工作者加入“临时工作团队”。

（2）团队分工。

按照不同的职责和工作内容对临时工作团队的成员进行分工，依据不同的活动性质，可进行相应岗位调整。一般情况下，临时工作团队需要活动负责人、资源对接人、宣传人员、采购人员和后勤人员等工作成员。他们的具体职责如下：

① 活动负责人：负责整个活动的筹备、执行和评估工作，掌控活动进展。合理调配工作团队成员，做好有效的分工与协调。此外，在筹备过程中，与委托方沟通确认所有服务内容。

② 资源对接人：负责外部资源的联系工作，如车辆安排、场地安排、邀请专家、安排演职人员，以及招募和管理志愿者等。

③ 宣传人员：负责活动所有宣传工作，如活动之前的宣传、宣传物资的制作，活动之后的通讯报道等。

④ 采购人员：负责所有物资的采买和清点工作。

⑤ 后勤人员：负责所有活动物资的准备，包括主持词、签到表、分工表、议程表等。根据实际工作情况，如果工作量不大，采购人员与后勤人员可合并。

（3）工作团队的组成与选择。

不同实务阶段需要不同特长的成员。临时工作团队可根据实际工作的需要分阶段招募成员，组成前期筹备团队和当天执行团队。

① 前期筹备团队的人选应优先考虑熟悉活动背景、擅长类似活动开展、能参加当天活动执行的社会工作者。

② 活动当天需要较多临时帮手，因而通常要招募一些外部志愿者。活动当天所有到场参与活动的社会工作者、合作方工作人员和志愿者等，构成活动当天的执行团队。

2. 召开分工会议

为有序开展活动，需做好筹备期及活动当天执行人员的分工安排，并召集会议，让团队成员了解相关工作。一般筹备期的分工会议要在活动日期开展前 1—2 个月召开，活动当天执行人员的分工会议要在活动开展前的 3—7 天召开。

（1）筹备期分工会议内容。

① 讨论并确定团队成员的分工安排，可将负责人员和工作任务制成筹备分工表。

② 明确各岗位的工作职责，每个岗位落实到人。

③ 及时反馈筹备工作进展情况，确保筹备工作有序推进。

④ 对于不能按时完成的工作，需要及时提出，由活动负责人协调其他人员协助共同完成。

（2）活动当天执行团队分工会议内容。

① 介绍活动内容、目的、流程等大致情况。

② 介绍岗位设置及目的，岗位落实到人。

③ 让每个工作人员明确其岗位职责、工作内容及物资配备等要求。

④ 接受工作人员反馈及提问，再次确保每个工作人员准确无误地了解自己的工作岗位、职责、任务与要求等。

⑤ 再次与当天执行团队明确各环节的具体负责人及活动负责人。

3. 细化工作流程

根据活动方案进一步确定活动过程的所有流程，对方案的各项工作进行拆分细化，包括筹备期的信息确定，完成时间推进表以及人员分工表。

（1）确定时间。

① 确定活动的日期，是工作日还是周末，需要充分考虑参与对象的时间。

② 确定活动的具体时间，是上午还是下午，需要根据活动时长来确定。

（2）确定地点。

① 明确活动的具体场地，是室内、室外，还是

外出。

② 进行实地踩点。

A. 室内场所：场地的地址、房间大小、桌椅数量、投影仪器等所需设备。

B. 室外场所：场地的地址、场地大小、交通情况、场地开放时间等。

C. 外出：场地的地址、场馆大小、出入口情况、交通情况等。

（3）确定场地安全。

确认活动场地的消防用具、逃生地图、绿色通道等消防设施，确保消防通道安全畅通，确认窗户、台阶等容易发生意外的地方是否贴有明晰和醒目的警示。

4. 风险预估与应对预案

社区活动筹备阶段，必须预估活动现场可能出现的突发状况，并提前做好应急预案。

（1）预估突发状况。

当天执行团队需要尽可能详尽地预估活动现场可能出现的突发状况，如主要嘉宾迟到、服务对象迟到、室外活动当天下雨等，并将其逐一罗列出来。

（2）明确应对措施。

针对可能出现的突发情况，团队应进行讨论并形成风险应对预案，明确突发状况发生时的应对措施与解决方法。此外，应确保每个工作人员掌握应对突发事件的具体措施和解决方法。

二、宣传与招募

1. 文案策划

宣传文案的主要作用是尽可能招募到更多服务对象参与活动，从而提高社区活动的知晓度，因此，提高宣传文案的吸引力尤为重要。宣传文案在文字上应使用简明扼要、清晰规范的语言，内容上应集中突出活动主题、活动目的、活动时间和地址、服务群体、报名方式等重要信息，使潜在的活动参与者获得最直接的信息。

2. 线上宣传

线上宣传是通过互联网或手机等媒介传播信息的一种宣传方式，其优势是便于阅读和保存。线上宣传可适当地增加文案的渲染性，使活动更具有吸引力。针对年轻群体的活动招募较适合采用线上宣传的方式。

（1）载体类型。

线上宣传的载体一般为微信公众号推文和

H5[1]，这些都需要提前准备好文字与配图，请专业的工作人员做成推文和H5后才能发布。

① 微信公众号推文一般用于公众号的发布。

② H5一般用于朋友圈及群内发布。

（2）发布渠道。

① 微信群发布：可以直接转发H5或者公众号。

② 公众号发布：推文作为正文，可以链接一个H5的报名页面。

③ 朋友圈转发：可以直接转发H5或公众号。

（3）定向推广。

如果社区活动的服务对象中部分人已建有微信群，可直接将公众号推文转发到群内，进行定向推广。另外，也可通过相关工作人员在微信工作群发放推文，从而有针对性地加强线上推广。

3. 线下宣传

线下宣传是运用传统的媒介和形式进行宣传，其优势在于服务对象可直观地获得信息，且形式多样化，可以有更多的渠道来加大宣传力度。在做线下宣传的时候，可以适当地用图案抓住服务对象的

[1] H5又叫互动H5，相当于微信上的PPT，主要适用于品牌方传播和推广的载体。在智能手机可以播放Flash的移动端呈现，可以达到Flash的效果（如各种动画、互动），可用于广告、营销，具有酷炫的效果。

眼球，并将宣传品张贴在目标群体人流量大的地方，如小区门口的宣传墙、楼道的信息栏、文化中心的宣传栏等。针对年长群体的活动招募，建议采用线下宣传形式。常用的线下宣传品的类型有：

（1）宣传海报。

常用尺寸为 50×70 厘米和 60×90 厘米，方便贴在社区公告栏或大门口。

（2）宣传单页。

常用尺寸为 A5 和 B5，方便贴于楼道或投至信箱内。

（3）易拉宝。

常用尺寸有 80×200 厘米、85×200 厘米、90×200 厘米，可根据场地大小和文字内容多少决定相应尺寸。有不同系列和多种模块内容的活动中，每个系列（模块）做成一个易拉宝，可以灵活组合及反复使用。

（4）横幅。

推荐两种设计款式。第一种是红色底，白色字或黄色字的款式，字体多为黑体，用于较为正式的场合，制作成本低，需提前测量尺寸，并注意是否有地方固定横幅。第二种是彩色横幅，颜色鲜亮活泼，需要广告公司进行设计，制作成本相对高一些，但可反复使用，作为后续活动中手持横幅进行拍照。横幅的常用尺寸有 70×300 厘米、160×240 厘米。

4. 参与人员的招募

（1）招募方法。

① 定向招募：从活动开展的相关方寻找参与对象，如向学校、居委、企业等特定人群招募人员。通过已有的联系方式开始招募宣传，再找到潜在的参与对象，邀请其参与。

② 公开招募：可通过线上或线下的渠道公开宣传和招募适合参与活动的服务对象，描述参与的相关要求，提供简要的活动介绍（时间、地点、内容），留下报名方式和联系方式，让有兴趣参与的人员主动联络社会工作者报名。

（2）招募对象。

① 服务对象：能够在活动中受益的参与对象。

② 演职人员：能够在活动中进行表演的人士。

③ 志愿者：能够协助活动开展的人士，也可将社区骨干、社区志愿者、高校大学生等作为招募对象。

三、物资准备

1. 物资清单及确认

（1）宣传品。

宣传品包括背景墙、横幅、KT 板等，所有宣传品的内容与形式，都需要和委托方沟通和确定。

（2）道具材料。

活动道具包括奖状、奖杯、互动卡片等，工具材料包括胶带（单面胶、双面胶、美纹胶）、剪刀、美工刀、挂牌等。

（3）文件材料。

参与人员、演职人员等的签到和签收表、主持稿、专家签收表、志愿者签收表、满意度评估表、笔、白纸等。

（4）场地布置用品。

根据活动需要将物资罗列形成清单，如彩带、气球、打气筒、灯笼、彩灯、节日主题装饰等。

（5）场地硬件设施。

提前联系场地负责人，确定场地是否可以布置所需的设备，如桌椅、灯光、音响、话筒、投影器械、主讲台、空调。

2. 车辆准备

（1）确定是否有用车需要。

如果社区活动的形式是外出参观、定向赛等，若路程较远，或有多个参观点，应提前安排租车。

（2）确定用车人数。

根据社区活动的参与人数租赁适合的车辆，一般大巴座位为33—53座，中巴13—23座，商务车

7 座。

（3）为乘车人购买保险。

提前收集乘车人的姓名、身份证号码、手机号码等信息，为乘车人购买外出意外险。

3. 订餐准备

（1）确定活动是否需要订餐。

活动是否需要订餐主要参照以下三个依据。

① 活动的总时长。如果是一天的活动，需要安排餐饮，半天的活动可根据具体情况决定。

② 项目经费情况。项目经费中包含餐饮费，则需要安排餐饮。

③ 委托方需求。如果项目预算不包含餐饮费，但委托方要求给予订餐安排，可向委托方要求追加订餐费用。

（2）了解需用餐人员的情况。

① 人数统计：分别统计各类参与者，如领导、嘉宾、居民、志愿者、表演者、讲师等的人数。

② 用餐标准：需要提前与委托方确定用餐的人均价格标准。有些委托方要求参照公职人员用餐标准。

③ 用餐时间：确定送餐的具体时间。

④ 特殊需求：应提前向用餐者了解对餐食是否有特殊需求或是否有食物过敏的情况，如清真餐、

素食、过敏的食物等。

（3）确定订餐类型。

① 便餐类型：可选择的有快餐盒饭、西式套餐、中式套餐等，便于分发餐食。

② 餐厅套餐：在餐厅就餐的个人套餐或圆桌套餐。

（4）配餐的特殊要求。

① 根据实际需要，决定是否需要分类订餐。

② 用餐者中是否有特殊要求，如需忌口的食物、过敏的食物、清真餐食等。

（4）实地考察。

① 便餐类：提前与供餐方确认好预估的便餐种类、数量以及配餐时间。

② 餐厅类：提前去餐厅考察环境，查看可容纳的用餐人数，菜单上是否存在过多不适宜的食物，菜品的价格是否符合人均标准，一桌的食物是否能保证吃饱吃好。应提前告知供餐方所需的人均价格，请其协助点餐，并提供最终确定的菜单。餐厅用餐需了解停车位的相关情况，如是否能停车、停车地点及收费情况等。

③ 注意事项：留好供餐方负责人员的联系电话，方便及时告知临时的变化，如人数变化等。若用餐者有特殊食物的要求，需与供应商提前进行沟通。

（5）确定菜单。

① 将踩点后的情况反馈给相关方（如委托方或合作方），配餐菜单一定要拍照给相关方以征求意见。若是餐厅就餐，建议拟定一份用餐计划表，并将餐厅环境拍照后，将照片一起发送给相关方。

② 相关方若有调整建议，经调整确定后将具体要求反馈给供餐方。

③ 活动前3天再次与供餐方确认具体要求，并确定是否有变化。

四、活动演练

活动演练亦称预演、演习，是通过模拟服务的全过程，帮助工作人员体验服务的全过程，了解应如何互相协作与配合。演练有助于发现问题，作出调整和拾遗补缺，保障活动达到最佳效果。

1. 当天活动分工

活动负责人应确定活动当天工作团队的成员，并根据分工讨论会的决定，填写《活动当天分工表》（参见表3-1），并将分工表分享给所有参与当天活动的工作人员。

表 3-1　活动当天分工表（例）

序号	流程	时间		具体工作内容及道具	人员分配	设备	备注
1	准备阶段	××年××月××日	9:00—11:00	1. 按照活动要求布置场地（座位：席卡、每座每位一瓶水、一支笔、一本笔记本、一张流程单；张贴项目横幅、广告纸等）	全体人员		
				2. 调试当天所需设备（话筒、音响、投影仪器等）	×××	话筒、音响	
				3. 签到布置（签到处、签到表、签字笔、座位表、礼品——如U盘等、饼干）	×××		签到表、签字笔、座位表、礼品、饼干
2	活动阶段	××年××月××日	13:00—13:30	1. 签到入场（根据席卡入座，需引导）	签到：××× 引导：×××		签到纸、中性笔、流程表、座位表
			13:30—13:35	2. 主持人开场（项目开场白→介绍领导） （姓名：　　职务：　　） （姓名：　　职务：　　）	主持：×××	话筒	

（续表）

序号	流程	时间		具体工作内容及道具	人员分配	设备	备注
2	活动阶段	××年××月××日	13:35—13:50	3. 项目各方代表发言 （姓名：　　职务：　　） （姓名：　　职务：　　）	发言：两位代表 摄像：	话筒	拍照
			13:50—14:00	4.“优秀物业”表彰 第一组（颁奖领导：　　） （授奖单位：　　） 第二组（颁奖领导：　　） （授奖单位：　　） 第三组（颁奖领导：　　） （授奖单位：　　）	串场：××× 颁奖：××× 拍照、摄像：××× 颁奖音乐：××× 颁奖司仪：×××	话筒、音响	
			14:00—14:45	5. 项目总结	总结：×××	话筒	
			14:45—15:05	6. 项目承办方总结发言 （姓名：　　职务：　　）	发言：×××	话筒	
			15:05—16:05	7. 专家答疑会 （姓名：　　职务：　　）	协调：全体人员		
3	收尾阶段	××年××月××日	16:05—16:20	1. 礼品发放	整理：全体人员		
			16:20以后	2. 规整场地			

2. 活动整体流程预演

召集当天所有工作人员、志愿者和表演人员等，共同参与整个活动流程的预演。整个流程应包括从准备工作、签到、活动开始至结尾的各个环节，每位工作人员都应各就各位、各司其职、相互合作。对预演中出现的疏漏和不合理的地方，应及时作出调整。

3. 节目彩排

如果活动当天有节目表演的环节，应在活动预演时进行彩排。

（1）节目彩排并确定细节。

应在活动现场走台及节目彩排，要确定每个节目的演出开始时间、每个节目的时长、每个节目所需的道具，以及每个节目所用的音乐。

（2）工作人员的分工安排。

所有工作人员要安排到位，如活动负责人、主持人、后勤人员、设备播放人员、催场人员、签到人员、奖品分发人员等，每个人应明确自己的工作内容和职责。

4. 设备确认

所有需要使用的设备应逐一确认，常用设备

如下。

（1）场地音响设备。

需要确认的事项包括谁提供、谁联系，是否需要经费等信息。

（2）场地投影设备。

确认场地是否有投影设备，设备是否完好可用，使用设备是否需要向上级领导提前报备等。

（3）话筒。

若需要使用话筒，需确认场地是否有话筒，话筒是否完好可用，使用话筒是否需要向上级领导提前报备等信息。还应提前确认话筒的电池型号与数量，活动当天应准备好备用电池。

（4）电脑。

应确认场地是否可提供电脑，还是需要自己带电脑。若自己带电脑，则需要确认连接口，如小米超薄本、苹果笔记本等手提电脑，可能需要连接转换头。

5. 志愿者培训

参与活动的志愿者需要提前培训，培训的内容通常包括以下四个方面：

（1）相互认识。

工作人员与志愿者相互认识。

（2）活动介绍。

简要介绍活动内容与流程、以及工作人员和志愿者的岗位分工情况。

（3）明确志愿者岗位职责。

介绍每个岗位的工作内容、需要的准备工作、需要的道具等。

（4）讲解志愿者守则。

根据基础的志愿者守则，明确志愿者的责任和义务。

6. 参与人员通知及确认

活动开展前要将确切的活动时间、地点等信息通知所有参与者，并在确认其是否参与后，统计预计参与活动的人数。

（1）人员通知与确认。

① 通过微信、短信、电话等方式，告知参与人员活动时间、地点及相关内容，并确认其是否参加活动，明确对方“确定会来”“不一定来”“确定不会来”等信息。

② 通知演职人员活动当天需要提早到场的具体时间及相关要求。

（2）参与者数量统计。

在活动预演阶段，要统计活动参与者数量。通常需要统计以下五类参与人员。

① 服务对象：将各种招募（报名）渠道的最终结果进行汇总，统计已报名的人数，汇总统计应仔

细核对报名者名单，避免遗漏。

② 演职人员：确定当天参与活动的演职人员数量，上场与不上场的都应纳入统计。

③ 工作人员：统计社会工作者、合作方和志愿者等工作人员的数量。

④ 领导和嘉宾：统计邀请参与活动的委托方、落地方、专家、评委等人数。

五、场地布置

社会工作者应在活动前完成活动场地布置工作，不同社区和不同活动场地有不同布置要求。各类活动场地的布置可参照以下指引。

1. 场地及相关布置的内容

（1）会场布置。会标（横幅、KT 板）、桌椅、主席台、席卡、桌布等。

（2）演出布置。舞台、观众席、位置安排，上下台顺序及位置，道具摆放处，会标（大屏幕或背景墙）等。

（3）室外布置。会标（大屏幕或背景墙等）、路线图（如定向赛）、活动地点引导牌、器械摆放等。

（4）外出参观/参访准备。会标（横幅、KT 板）、路线、场馆简图（参观活动）等。

（5）座位安排。根据座位图安排与会者的座位，按照一定顺序从 1 开始排序，依此类推。然后，按照该顺序安排座位，具体位置可参照图 3-1 和图 3-2。

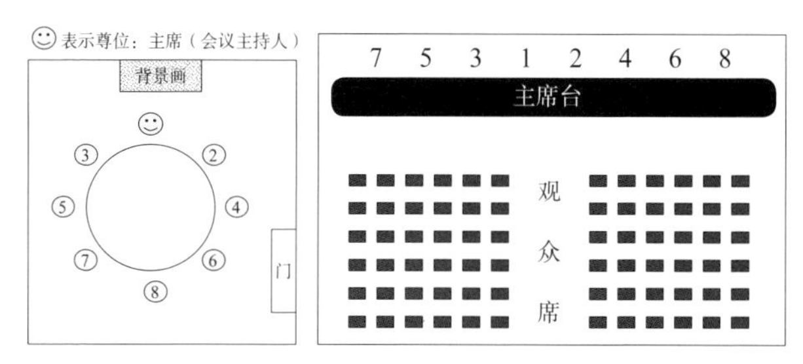

图 3-1　一般会议座位图　　图 3-2　会场布置及领导坐席安排图

2. 舞台搭建

如果社区活动需要搭建舞台，需提前做好以下准备工作：

（1）活动开展前踩点。

提前与广告公司相关工作人员到活动现场进行踩点，确认舞台的形状、大小和背景墙的尺寸，并确认搭建的时间和拆除的时间。

（2）舞台搭建时确认。

广告公司需确保搭建所用物资材料符合安全规定，搭建的全程做到安全施工。最好有社会工作者在场监督、协调，处理突发事件。如果社会工作者无法到场，舞台搭建好后，需确认是否按照要求进行搭建，背景墙、横幅等文字内容是否都准确无误。

（3）活动结束后收尾。

需确保广告公司前来拆除所有搭建的设施，并将场地恢复原貌。

3. 物资的运输

社区活动需用的物资应提前运至社区活动场地，运输物资的注意事项如下。

（1）自行运输。

如果物件较小或较少时，可以选择自行携带或叫出租车随工作人员一起去活动场地。

（2）货车运输。

如果物件大或东西较多，出租车无法装运时，建议预约货运车辆运输物资。

（3）快递直达。

有些物资是网上购买，如果活动场地可以囤放物资并有人可以在当地签收，可直接将活动场地作为收货地址，委托当地可代为收件和清点物资的人收货，这样可以省去很大的运输成本。需注意的是，签收人员需确认到达的物资及数量是否正确。

（4）注意事项。

物资的包装箱和袋子等可适当保留，便于活动结束后回收物资时使用。

4. 物资的清点

负责物资管理的工作人员要根据物资清单，清点所有物资并在表上做好相关记录。建议按以下类别清点：宣传品、活动议程、活动会标、领导席卡、主持稿、领导致辞、多媒体物资（如 PPT、转换头、颁奖音乐）等，可以制作物资清单核对表（参见表 3-2）进行逐一核对。

表 3-2　物资清单核对表

××× 活动物资清单核对表					
活动名称：			总负责人：		日期：
物资类型	序号	物资名称	预备数量	清点数量	负责人
表单	1	签到表	4	4	张三
	2	物资（奖品）签收表	2	2	张三
	3	专家、讲师费签收表	1	1	李四
	……	……	……	……	……
办公用品	4	中性笔			
	5	记号笔			
	6	彩笔			
	……	……	……	……	……
设备	7	照相机			
	8	摄影机			
	9	翻页器			

（续表）

物资类型	序号	物资名称	预备数量	清点数量	负责人
设备	10	笔记本			
	11	扩音器			
……	……	……	……	……	……

第四章

社区大型活动的组织与执行

社区活动开展当天从准备到活动结束，虽然工作繁多，但每一项都应认真仔细地完成。活动负责人要掌控全局，每一位工作人员要完成自己的任务，并且与其他工作人员相互配合，共同协力做好社区活动。

一、开场前准备

1. 人员确认

按照工作人员和参与者分别确认活动当天人员是否到场。

（1）工作人员确认。

① 确认参与活动当天的执行工作人员是否到场。通常工作人员应至少提前 1 小时到达活动现场，若需要当天搬运物资或布置场地，则需要提前 2 小时以上。

② 活动负责人应再次确认所有工作人员已清晰

了解各自的任务与职责。若发现仍有不清楚的地方，活动负责人应再次说明，以确保所有工作人员清晰自己的任务和职责。

（2）参与人员确认。

① 活动开始前30分钟，确认参与人员、演职人员、领导及嘉宾是否就位。

② 应按照参与人员名单逐一确认，以免遗漏。

③ 如果发现有人员没有按要求就位，应及时向活动负责人反映，由活动负责人给予调整建议，并安排工作人员及时作出调整。

2. 物资等事项的确认

分管活动物资的工作人员应清点和确认活动现场物资的使用方式。

（1）多媒体确认。

确认当天活动所需的多媒体资料的格式是否可以正常播放，如PPT、音频、视频等。

（2）用餐确认。

负责后勤的工作人员应根据之前拟定的用餐计划表，与合作方再次确认活动当天的用餐人数是否有变化，若有变化则及时作出调整，及时与供应商联系落实配餐工作。

（3）发放物品确认。

活动物品，如礼品、奖品、奖状等，应安排

专人保管和发放。此时，负责管理的工作人员需对物品的数量再次清点确认，并准备好物品的发放签收单。

（4）车辆确认。

如果是外出参访活动，需要与司机联系，确认出发时间和出发地点。同时，将已确认的车辆车牌号码与出发的时间和地点一起发给参与对象。

二、签到与引导

活动当天应安排专人负责参与活动的人员签到、物资发放和人员引导工作。

1. 人员签到与物资发放

应安排专人负责签到工作。该工作人员有两项任务：一是负责活动当日参与人员的签到工作；二是负责活动当日的活动物资发放及签收。

该项工作应注意两点事项：一是确保签到及物资发放全过程中有专人负责；二是发放物资过程中，应避免出现遗漏、多给、错给的情况。

2. 人员引导

人员引导工作是将活动参与者带领至适当的位

置，负责该项工作的工作人员应做到以下三点。

（1）了解整场活动所有参与人员的位置分布。

将领导、嘉宾及服务对象引导至规定的区域，根据席位表安排他们入座。

（2）规范使用引导语和引导动作。

眼光亲切地注视来宾，面带微笑，引导语用“您请”“请往这边”。引导动作可采用“横摆式”手势，五指并拢，手掌自然伸直，手心向上，肘作弯曲，腕低于肘，以肘关节为轴，手从腹前抬起向右摆动至身体右前方。

（3）协助维护活动现场秩序。

适当提醒参与者遵守本场活动的规定及要求。例如，“请将手机保持静音状态”“请不要大声喧哗”“若有紧急事情，请到会场外接听电话”等。

三、活动执行

活动执行是根据活动方案、为完成服务目标而开展的整个工作过程。活动的执行需要各岗位工作人员的协作，才能最终完成工作任务，实现工作目标。每个岗位都有自己的具体任务、职责以及具体要求。社区活动执行阶段各岗位的工作任务、职责和要求如下。

1. 活动统筹工作

活动统筹工作通常由1名社会工作者负责，一般情况下，应由本场社区大型活动的负责人担任本场社区活动的总指挥。活动负责人的工作包括以下内容：

（1）熟悉整个流程。

熟悉并了解活动的筹备、活动的分工、活动的议程、活动的执行等相关工作。

（2）处理突发事件。

若活动当天发生紧急突发事件，应及时与委托方沟通，协调团队的力量，妥善处理突发事件。

（3）及时汇报情况。

做好与委托方及相关领导的接待和沟通工作，及时汇报活动情况。

（4）负责活动整体成效。

把控整场活动的进程，并对活动整体成效负责。

（5）负责活动总结评估。

在活动结束后，带领工作人员共同回顾活动过程，反思及总结活动成效。

2. 活动主持工作

活动主持工作通常由1—2名活动主持人负责，

活动主持人的工作内容与要求如下。

（1）主持稿要求。

主持人根据事先确认过的主持稿和活动流程进行活动主持，事先作好充分准备，熟悉主持词和活动流程。

（2）衣着和表情要求。

应衣着得体和相对正式，面带微笑，保持亲切自然。

（3）声音要求。

主持时保持声音响亮和吐字清晰，若发生突发事件，应遇事不慌、处变不惊。

（4）临场应变。

与其他工作人员密切配合，保障活动按计划有序进行。如遇无法控制的突发事件，及时与活动负责人沟通，听从相应的安排。

3. 现场秩序维护工作

现场秩序维护工作通常由 1 名社会工作者负责，并需要 1—2 名志愿者配合，规模大、参与人数较多的活动，可适当增加志愿者的数量。现场秩序维护工作包括以下内容。

（1）友善提醒。

对于喧哗、起哄、交头接耳的参与者给予友善的提醒，应礼貌待人，热情回应。

（2）秩序维护。

室外活动时，需在放置隔离栏或粘贴警戒线处做好秩序的维护，防止居民拥挤造成人员伤害。

（3）及时寻求帮助。

若遇异常情况无法自行解决，应及时向活动负责人寻求帮助。

4. 机动性支援工作

机动性支援工作通常由 1 名社会工作者负责，也可以由活动负责人兼任，该项工作的内容及要求包括以下几个方面。

（1）协助突发状况。

牢记当天活动所有环节以及各社会工作者主要负责的工作任务，应对活动现场随时发生的各种突发状况，及时协助其他社会工作者一起解决问题，协助完毕后，返回岗位。

（2）巡视活动现场。

随时保持注意力集中，观察现场及周围情况，切勿在同一地点停留过久。除工作相关内容外，停留或巡视过程中，切勿长时间看手机。

（3）配合活动主持人指令。

注意倾听主持人的指令，如递话筒、播放音乐等。

5. 时间控制工作

时间控制工作的主要任务是通过向主持人、表演者提醒时间，从而把控整场社区活动的时间，该项工作通常由1—2名社会工作者或志愿者负责。如果社区活动中有较多需计时的活动，如竞赛类型活动，则需要增加工作人员。时间控制工作主要有以下职责和工作要求。

（1）工作职责。

① 把握和控制整场活动每个环节的时长，及时提醒主持人控制时间。

② 在演讲、路演、比赛等有规定时间的环节，灵活运用计时设备（手机、计时器等）或时间提示道具（提示纸、白板、响铃等），做好计时工作。

③ 了解并熟悉整场活动中每一位演职人员的出场顺序及所需使用的道具，提醒和确认每位相关演职人员提前候场准备。及时了解每位演职人员出现的突发状况，如临时上洗手间、身体不适、道具遗漏等。

（2）工作要求及注意事项。

① 提前准备好计时设备和时间提示道具。时间提示道具应符合醒目、清晰等要求。

② 工作人员应保持注意力集中，特别是竞

技类需要计时的活动环节。一般情况下，可提前一个节目提醒下一环节的演职人员到台侧或后台候场。

③ 若在活动环节的顺序上有调整，务必及时与主持人沟通。对出现的异常情况且无法自行解决时，应及时向活动负责人寻求帮助。

6. 摄影、摄像工作

摄影、摄像工作通常由 1 名摄影师和 1 名摄像师担任，可以聘请专业人员担任，或者由社会工作者或志愿者担任。该项工作应达到以下要求。

（1）活动摄影。

① 空镜头拍摄。到场后必须先拍摄会场以及会场各区域的空镜，具体应包括主会场（参见图 4-1）、大门口签到处（参见图 4-2）。一些较大的会议活动可能在会场外布置横幅、氢气球等，请注意特别的细节拍摄，如会场装饰物和活动准备发放的奖品、奖杯、奖状等要拍特写。

图 4-1　会场

图 4-2　大门口签到处

② 主要人物会前拍摄。主要人物的拍摄内容应包括主办方领导、嘉宾、专家等，并且拍摄主要领导嘉宾（参见图 4-3）、专家交谈的场景（参见图 4-4）时，取景应尽量结合背景的陈设，以呈现会议的场所和环境。

图 4-3　领导嘉宾

图 4-4　专家交谈的场景

③ 活动过程拍摄。需要按照活动的议程，对整个过程进行拍摄记录，通常包括活动前的签到环节，活动中的各个流程，活动后的一些合影等。摄影时注意主要人物面部五官要清晰，且表情自然。每个环节的活动主题会标要拍摄完整且清晰。

④ 领导讲话拍摄。拍摄领导或其他重要人物发言时，需有近景拍摄（参见图 4-5）。拍摄时，不必担心挡住别人的视线。拍摄角度一般要与讲话者同高（参见图 4-6），尽量避免使用仰角或俯角拍摄，应与讲话者保持 45° 左右的角度。

⑤ 会场拍摄。主席台拍摄必须有全景和单人的特写。注意不要让麦克风、水杯等挡住人物的面部。

图 4-5　近景拍摄

图 4-6　拍摄角度

一般情况下拍正面，若无法避开前面的遮挡物，则可以采用正侧面的角度拍摄。此外，会场内前排就座的一般为比较重要的参会者，因此需要从左（参见图 4-7）、右（参见图 4-8）两个方向对会场进行拍摄。还要对会场全景拍摄，拍摄位置一般为后场的后部左、中、右三个位置各拍一张。

图 4-7　左边拍摄

图 4-8　右边拍摄

⑥ 活动（动态）拍摄。拍摄时必须注意主要领导和重要与会者的活动（参见图 4-9），并兼顾其他与会者。当参与活动的人员走动时，应尽量走到人物的前面拍摄，而不是从后面跟随拍摄（参见图 4-10）。

图 4-9　重要活动

图 4-10　动态拍摄

⑦ 拍摄集体合照。要拍好一张集体合影，应该达到以下要求：集体群像在画面布局合理且充实；无前排遮挡后排的现象；最前一排与最后一排的人脸部都清晰；没有前排头大、后排头小的透视变形；没有闭眼睛的情况。

（2）活动摄像。

活动摄像一般采用全景定点拍摄及围绕中心任务拍摄的方法。为了保证在拍摄过程中画面清晰平稳，可利用三脚架或将摄像机摆放在合适的固定物体上。

摄像前，必须检查所有摄像相关器材设备。例如，储存卡内存是否充足，必要时将内存卡清空后使用；电池电量是否充足，建议配备备用电池 1—2 个。

7. 活动礼仪工作

礼仪工作人员负责社区活动的礼仪工作。礼仪工作人员的配备数量应根据上台次数和同一批次所需人数确定，一般最少需要2名礼仪工作人员。礼仪工作人员的主要工作职责及要求如下。

（1）工作职责。

① 仪式进行时，负责引领上台者登台和退场。

② 颁奖环节时，递送奖状、奖品、鲜花等物品。

③ 发生突发情况时，参与处理突发情况。

（2）工作要求与注意事项。

① 仪容仪表方面：衣着整洁大方，以裙装为宜。切勿穿着T恤、运动鞋等非正式服装。可化淡妆，若技术上无法达到，单涂口红或唇彩（釉）即可。发型可根据个人喜好，整洁干净即可。

② 工作技巧方面：引导领导及嘉宾上台和就座时，应面带微笑，抬头挺胸，并配有正确的引导手势。应从台的左侧上台（特殊情况除外），走在领导左前方。颁奖时，应将奖品或奖状放在托盘上，双手托住托盘，高于胸前。下台时，应从舞台的右侧下台，仍要双手托住托盘下台。

8. 活动配餐工作

活动配餐工作通常由1—3名社会工作者或志愿者负责，配餐工作的工作内容和要求如下。

（1）配餐准备。

接应送餐者，将提前预定的餐食放置到就餐点。将特殊需求的食物与其他餐食分区域摆放，避免误取。根据人群及就餐人数安排好就餐的餐桌、纸巾、垃圾回收箱等物品。

（2）就餐引导。

配餐准备完毕后，可告知活动现场的主持人或活动负责人，配餐已准备就绪。借助话筒或喇叭统一告知就餐者就餐地点及路线，建议在通往就餐点的沿途，放置醒目的指示标识，如就餐点标识、路线引导标识等，特别应标识出特殊需求餐食的区域。同时，活动负责人需要明确告知就餐者用餐后返回活动现场的时间。

（3）就餐完毕。

告知就餐人员垃圾回收处的位置，应有明显的标识，提醒就餐者做好垃圾分类。若需回收餐盒，应联系供餐者前来回收餐盒，清理打扫就餐场所。可再次提醒就餐者返回活动现场的时间。

9. 发放满意度评估表

社区大型活动结束后，应向活动参与者发放《活动满意度评估表》，以了解服务对象参与活动的体验感受和意见建议。活动满意度评估问卷／表应根据活动目标和机构要求制定。

回收表单时，需要确认《活动满意度评估表》（参见表 4–1）填写完整。回收后需对满意度问卷进行统计分析，汇总数据结果。

表 4-1　活动满意度评估表

<table>
<tr><td>活动名称</td><td colspan="5"></td></tr>
<tr><td>活动时间</td><td colspan="5"></td></tr>
<tr><td>活动地点</td><td colspan="5"></td></tr>
<tr><td colspan="6">您好！为了解您对本次培训的感受与收获，请您抽出几分钟时间填写本调查表，并提出您的宝贵意见和建议，感谢您的参与！祝您生活愉快！</td></tr>
<tr><td rowspan="2">题目</td><td colspan="5">评分</td></tr>
<tr><td>5</td><td>4</td><td>3</td><td>2</td><td>1</td></tr>
<tr><td>1. 您对本次活动内容的满意度</td><td>□ 很满意</td><td>□ 满意</td><td>□ 一般</td><td>□ 不满意</td><td>□ 很不满意</td></tr>
<tr><td>2. 您对本次活动形式的满意度</td><td>□ 很满意</td><td>□ 满意</td><td>□ 一般</td><td>□ 不满意</td><td>□ 很不满意</td></tr>
<tr><td>3. 您对本次活动收获的满意度</td><td>□ 很满意</td><td>□ 满意</td><td>□ 一般</td><td>□ 不满意</td><td>□ 很不满意</td></tr>
<tr><td>4. 您对本活动的总体印象</td><td>□ 很满意</td><td>□ 满意</td><td>□ 一般</td><td>□ 不满意</td><td>□ 很不满意</td></tr>
<tr><td colspan="6">您对本次活动的意见和建议：______________________________
____
上海乐群社工服务社
×××× 年 ×× 月</td></tr>
</table>

此外，如果采用诸如“问卷星”等无纸化的线上满意度测评形式，可提前打印问卷链接的二维码，让服务对象用手机扫码后，通过链接填写满意度问卷。这种形式适用于能熟练操作智能手机的服务对象。

四、活动收尾工作

社区活动结束后，仍有大量工作需要社会工作者和志愿者们一起完成。

1. 场地清理

（1）清理与打扫。

每次活动结束后，现场所有工作人员应共同进行现场的清理与打扫，可寻求活动场地的会务、保洁等相关工作人员帮助。

（2）场地复原。

建议在布置场地前拍摄场地原来的照片，便于活动结束后对照原图将所有东西归位，将场地恢复到原来的样子。

2. 物资回收

在打扫过程中应注意资料和物品的回收，将可再次使用的道具、各类签收表单以及活动租借的设备等妥善回收。建议在《物资清单核对表》中列出应回收的物资，清理活动现场时，对照该表回收物资。运输物资时，可向场地管理人员询问是否有手推车等运输设备可供临时借用。

3. 发布通讯稿

负责宣传的社会工作者应在总结社区活动的基础上，撰写本次活动的通讯稿。通讯稿应包括活动的委托方 / 主办方 / 合作方名称、活动内容简介、项目目标、成果及社会工作者反思或心得等内容。

（1）内容及文字要求。

① 标题要求。通讯稿标题可分别划分“一级标题”和“二级标题”。“一级标题”字数建议不超过 16 个字，内容需突出主题，具有吸引力。“二级标题”无字数要求，但也应避免过长。“二级标题”之前建议加“——”或“暨”与“一级标题”进行连接。一级标题能表达完整的情况下，则无需二级标题。

② 撰写要求。通讯稿的书写应遵守以下原则：一是内容真实性，即真实表述角色、内容等要素，避免夸大失实。二是内容准确性，即对时间、地点、数据等信息需详细核对，保证其准确性。三是报道完整性，文章应保证各新闻要素齐备，完整呈现相关内容。四是事件时效性，即所报道事件或活动发

生后 3 个工作日内提交，避免过时。

③ 内容要求。通讯稿正文需交待清楚“5W”，分别是：when、where、who、what、why，即“何时”“何地”“何人”“何事”“何因”并在结尾附上“何果”。文章内容需真实、简洁明了、切合标题。撰写活动通讯稿时必须是以机构正式名称（如上海乐群社会工作者服务社）的角度向读者展示该机构社会工作者的所做和所想。通讯稿结尾应有社会工作者的活动反思和感想，这部分需要写得深入一些，不要用简单的一两句话就完成。

④ 落款要求。通讯稿的落款必须写明笔者“所处部门”“姓名”及“写作日期”，各自成行，字体、字号使用与正文相同，文字居右，推荐与正文末行间隔 3 行，实际应用中可视情况而定。公众号的推文应有作者的名字。

（2）照片要求。

通讯稿照片请发原始图，一般大小不超过 5 MB，如果照片过大，需调整照片尺寸。照片要求清晰，画面具有代表性。照片文件名用描述照片发生的内容重新命名，配文照片需标明插在哪段文字中间。一份通讯必须有一张清晰且有代表意义的照片作为封面。应精心挑选照片，尽量避免使用模糊的照片。通讯稿中出现的所有照片原图必须保存入专门的文件夹，作为本次社区活动的资料存档。

（3）视频要求。

活动视频（宣传片、总结视频等除外）作为项目的台账存档并建立文件夹，文件名需重命名日期。一般情况下，视频可上传至网盘，并将下载链接和通讯稿及照片一同发送至机构邮箱。

（4）资料发送要求。

资料传送可创建名为“项目+标题”的文件夹，文件夹内要有一份通讯稿（建议为word版）和照片（照片需达到规定要求），将此文件夹压缩后作为附件上传后，随邮件发送至机构宣传部门。

第五章

社区大型活动的评估与总结

社区大型活动全部结束后，需根据机构的要求对本次活动进行总结，并完成机构内部项目评估。总结和评估有助于社会工作者积累经验、发现问题和不断改进服务。

一、活动总结

在完成社区大型活动实施工作后，社会工作者可以根据多种类型的评估对活动进行梳理、总结和反思。以乐群为例，采用社会工作者、督导和服务对象三个不同视角对社区大型活动进行评估，即社会工作者自评、督导评估和服务对象满意度评估。

1. 社会工作者自评

社会工作者自评关注服务过程、目标达成和服务效果三个维度。活动负责人带领团队成员，根据机构项目评估的要求进行自评。

（1）过程评估。

回顾并评价从前期准备到活动结束的整个服务过程，即各个环节的大致开展情况。评估时应着重关注做得好的方面，发现的问题，如何处理遇到的困难和挑战，处理结果如何等，并且总结各个环节的实务经验，提出改善建议。

（2）目标评估。

逐一对照活动计划书中的目标，检视目标是否达到和目标达到的程度。也可以对照目标描述活动产出，如参与人数、活动场次等。

（3）效果评估。

逐一对照计划书中的活动效果指标，评价是否达到预期的效果。

2. 督导评估

（1）现场督导。

邀请督导莅临活动现场，通过观察等方式进行评估监测，在活动结束后，对参与活动执行的社会工作者进行一对一或团体督导评估。

（2）提供建议。

在社会工作者自评的基础上，督导结合活动的实际开展情况，从人、事、经费等维度，与社会工作者一起对活动进行回顾、反思和总结，为社会工作者提供建议。

3. 满意度评估

通常，可通过问卷和访谈的形式，对部分参与活动的服务对象进行满意度调查，对反馈的资料和数据进行汇总，总结服务对象的满意度。

4. 评估总结

活动负责人结合社会工作者自评和督导评估的内容，结合满意度调查的结果，对整个社区活动进行总结，填写《活动总结表》(详见表 5-1)。

表 5-1　活动总结表

<table>
<tr><td>活动名称</td><td></td><td>时间及地点</td><td></td></tr>
<tr><td colspan="4">一、服务背景</td></tr>
<tr><td colspan="4"></td></tr>
<tr><td colspan="4">二、服务目标</td></tr>
<tr><td colspan="4"></td></tr>
<tr><td colspan="4">三、服务实际参与对象及数量</td></tr>
<tr><td colspan="4"></td></tr>
<tr><td colspan="4">四、服务实际开展时间及地点</td></tr>
<tr><td colspan="4"></td></tr>
</table>

（续表）

<table>
<tr><td colspan="12">五、服务开展情况</td></tr>
<tr><td colspan="3">时间</td><td colspan="3">主题</td><td colspan="3">内容</td><td colspan="3">开展／变更情况</td></tr>
<tr><td colspan="3"></td><td colspan="3"></td><td colspan="3"></td><td colspan="3"></td></tr>
<tr><td colspan="3"></td><td colspan="3"></td><td colspan="3"></td><td colspan="3"></td></tr>
<tr><td colspan="12">六、服务效果</td></tr>
<tr><td colspan="12">1. 服务对象的参与</td></tr>
<tr><td colspan="12">2. 目标实现及效果</td></tr>
<tr><td colspan="12">3. 社区社会影响力</td></tr>
<tr><td colspan="12">七、经费结算</td></tr>
<tr><td colspan="2">费用类别</td><td colspan="2">类别</td><td colspan="2">明细</td><td colspan="2">单价（元）</td><td colspan="2">数量</td><td colspan="2">小计（元）</td></tr>
<tr><td colspan="2" rowspan="4">服务/活动经费</td><td colspan="2"></td><td colspan="2"></td><td colspan="2"></td><td colspan="2"></td><td colspan="2"></td></tr>
<tr><td colspan="2"></td><td colspan="2"></td><td colspan="2"></td><td colspan="2"></td><td colspan="2"></td></tr>
<tr><td colspan="2"></td><td colspan="2"></td><td colspan="2"></td><td colspan="2"></td><td colspan="2"></td></tr>
<tr><td colspan="2"></td><td colspan="2"></td><td colspan="2"></td><td colspan="2"></td><td colspan="2"></td></tr>
<tr><td colspan="2" rowspan="2">人员费</td><td colspan="2"></td><td colspan="2"></td><td colspan="2"></td><td colspan="2"></td><td colspan="2"></td></tr>
<tr><td colspan="2"></td><td colspan="2"></td><td colspan="2"></td><td colspan="2"></td><td colspan="2"></td></tr>
<tr><td colspan="2" rowspan="2">合计</td><td colspan="10">小写：</td></tr>
<tr><td colspan="10">大写：</td></tr>
</table>

二、资料归档

社区活动的资料应按照机构的规定全部归档保存。

1. 文件/纸质资料归档

根据机构相关规定，对活动进行台账归档。在归档过程中，进行查缺完善，并补足遗漏。

2. 电子文档归档

可根据项目活动内容分类对电子文档材料进行梳理，形成清晰明确的目录/文档索引。活动资料应包含各类活动中出现的台账资料，如通讯、日常安排、前期筹备、注意事项、会标、活动计划、评估表、财务报销发票、签收表、签到表等资料。

三、总结宣传

1. 合作方的通讯

建议在社区大型活动的当天制作完成活动通讯报道，最晚在活动的第二天完成。为了保证以最快的速度及时发稿，通讯宣传报道可在活动前拟定初稿，内容包含通讯五要素、出席领导、主要流程等。活动结束后，根据活动当天情况进行调整与补充，及时发到机构、合作方、宣传等信息平台（在本册的第四章中有详细描述）。

2. 机构内部的通讯

通讯和宣传报道应以机构名义发出，内容应展示活动中社会工作者的专业理念、服务的开展形式、活动的成效等。以合作方为宣传主角的宣传报道中，在宣传合作方的同时，也应突出本机构作为承办方在活动中的角色和作用。宣传报道中，应对活动内容、形式、过程、服务效果、专业反思等方面进行总结。

图书在版编目(CIP)数据

社区大型活动实务指南/沙卫主编;殷茹媛副主编. —上海: 复旦大学出版社, 2023. 12
(社会工作实务操作手册 / 沙卫主编;2)
ISBN 978-7-309-17071-9

Ⅰ. ①社… Ⅱ. ①沙…②殷… Ⅲ. ①社区管理-中国-手册 Ⅳ. ①D669. 3-62

中国国家版本馆 CIP 数据核字(2023)第 224451 号

社会工作实务操作手册/社区大型活动实务指南
沙 卫 主 编
殷茹媛 副主编
责任编辑/宋启立

复旦大学出版社有限公司出版发行
上海市国权路 579 号 邮编: 200433
网址: fupnet@ fudanpress. com http://www. fudanpress. com
门市零售: 86-21-65102580 团体订购: 86-21-65104505
出版部电话: 86-21-65642845
上海盛通时代印刷有限公司

开本 787 毫米×1092 毫米 1/32 印张 18. 375 字数 310 千字
2023 年 12 月第 1 版
2023 年 12 月第 1 版第 1 次印刷

ISBN 978-7-309-17071-9/D · 1176
定价: 98. 00 元(全五册)

社会工作实务

操作手册

沙 卫 主 编　　殷茹媛 副主编

儿童托管服务实务手册

参与编写 张晟晔 张 雨 殷茹媛

復旦大學出版社

社会工作实务操作手册
编委会名单

主　编　沙卫

副主编　殷茹媛

编　委　陆坚松　鲁　梅　赵雅萍　张　超　张　亦
　　　　张晟晔　冯佩华　金若逸　朱　蓓　陈晓珏

《个人与家庭需求评估实务指南》

参与编写　沙　卫　殷茹媛　刘颖红　赵雅萍

《社区大型活动实务指南》

参与编写　殷茹媛　张　超　金若逸　张妍文

《儿童托管服务实务手册》

参与编写　张晟晔　张　雨　殷茹媛

《社区志愿服务中心托管项目实务手册》

参与编写　赵雅萍　冯佩华　张　超　殷茹媛　顾　昉
　　　　　刘梦婷　王　艳

《家庭社会工作项目实务手册》

参与编写　殷茹媛　张　亦　金若逸　朱　蓓　张妍文
　　　　　夏　卉　刘颖红　陶　真　李　钧

目　录

第一章

项目介绍

儿童托管服务（child care）指在家庭以外，由社会机构（包括政府、企事业、团体、社区、私人）组织实施的、为有0—14岁儿童的家庭提供的儿童看护服务[1]。儿童托管服务包括为0—6岁儿童提供的全日制或半日制托儿服务，以及为6岁以上学龄儿童提供的寒暑假和放学后的照管服务。

自2015年起，上海乐群社工服务社（以下简称"乐群"）在寒暑假期间开展儿童托管服务项目，在社区及企事业单位内开展以家庭为本的儿童日间照顾服务。本章将以乐群为例，介绍儿童托管服务的项目概况。

一、项目背景

（一）生育与教育新政策影响下的社会需要

在过去的几十年里（20世纪80年代起），我国

[1]《教育学名词》（定义版），公布年度：2013年，https://www.termonline.cn/word/71959/1#s1。

的独生子女政策使家庭结构发生了巨大变化，家庭规模越来越小，呈现核心化的特点。与此同时，妇女就业率持续上升。随着妇女大量走向职场，双职工家庭日益普遍，家庭的教育功能日益弱化[1]。2021年，“三孩生育政策”和“双减”政策的出台，在一定程度上加重了一部分家长在平衡照顾孩子和工作方面的难度。同时，社会环境的改变，使家庭需求越来越趋向多元化，许多家庭寻求社区性服务网络来协助解决儿童照顾问题。

随着更多新生儿的到来，婴幼儿和儿童的普惠性托育的服务需求剧增。国家已出台了若干关于生育、养育配套措施和方案。2021 年 6 月国家发展改革委、民政部、国家卫生健康委公布的《“十四五”积极应对人口老龄化工程和托育建设实施方案》中指出，“扩大普惠性托育服务供给，支持企事业单位等社会力量举办托育服务机构，支持公办机构发展普惠托育服务，探索发展家庭育儿共享平台、家庭托育点等托育服务新模式新业态”。2021 年 7 月，中共中央、国务院发布的《关于优化生育政策促进人口长期均衡发展的决定》等一系列三孩配套政策

[1] 王宇红、吴迪茵：《社会工作视角下的公益性儿童托管服务项目之社会生态系统分析》，《南京理工大学学报（社会科学版）》2013 年第 3 期。

中，发展普惠托育服务体系成为其中的重要组成部分。政策还详细规划了普惠托育服务体系的蓝图，并明确提出“要发展普惠托育服务体系、持续提升普惠性幼儿园覆盖率”。

为适应我国新形势下人口重大战略部署，并推动三孩生育政策实施落地，托幼教育当先行先试，以加快促进我国普惠性、有质量的托幼教育体系建设，提升托幼服务供给水平与质量。目前，小学的晚托延时服务基本解决了家长日常的育儿难题，但寒暑假期间，部分双职工家庭仍面临着“孩子无处去，家长看护难”的问题。为满足广大家长需求，解决学员暑期“看护难”问题，教育部办公厅印发了《关于支持探索开展暑期托管服务的通知》，支持有条件的地方积极探索开展暑期托管服务工作，引导和帮助学生度过一个安全、快乐、有意义的假期。这是减轻家长负担、解决人民群众急难愁盼问题的创新举措，是加强教育关爱、促进学员全面健康成长的有益探索。

在加强社会建设的大背景下，政府推动社会组织去承接各种社会服务项目，向社区居民提供公益性的免费或低收费的服务。2015 年上海市团委牵头各个职能部门，通过政府购买服务的形式在各社区开展“爱心暑托班”服务，而部分企业也依托市总工会于 2016 年进行供需对接，让第三方社会组织承接企业职工孩子的寒暑托服务。

（二）乐群儿童托管服务概况

为了回应社会需要，上海乐群社工服务社的儿童托管服务孕育而生。寒暑假期间，乐群在社区和企事业单位内提供以家庭为本的儿童日间照顾服务，服务主要包括日间托管、成长课程和家庭教育等内容。

乐群儿童托管服务项目有两种类型。一种是由政府购买的社区爱心暑托班，其主要服务群体为7—12岁的学员。2015年至今，乐群在浦东新区和静安区的5个街镇提供过小学班的托管服务，累计服务15 000余人次。另一种是由企业工会购买的幼儿班服务，主要服务对象为企业员工的子女。2017年起，乐群为一家航空企业有3—6岁幼儿的双职工家庭提供寒暑假托班，至今已开展5期，累积服务达4 000余人次。

二、需求分析

为了解服务对象对托管班的需求和期待，乐群社工采用问卷和访谈等形式向潜在服务对象及其家庭开展了需求调研，并在查阅儿童成长相关文献和书籍的基础上，梳理出儿童成长的相关需要。需求调研和文献研究发现，家长们对托管的需求和期待，并非只是孩子在寒暑假能有人看管，而是需要一个安全的、有丰富内容的、有益于孩子成长的环境，与此同时，家长们也期待社工能协助解决其所遇到的家庭教育方面的问题。

（一）来自儿童家庭的需求

需求调研发现，家长们对托管班的核心需求主要包括以下几个方面：有安全的环境；能协助完成假期作业；有丰富的活动，既能让孩子有多样的体验，又能对孩子产生正面的影响。此外，家长们还期待社工能协助家长改掉孩子的不良习惯，能让家长了解更科学的育儿知识，学习更多与孩子沟通的方法，以及改善亲子关系等。

在寒暑假期间需要托管服务的对象大多数来自双职工家庭，孩子的父母平时都需要工作，大多数孩子平日里由祖辈照顾。在上学期间，孩子白天大多数时间在学校，放学后若作业较多，自由支配的时间就会较少。家长们反映，寒暑假期间，孩子大都在家里由祖父母照看，白天几乎都是自由支配时间，除了完成作业外，经常长时间看电视、玩手机、打游戏等，祖父母们的提醒和叮嘱通常难以阻止这样的行为，这也让祖辈照顾者十分头痛。

父母希望自己的孩子在寒暑假期间依然能有规

律地、健康地生活和学习，因而希望托管班能有类似学校或幼儿园的功能，不仅仅是一个看管孩子的地方，而是能让孩子度过一个有意义、有收获的寒暑假。家长们还反映，现在的孩子似乎叛逆期提前了，长辈们苦口婆心，孩子却十分反感。家长们希望能更多了解与孩子沟通互动的方法和技巧，从而改善亲子沟通。

由此可见，家长们除了期待孩子能度过一个安全且有意义、有成长的假期外，也希望了解儿童成长的规律与特点，掌握更多与孩子沟通的方法和技巧，从而提升与孩子沟通的能力。

（二）儿童发展特点与需要

儿童的成长既有其普遍规律，也有其特殊需求，不同年龄儿童的身心发展有着自身的特点。基于家长们期待托管班有助于儿童成长的需求，本书梳理出儿童在不同阶段的身心发展特点和成长需要。有托管需求的儿童年龄大多在3—12岁，一般情况下，3—6岁为学龄前儿童，他们是托儿所或幼儿园的适龄儿童。7—12岁为学龄儿童，他们正处于小学学习阶段。

1. 学龄前儿童的身心发展特点

（1）生理特点。

这个年龄段的孩子在体格、神经系统、消化系统等方面的发育有以下特点。

① 身体发育特点。这一时期儿童身高和体重的增长速度和 3 岁前相比有所降低，但与以后各时期相比仍然很快。这个阶段儿童的骨骼也更加坚硬，但是骨化过程还远未完成，需要有如爬行、跳跃、手脚并行、律动等适当的活动，以及适当活动量的体能锻炼，以促进体格发育。

② 脑与神经系统发育特点。孩子在 3 岁时神经细胞的分化已经基本完成，但脑细胞体积的增大及神经纤维的髓鞘发育仍然继续。他们需要益智的游戏和活动以锻炼脑和神经系统并促进其发展。

③ 消化功能发育特点。3 岁儿童的 20 颗乳牙已出齐，6 岁时第一颗恒牙可能萌出。但此年龄段儿童的咀嚼能力只达到成人的 40%，尤其是 3 岁的孩子，消化能力仍然有限，对固体食物需要较长时间适应，不能过早食用与成人一样的膳食，否则易导致消化不良和吸收紊乱，从而造成营养不良。因此，他们需要有营养、软硬适当且易消化和吸收的食物。

（2）心理发展特点。

3—6 岁也是儿童认知、语言、思维、想象力、专注力等心理发展的重要时期，他们的心理发展呈现以下特点。

① 知觉发展特点。学龄前儿童的形状知觉、空间方位知觉发展很快，而时间知觉的发展较晚发生。

一般情况下，儿童在4岁后开始有正确的时间概念，5—6岁的儿童逐渐掌握时序、季节和相对时间概念。因此，他们需要在各种活动和游戏中，逐渐认识形状、了解空间和时间并形成相应的概念。

② 语言发展特点。3岁左右的儿童仍有部分辅音发音不太清晰，但已完全可听懂话语。4岁儿童的部分翘舌音发音已很清晰，而且理解与思维能力已经发展较好，但语言发展尚未成熟，表达能力依然有限。4—5岁儿童语言表达内容较丰富，可描述自己参与活动的细节，可表达自己的思想和愿望。“提出疑问”(如常问“为什么”)是学龄前儿童语言的一个标志性特点，也是儿童思维发展的体现。

③ 思维发展特点。4—7岁的儿童对物体的感知主要依赖物体的外在特征，属于前运算阶段的直觉思维时期。此时，儿童在成长过程中逐渐去“自我中心”，开始从他人的角度思考。5—6岁儿童逐渐可进行简单的抽象思维和推理。他们需要有适当的活动、游戏以及倾听和表达的机会，使思维能力在实践中逐步发展。

儿童的语言和思维等能力可在语言表达的实践中得到发展，因此儿童需要有机会表达自己的想法和感受，在表达中锻炼语言运用能力，并培养其愿意倾听和了解他人的想法，可以通过适当的引导锻炼其思考能力。与此同时，他们的提问和自我表达都需要得到重视和正面的鼓励，从而促进其语言、思考能力发展并勇于实践。

④ 想象力发展特点。幻想或假想是儿童想象的主要形式，其特点是夸张，将幻想或假想与现实混淆，因而时常被成人误认为是在说谎。他们既需要有想象的空间，也需要逐渐掌握区分想象与现实的能力，并且需要掌握真实表现其想象的适当形式。

⑤ 注意力发展特点。3—5 岁儿童以无意注意为主，能专注的时间较短。儿童 5 岁左右开始能独立控制自己的注意力，5—7 岁儿童集中注意的时间平均约 15 分钟。因此，需要培养儿童专注力和学习的习惯，采用适合他们专注力特点的时长进行学习及上课，并且逐步锻炼其延长专注力。

⑥ 记忆力发展特点。3—4 岁儿童逐渐从无意的形象记忆发展到有意的记忆，5 岁儿童记忆的能力已与成人相似。因此，儿童需要通过科学的方法学习和练习，逐渐开发和提升记忆能力。

2. 学龄期儿童（7—12 岁）身心发展特点

（1）生理特点。

学龄期儿童的大脑和肢体仍处于不断发育的阶段，还不能完全达到成年人的水平。个体的生理成长速度和质量呈进阶状态，这导致个体与个体之间存在生理性差异。因此，学龄期儿童需要有适当运动和体育锻炼，并且运动的形式和运动量需适合儿童的个体情况，从而使儿童能够良好地生长发育。

（2）心理特点。

学龄期儿童是自我意识发展及自信心建立的重要阶段，这一阶段的主要发展任务是获得勤奋感，克服自卑感，发展良好的人格特征，培养能力品质。儿童需要机会展示自己，需要被倾听和接纳，获得尊重、肯定和鼓励对他们非常重要。

（3）儿童发展受到环境的影响。

儿童很大程度上受到环境的影响，特别是家庭的教养方式和朋辈群体的影响。

① 家庭教养方式的影响。家庭和睦的气氛与良好的家庭教养方式是促使7—12岁孩子健康成长的必要条件。儿童需要有良好的家庭氛围、家庭关系和亲子互动。家长与孩子之间的交流互动方式，甚至家长的行为举止，都会对孩子的人格形成和发展产生很大的影响，儿童出现的一些情绪和行为等问题常常与家长有关。因此，当孩子出现问题时，在辅导孩子改变的同时，家长的行为和教养方式等也需要相应改变。

② 同辈群体的影响。同辈群体以直接或间接的方式影响着个体发展，特别是这个年龄阶段，同辈群体的影响更大。儿童会观察、学习、模仿同龄人

的行为和语言，从而产生朋辈之间的互相影响，并通过这种互动建立朋辈之间的人际交往。儿童需要与同伴交往，需要适应集体环境，需要在他人面前表达自己的机会，也需要有正向引导，得到同伴的肯定和正向回应。

综上所述，儿童及其家长均有各自的需求，儿童托管服务既要满足儿童的需要，也要满足家长的需求。

三、项目目标

为了回应双职工家庭寒暑假期间对儿童日间照管的需要，使儿童在托管班中度过一个有收获、有意义的假期，同时能有所成长，并使家长的亲职能力有所提升，乐群为儿童托管服务项目确立了总目标和具体目标。

（一）项目总目标

儿童托管服务，在为儿童提供一个安全环境的同时，一方面，根据儿童生理及心理发展的特点，提供恰当的服务内容和课程安排，以促进儿童认知、情绪、人际交往及社会发展等方面能力的提升；另一方面，将服务延伸至儿童的家庭，为家长们提供家长沙龙和个案咨询服务，通过传递科学的家庭教育理念和方法，促进家长家庭教养能力的提升。

（二）项目具体目标

1. 满足儿童家长的需求

日间托管服务可以为儿童在假期里提供安全的环境，解决双职工家庭假期无人照看孩子的困难。日间托管可以为家长提供服务，传递科学的家庭教育理念和方法，提升家长的亲子沟通能力和亲职教育能力。

2. 满足儿童成长的需要

根据儿童成长的生理及心理发展的阶段性特点与需要，通过适当的服务内容和形式，提升儿童在不同年龄阶段所需掌握的知识、行为规范、情绪表达、人际交往等能力，从而促进儿童认知、情绪、人际交往及社会性等方面的发展。

3. 发现问题，探讨解决问题的方法

向家长提出关于儿童出现的问题，或个别儿童在托管班出现的情绪、行为等问题，为儿童与家长提供个案服务，与家长一起分析、探讨问题的成因和解决的方法，并促使其做出积极的改变。

四、服务设计

本着回应现实社会需要和满足儿童家庭需求，以及遵循儿童成长规律、满足儿童成长需求、促进儿童健康成长的理念，乐群运用相关理论和科学的方法设计儿童托管服务。

（一）服务设计的理论基础

乐群儿童托管服务内容和形式的设计，主要依据埃里克森的成长八阶段理论和皮亚杰的认知发展理论。

1. 埃里克森成长八阶段理论

埃里克森的成长八阶段理论也称为心理社会阶段理论，该理论对人的自我意识阐述了以下观点：自我意识发展持续人的一生，其形成和发展的过程分为八个阶段，分别是婴儿期（0—1.5 岁），基本信任对不信任的心理冲突阶段；儿童期（1.5—3 岁），自主对害羞和怀疑的冲突阶段；学龄初期（3—5 岁），主动对内疚的冲突阶段；学龄期（6—12 岁），勤奋对自卑的冲突阶段；青春期（12—18 岁），自我同一性对角色混乱的冲突阶段；成年早期（18—25 岁），亲密对孤独的冲突阶段；成年期（25—65

岁），生育对自我专注的冲突阶段；成熟期（65岁以上）自我调整对绝望期的冲突阶段。这八个阶段的顺序是由遗传决定的，但每一阶段能否顺利度过却是由环境决定的，每一个阶段都不可忽视。儿童托管服务的主要服务对象是3—12岁的儿童，也即学龄初期和学龄期儿童。

学龄初期（3—5岁）儿童处于主动与内疚的冲突阶段，在这一时期，如果儿童表现出的主动探究行为受到鼓励，儿童就会形成主动性，这能为他将来成为一个有责任感、有创造力的人奠定基础。如果成人讥笑儿童的独创行为和想象力，儿童则会逐渐失去自信心，从而使他们更倾向于生活在别人为他们安排好的狭窄圈子里，缺乏自己开创幸福生活的主动性，并产生内疚的心理。

依据该理论，托管班在服务形式和内容安排等设计上，可以设置一系列相互关联且递进的内容与形式。例如，设置能发挥儿童创意的活动，如创意绘画、创意手工等内容，安排每日分享环节，引导儿童回顾今日的经历和体验，并鼓励儿童用语言表达自己的感受和想法。在服务的过程中，社工注重采用鼓励、肯定和赞扬等方式，使儿童体验到被肯定的感受，从而提升儿童的主动性和想象力，并激发和强化儿童的进取精神，使其获得肯定自我价值的勇气，不断挑战自我。

学龄期（6—12岁）儿童处于勤奋与自卑的冲突阶段，这一阶段的儿童应在学校接受教育。学校是训练儿童适应社会、掌握今后生活所必需的知识和技能的地方。在学习过程中，儿童一方面努力追求着自身的完善，促进勤奋感的产生；另一方面，儿童在努力追求的过程中伴随着一种害怕失败的自卑感。因此，本阶段相应的发展任务是获得勤奋感，克服自卑感，体验自身能力的实现。通常，勤奋感占优势的儿童在生活和学习中，常常可以体验到自己能够运用身体和智慧灵活地完成任务，即自我能力实现的感受，这有助于促进儿童各方面能力的提升。

依据上述原理，在服务设计中设置的活动从简到难，让儿童从简单活动开始，体验到成就感。之后逐步加大活动难度，并且在活动过程中注重对儿童的正向引导与认可，使儿童体验到成就感和自我能力的实现，从而产生勤奋感。

埃里克森还十分强调家庭对个体人格发展的影响，揭示出个体人格发展与家庭之间特殊的动态关系，以及由此形成的个体人格与家庭的互动发展模式给家庭实施人格教育带来的重要启示。

据此，服务设计了家长沙龙服务，并安排讲座讲授相关知识，协助家长了解每个年龄阶段儿童发展的主要任务，启发并协助父母在面对儿童发展过程中遇到的冲突和危机时，恰当地回应儿童，及时调整对待儿童的态度，改善教养方式，从而帮助家长构建更适宜儿童发展的家庭环境。

2. 皮亚杰的认知发展理论

皮亚杰认为，认知发展是一种建构的过程，是在个体与环境的相互作用中逐渐实现的。认知发展的过程有四个相继出现的阶段，每个阶段都是一个统一的整体，而每个阶段都有其主要的行为模式。

（1）感知运动阶段（0—2 岁）。

这一阶段的儿童主要是靠感觉和运动来认识周围世界，并获得了客体恒存性的图式，即儿童看不到、听不到某个物体时，他仍然要去寻找它。客体恒存性的图式对儿童进一步掌握空间、时间、因果关系图式至关重要。

（2）前运算阶段（2—7 岁）。

这一阶段的儿童尽管已经具备了心理表征和使用语言的能力，不过其主要的认知活动还要靠感觉运动来支持。这一阶段儿童思维的一个特点是自我中心性，即只能从自身出发观察、描述一个物体；另一个特点是知觉集中倾向，即儿童只能注意到情境的一个方面，不能认识事物的可逆性。

（3）具体运算阶段（7—11 岁）。

这一阶段的儿童已经具备了基本的逻辑思考能

力，但一般还离不开具体事物的支持。他们了解到物理事件的可逆性并发展了守恒的概念。儿童的自我中心减弱，开始理解他人的观点，并提高了交往能力。

（4）形式运算阶段（12—15 岁）。

所谓形式运算，是指可以在头脑中将形式和内容分开，可以离开具体事物，根据假设来进行逻辑推演的思维。青少年在这个阶段的运算已经接近成人的思考方式。

以皮亚杰的认知发展理论为指导，在儿童托管服务的课程和日间看护的内容设计中，应遵循儿童的认知发展顺序规律，设置符合儿童年龄特征和需要的内容，采用阶梯式课程形式，不主张给予儿童明显超过其发展水平的内容，以避免拔苗助长。在服务的过程中，重视并采用启发式和引导式学习方式，通过开设思维导图等课程帮助儿童掌握科学的思维模式。与此同时，在服务中重视儿童在认知发展中的个体差异，在尊重儿童个体差异的前提下，给予儿童恰当的、个别化的回应和引导。

综上所述，依据埃里克森和皮亚杰的理论，儿童正处于人格和认知等发展的重要阶段，儿童托管项目的服务内容和具体形式的设计，均以促进儿童身心健康和人格发展为原则。与此同时，协助家长了解不同阶段儿童的特点、需要和家庭教养模式，促进家庭教养方式的改善，从而为儿童健康成长营造良好的家庭环境。

（二）服务内容与形式

为回应儿童及其家长的需求，儿童托管项目不仅向3—12岁儿童提供服务，也将服务延伸到儿童的家长，以满足他们的需求。

1. 服务架构

为了更好地回应儿童及其家长的需求，儿童托管服务根据具体服务对象设计了具有针对性的三个服务模块，即儿童服务、家长服务和亲子服务，并为每个服务模块安排了适当的服务形式和内容。儿童服务的服务对象是托管班学员，服务内容包括日间托管和成长课程。家长服务以儿童家长作为服务对象，通过家长沙龙和家长小组两种形式开展家庭教育。亲子服务将儿童和家长作为共同服务对象，通过亲子互动活动和个案服务改善亲子沟通，解决家庭教育中的出现问题。服务架构参见图1-1。

2. 儿童服务

儿童服务是在寒暑假为儿童提供直接服务，服务重点是在日间照顾的基础上，提供成长课程和各种活动，以促进儿童的正面成长。

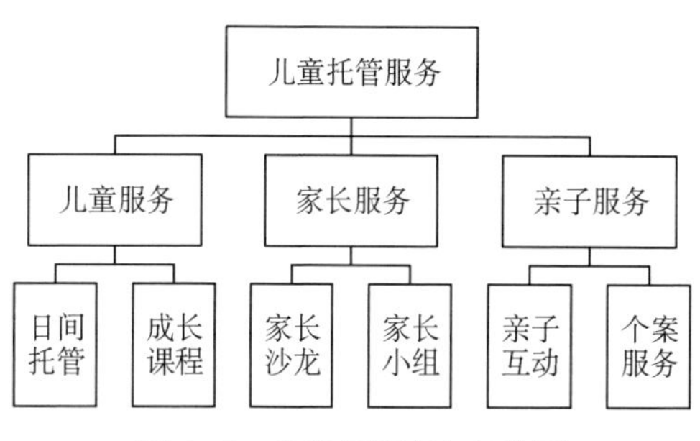

图 1-1　儿童托管服务架构图

（1）日间托管服务。

在托管期间，为3—12岁的儿童家庭提供儿童日间照顾服务。基于儿童成长不同阶段的特点与需要，依据埃里克森的成长八阶段理论和皮亚杰的认知发展理论，将托管班分为幼儿班和小学班。幼儿班面向3—6岁的学龄前儿童，每班以12人为基数。小学班面向7—12岁正处于小学阶段学习的儿童，每班以30人为基数。幼儿班和小学班的人数可根据实际情况有所增减。

根据儿童成长的特点与需要，分别制定了每日日程安排。托管班的每日安排有相对严格的时间表，这样安排是基于儿童知觉发展的特点，借此帮助儿童形成相对有序的时间观念。

① 3—6岁幼儿班日程安排。幼儿班的每日安排包括签到、晨间锻炼、自由活动、成长课程、午餐、午睡休息等内容。具体安排参见表1-1。

表 1-1　幼儿班日程安排

时间	课程安排	具体内容
8:00—8:30	学员签到	社工负责学员签到工作，与家长做沟通交流
8:30—9:00	晨间锻炼	班主任带领学员进行唱歌、锻炼等晨间活动，引导学员互动和交流
9:00—10:00	成长课程	授课教师开展感统训练、音乐欣赏、创意美术、艺术手工、绘本阅读、安全教育、科学探索等课程，生活教师进行协助
10:00—10:15	课间休息	学员休息及自由活动
10:15—11:00	自由活动	学员自主游戏和活动
11:00—12:00	午餐	社工统筹安排学员午餐；志愿者协助维持午餐秩序，指导学员使用筷子
12:00—12:15	餐后散步	志愿者带领学员在饭后进行散步，帮助他们消化，并进行午睡前准备
12:15—14:30	午睡休息	学员午睡休息，志愿者协助准备和安排学员就寝
14:30—15:10	起床及点心时间	生活教师协助发放点心以及引导学员保持个人卫生清洁
15:10—16:00	成长课程	授课教师负责感统训练、音乐欣赏、创意美术、艺术手工、绘本阅读、科学探索等课程，生活教师进行协助
16:00—16:10	课间休息	学员休息及自由活动，志愿者负责教室、走廊、楼梯等处的安全
16:10—16:30	每日总结	班主任进行每日总结，鼓励表现优秀、有进步、有爱心、有责任心的学员，并奖励小徽章或小星星
16:30—17:00	整理离班	社工引导学员家长签退，与家长做简单交流，志愿者协助维持秩序

② 7—12 岁小学班日程安排。每日课程安排包括签到、晨间锻炼、作业辅导、成长课程、午餐、书法练习、自由活动等内容，具体安排参见表 1-2。

表 1-2　小学班日程安排

时间	课程安排	具体内容
8:00—8:30	学员签到	社工负责学员签到工作，与家长沟通交流；志愿者协助学员进行手部消毒
8:30—9:00	晨间锻炼	班主任带领学员进行唱歌、锻炼等晨间活动，引导学员互动和交流
9:00—10:00	作业辅导	班主任与志愿者辅导学员完成寒 / 暑假作业
10:00—10:15	课间休息	学员休息及自由活动，志愿者负责教室、走廊、楼梯等处的安全
10:15—11:15	成长课程	授课教师与社工负责开展财商教育、情商教育、职业教育、安全教育、素质教育、品格培养等课程，志愿者协助
11:15—12:15	午餐	社工安排学员午餐，班主任与志愿者协助维持午餐秩序
12:15—12:30	书法练习	班主任指导学员进行硬笔书法练习，由志愿者监督和协助学员完成练习
12:30—13:00	自由活动	志愿者组织、观察和引导学员自由活动
13:00—14:00	成长课程	授课教师与社工负责开展财商教育、情商教育、职业教育、安全教育、素质教育、品格培养等课程，志愿者协助
14:00—14:10	课间休息	学员休息及自由活动，志愿者负责教室及走廊（近楼道）的安全
14:10—15:00	成长课程	授课教师与社工负责开展财商教育、情商教育、职业教育、安全教育、素质教育、品格培养等课程，志愿者协助

（续表）

时间	课程安排	具体内容
15:00—15:10	课间休息	学员休息及自由活动，志愿者负责教室、走廊、楼梯等处的安全
15:10—15:30	每日总结	班主任进行每日总结，鼓励表现优秀、有进步、有爱心、有责任心的学员，并奖励小徽章或小星星
15:30—16:00	整理离班	社工引导学员家长签退，与家长做简单交流，志愿者协助维持秩序

（2）儿童成长课程。

课程以促进儿童能力发展和品格培养等素质为目的，涵盖爱国教育、身心发展、创新思维、安全自护、才艺养成等内容。

① 成长课程设计。依据皮亚杰认知发展理论中指出的儿童不同年龄段人格特点，社工根据儿童成长不同维度的需要设计相应的成长课程。课程菜单可供每个班选择，也可根据各班的实际情况对课程进行修改，或新增有需要的课程加入菜单。具体课程菜单可参考表 1–3。

② 成长课程菜单。根据课程设计的理念和整体框架，整合乐群自主研发的课程以及社会各类资源，梳理形成一套成长课程菜单（见表 1–4）。参照课程菜单，儿童托管服务根据实际需要不断地开发新课程和完善已有课程。托管班可以在菜单里选择和组合课程，也可以根据实际需要对课程进行调整。

表 1-3　儿童托管课程设计理念

年龄阶段	儿童特征	重点关注核心议题	成长课程类型	课程内容
2—7 岁（前运算阶段）	能使用语言表达概念，但有自我中心倾向；能使用符号代表实物；能思维但不合逻辑，不能全面认识事物。	1. 主动性； 2. 自我意识； 3. 认知能力	1. 幼儿创造课程； 2. 幼儿想象力课程； 3. 幼儿自我意识培育课程； 4. 幼儿生活习惯培养	幼儿乐高； 幼儿绘本； 创意手工； 礼仪讲堂； 传统节日习俗
7—11 岁（具体运算阶段）	能根据具体经验思维解决问题；能理解可逆性的道理；能理解守恒的道理；“自我中心”程度下降，提高了与他人沟通的能力	1. 专注力； 2. 自信心； 3. 学习品德	1. 儿童专注力提升课程； 2. 儿童自信心提升课程； 3. 儿童道德品格培育课程	自我表达培养； 安全教育； 环保课堂； 财商教育； 品格教育； 自然教育； 生命教育
12—15 岁（形式运算阶段）	能抽象思维；能按假设验证的科学法则解决问题；能按形式逻辑的法则思考问题	1. 自我调节； 2. 逻辑思维	1. 情绪控制课程； 2. 角色认知课程	情商教育； 职业教育； 爱国教育； 科学探索

表 1-4　儿童成长课程菜单

主题	目标	内容
幼儿教育	为 3—6 岁幼儿开展亲子绘本阅读和主题手工等活动，发展幼儿的观察力、记忆力、想象力、解决问题的能力，以及语言能力和审美能力；借助绘本对幼儿进行情感教育和行为习惯教育，以促进其形成良好的阅读习惯及兴趣	1. 自然系列； 2. 情绪系列； 3. 日常生活系列； 4. 节庆活动系列； 5. 综合认知系列
财商教育	通过系列财商教育课程与活动，协助孩子认识、理解、使用和管理财富，帮助孩子建立一整套面对物质生活的人生观、世界观和价值观	1. 货币认知系列； 2. 储蓄计划系列； 3. 购物决策系列； 4. 信用价值系列
情商教育	借助社工专业理念与方法，回应儿童成长中的情绪管理需求，从情绪出发帮助儿童认识自己、认识情绪，并且学习疏泄情绪和释放压力的方法，提高自我解决情绪问题的能力	1. 自我认知及探索系列； 2. 认识情绪及应对系列； 3. 宣泄情绪方法系列； 4. 身心放松训练系列

（续表）

主题	目标	内容
职业教育	通过职业启蒙课程及职业体验实践，帮助孩子了解更多的职业种类及所需技能，鼓励孩子从兴趣入手树立职业理想	1. 职业介绍系列； 2. 职业启蒙系列； 3. 职业规划系列； 4. 职业体验系列
安全教育	开展安全系列课程及自护训练，系统普及防灾减灾、自救互救、逃生避险、卫生健康等安全知识。通过学习自救互救的知识和实践，提高儿童的自我保护意识和能力	1. 食品安全系列； 2. 交通安全系列； 3. 心理健康系列； 4. 压力管理系列； 5. 自救急救系列
爱国教育	学习与参访上海爱国教育基地，培养儿童的爱国情感和责任感，促进其自觉做中国特色社会主义事业的建设者和保卫者	1. 名人故居系列； 2. 各类纪念馆系列； 3. 科教基地系列

3. 家长服务

家长服务将托管班学员的家长作为服务对象，在满足其寒暑假期间孩子日间照顾需求的同时，运用家长沙龙和家长小组等形式，向家长传播儿童教育和家庭教育等相关知识和技巧，从而使家长更多了解儿童成长特点和育儿知识，并提升亲职教育能力。与此同时，社工协助有需要的家长恰当处理因育儿不当而引发的亲子关系紧张等问题。

（1）家长沙龙。托管服务搭建以儿童教育和家庭教育为主题的交流和学习平台，家长在家长沙龙可以分享交流各自的育儿经历和经验，也可提出自己遇到的问题和困惑。针对家长普遍感兴趣的话题和希望了解的知识，如亲子沟通、儿童品格培养、读书会、健康养生等主题，社工通过开设增能讲座/课程，从更好地丰富自我和关怀自我的角度，协助家长提升亲职能力和个人能力。增能讲座/课程的主题和具体内容参见表 1–5。

（2）家长小组。针对一些家长的共性需要，社工运用小组工作的方法开展服务，旨在提升家长家庭教育理念，促进家庭教育行为的改善，并形成行之有效的家庭教育方式，从而改善亲子关系和建立良好的家庭环境。家长小组的主题通常包括：如何与孩子建立良好沟通，如何建立和谐的亲子关系，

表 1-5 家长增能讲座 / 课程菜单

类别	目标	主题
亲子沟通	以情景模拟、大量案例、辅助视频、测试等形式，引发家长对亲子沟通的重视，了解亲子沟通的重要性；重视孩子在不同成长阶段的身心需要，协助家长学习和提升与孩子相处、有效支持孩子的学习与成长的能力	1. 亲子有效沟通系列； 2. 孩子生涯规划系列； 3. 孩子自我管理系列； 4. 生命教育系列； 5. 青春期家庭教育系列； 6. 爸爸带娃沟通技巧系列
儿童品格培养	普及家庭教育知识，提升家庭教育水平，协助家长学习如何培养儿童优良品质和健康人格，从而促进儿童健康发展	1. 情绪管理系列； 2. 优秀品质塑造系列； 3. 激发孩子内驱力系列
读书会	以书籍为载体，结合经典读物的诵读和研讨，通过心得交流和经验分享等方式，为家长们搭建互学互助的学习交流平台，启发唤醒每一位参与者内在的智慧，使家长们共同获得成长和收获	1. 国学系列； 2. 心理学系列； 3. 家庭教育系列； 4. 英语学习系列
健康养生	传授中医保健知识，提高科学保健意识，促进其身心健康；引导家长学习中医文化经典，践行健康生活方式	1. 芳香疗法系列； 2. 经络疗法系列； 3. 艾灸疗法系列； 4. 刮痧疗法系列

家庭教养方式分析等议题。在乐群以往儿童托管服务中，根据家长的兴趣和需要，举办过以亲子关系、亲职功能和家长情绪支持为主题的小组。在小组中，社工引导家长们通过学习、实践、反思、分享等形式，共同面对遇到的问题并探讨解决问题的方法。家长小组的主题与内容设计参见表 1-6。

表 1-6　家长小组参考菜单

小组名称	小组目标	每节小组主题
“幼吾幼”家长成长小组	针对幼儿园阶段家长，协助家长在亲子关系中有所成长，与孩子一起解决问题的能力有所提升，全家可以感受到满足感	第一节：全体聚会——亲子正向沟通； 第二节：寻根之旅——家长压力管理； 第三节：动态育儿——孩子即将入学，到底是佛系还是鸡娃？ 第四节：行为改善——多子女家庭的问题与处理； 第五节：留心行动——孩子的冲突处理； 第六节：全面育儿——提高孩子学习的积极性
“齐聚力，家协助”家长成长小组	多维度回应家长提出的需求，提升家长的亲职教育能力	第一节：与孩子有效沟通； 第二节：有效的课业辅导； 第三节：帮助孩子合理使用手机； 第四节：帮助孩子与人相处； 第五节：父母自我成长； 第六节：与孩子同成长
“情深一往”家长情绪支持小组	协助家长表达教养子女过程中的情绪和感受，协助其更	第一节：“情”牵一处——认识及分享； 第二节：“情”非得已——认识情绪；

（续表）

小组名称	小组目标	每节小组主题
“情深一往”家长情绪支持小组	好地认识自己的情绪来源，理解情绪背后的原因，学习如何处理好情绪	第三节：“情”吐心声——分享情绪故事； 第四节：“情”亦有方——缓解情绪与压力； 第五节：“情风”徐来——情绪的管理与转化； 第六节：“情”深一往——回顾与成长

4. 亲子服务

亲子服务是将儿童与家长共同作为服务对象，并将服务目标聚焦于儿童与家长的互动与关系，一方面通过亲子互动活动增进亲子之间的良性互动，另一方面通过个案服务以改善互动中存在的问题。家长亲职功能的提升有助于为儿童成长提供更好的家庭环境。

（1）亲子互动活动。邀请家长和孩子一起参加各种为他们量身定制、需要相互配合才能完成任务的活动，使他们在活动中增进亲子之间的了解与配合，促进亲子正向沟通与互动，并在互动中产生共同体验，从而改善亲子关系并营造和谐的家庭氛围。根据以往各期托管班学员家长的需要，我们设立了一些亲子互动的活动菜单（参见表1-7）。

表 1-7　亲子互动活动菜单

类型	主题	内容介绍	服务案例
亲子定向赛	城市定向赛	在各个地标位设立活动点和关卡，组织家庭参与如益智游戏、运动等活动，促进亲子之间的互动与合作，改善亲子互动和亲子关系	1.“探索上海之美”定向赛； 2.“滴水湖”环游赛； 3. 社区家庭定向夜跑
	博物馆定向赛	在一个或多个博物馆场馆内设立活动点位，通过在规定活动中完成任务卡的形式，学习馆内知识的同时，促进亲子之间的互动	1. 上海科技馆定向活动； 2. 上海航海博物馆定向活动； 3. 上海历史博物馆定向活动； 4. 上海天文馆定向活动； 5. 上海科技馆定向活动； 6. 上海纺织博物馆定向活动
体验式活动	运动体验	组织儿童及其家庭体验不同的运动形式，引导并鼓励孩子调动运动机能，发掘对运动的兴趣，增强亲子关系和参与意识	1. 击剑； 2. 攀岩； 3. 网球； 4. 篮球； 5. 轮滑； 6. 马术； 7. 板球

（续表）

类型	主题	内容介绍	服务案例
体验式活动	艺术体验	邀请专业教师，以兴趣体验入门，引导儿童正确认识自我，满足儿童对未知事物探索的渴望	1. 艺术绘画系列； 2. 纸艺系列； 3. 音乐剧系列； 4. 合唱团系列
	农庄体验	开展与自然教育相关的户内或户外活动，鼓励儿童及家庭亲近自然、热爱自然	1. 多肉植物栽培； 2. 水果蔬菜园采摘； 3. 户外生存训练
	工业体验	组织孩子与家长一起到工厂参观，了解不同的工业流程，增加儿童对于不同职业的体验和了解	1. 光明乳业工厂体验； 2. 上海宝马体验中心汽车体验； 3. 上海巴比馒头工厂体验； 4. 净水工厂体验
	节庆体验	结合传统文化和“非遗”，以不同主题的节庆活动，让儿童形象地了解中华传统文化，并更大范围地与同辈群体互动，提升儿童的沟通能力及文化素养	1. 春节活动（剪纸、年画）； 2. 元宵节活动； 3. 端午节活动（包粽子、编蛋）； 4. 乞巧节活动（汉服体验，接古诗、制作织女）； 5. 中秋节活动（做月饼、猜灯谜、讲故事）
	公益体验	组织家庭参与公益活动，倡导志愿精神，培养儿童及家长参与志愿服务的意识，并为家庭提供志愿服务平台	1. 社区公益集市； 2. 敬老院 / 阳光之家公益服务

（2）个案服务。为个别遇到问题且有需要干预的儿童及其家长提供辅导服务，重点关注儿童所表现出的问题背后的家庭原因，如可能存在的家庭教养方式、家庭沟通互动方式等问题。此类问题的改变，通常需要家长的配合，甚至需要家长与孩子一起改变。如有家长向社工反映或咨询，发现孩子出现情绪或行为等问题，或向社工寻求帮助，抑或社工、班主任等发现学员有类似情况，社工将跟进该学员并与家长沟通，在需求评估的基础上，为其开展个案服务。

五、服务团队

儿童托管是一项综合性服务，需要有一个由多领域专业人士组成的工作团队，共同完成项目服务的日常管理、教学管理和后勤支援等任务。

（一）项目团队组成

为了保障儿童托管服务的专业性和服务质量，需要合理利用人力资源，为儿童托管服务组建由多领域专业整合的项目服务团队，负责儿童托管服务的项目管理和具体实施。以乐群为例，项目团队包括项目负责人、项目社工、班主任、授课教师、志愿者及后勤人员，同时还为团队配备了项目督导。

团队组成详见图 1-2。

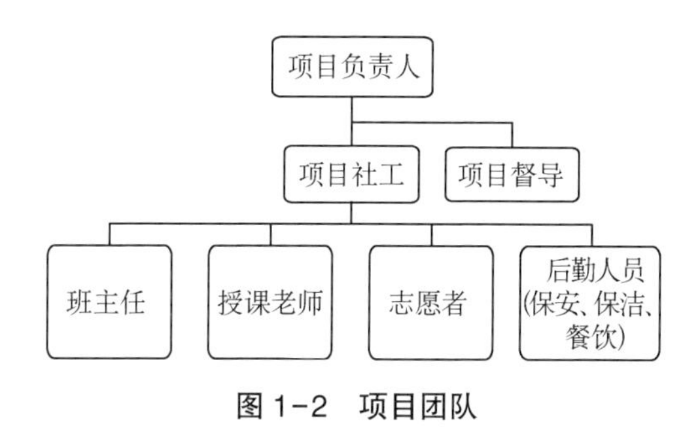

图 1-2 项目团队

（二）人员资质要求

幼儿班与小学班的项目团队人员构成和数量有所差异，工作团队对每个岗位人员的专业资质有一定要求。项目团队的构成和岗位要求可参见表 1-8。

表 1-8 儿童托管服务工作团队组成与要求

工作岗位	班级 / 人数	资质要求
项目负责人	幼儿班：1 人 / 班； 小学班：1 人 / 班	（1）3 年以上工作经验，持有社工证； （2）有独立管理项目的经验； （3）有统筹管理的能力，沟通能力较强，善于进行团队管理
项目督导	幼儿班：1 人 / 班； 小学班：1 人 / 班	（1）3 年以上工作经验，持有社工证； （2）有督导项目社工的经验； （3）有一定的督导能力和实务工作能力，善于进行社工督导

（续表）

工作岗位	班级 / 人数	资质要求
项目社工	幼儿班：1 人 / 班； 小学班：2 人 / 班	（1）持有社工证或社工专业毕业； （2）有服务儿童的经验者优先； （3）有一定的沟通能力，专业能力扎实，能独立开展服务
班主任	幼儿班：1 人 / 班； 小学班：1 人 / 班	（1）有小学、初中或高中教师资格证； （2）具备一定的管理学员经验，有当班主任经验者优先； （3）有亲和力和团队合作精神
志愿者	幼儿班：2 人 / 班	（1）有保育证者，或幼教和社工专业大学生优先； （2）对学员有耐心、爱心和责任心； （3）有亲和力和团队合作精神
	小学班：8 人 / 班	（1）在校大学生优先，教育专业和社工专业的优先； （2）对学员有耐心、爱心和责任心； （3）有亲和力和团队合作精神
授课教师	每门课程 1 位教师	（1）有教师证、心理咨询师证、社工证等其他课程相关的证书； （2）对学员有耐心、爱心和责任心
安保人员	幼儿班：2 人 / 班； 小学班：2 人 / 班	（1）有保安员资质证书； （2）吃苦耐劳，有责任心
保洁人员	幼儿班：1 人 / 班； 小学班：1 人 / 班	（1）有保洁员资质证书； （2）吃苦耐劳，有责任心
餐饮机构	幼儿班：1 家 / 班； 小学班：1 家 / 班	（1）有餐饮经营许可证，从业人员持有健康证； （2）有责任心，能按时按量提供安全健康的食品

（三）岗位职责

1. 项目负责人

（1）统筹管理。做好托管服务的统筹管理工作，负责项目的整体工作落实，包括前期洽谈、服务设计、成长课程匹配、团队组建和管理、服务推进及项目总结等，全面规划、统一安排项目的各项工作，确保服务目标的达成。

（2）监督执行。每周召开项目工作会议，有序推进项目各项工作的落实。定期检查项目的执行情况，总结并提出改进意见和措施。对重大活动做好组织和安排，确保整个托管服务的安全工作。

（3）协调沟通。处理好与委托方、合作方、家长的关系，及时处理矛盾和冲突事件，以及服务对象的投诉和建议，保护项目团队人员的合法权益。

（4）团队管理。团队需要服从机构统一的考核管理制度，带领项目团队规范、有效地提供服务，加强团队的能力建设和凝聚力建设。

2. 项目督导

通过一对一督导和现场督导等方式，督导项目团队运用专业的理论和方法有序推进服务项目，监管服务计划、服务实施和服务总结等服务全过程，把控服务质量，确保社工服务的专业性。主要的工作职责有：

（1）支持项目管理。督导项目负责人有效承担工作职责，发挥自身的角色和作用，做好社工、班主任、授课教师、志愿者和后勤人员等团队管理工作，共同推进项目有序开展，保障服务对象的权益。

（2）督导成长课程。督导社工在成长课程开始前准备教案及PPT，了解备课情况、实施进度，并予以指导修改。对社工授课内容进行观察分析，提升社工开展课程服务的实务能力。

（3）指导专业服务。督导社工开展儿童、家长及亲子服务，让社工学会评估服务需求、设计服务方案、开展专业服务、服务评估等方法，解决专业服务中的困难，提升专业服务成效。

（4）提供情绪支持。根据社工的需求，有针对性地提供情绪支持，缓解社工在开展服务过程中所承受的各种压力。同时，督导社工处理一些危机和冲突事件，妥善处理冲突和紧张的关系，找到有效的工作方法。

3. 项目社工

（1）日常管理。做好与班主任和授课教师的沟通、志愿者和后勤人员的管理、学员与家长的沟通、每日总结、对外宣传等工作，处理突发事件，及时向项目负责人汇报沟通，确保托管服务有序开展。

（2）开展成长课程。根据课程安排和学员需求，设计课程内容，认真备课和演练，开展成长课程，接受督导的指导。通过实践和反思，不断优化课程，提升服务成效。

（3）开展专业服务。在托管期间发现儿童及家庭的个性化需求，及时提供个案服务。根据项目设计，提供各类小组和亲子活动，回应家长在家庭教育方面的需求。

（4）家长群管理。社工通过家长微信群等方式，及时与家长沟通及反馈学员在托管班的表现和日常动态。针对有个别化需求或紧急事件的学员，及时联系家长，一对一地与之沟通学员情况。

4. 班主任

（1）秩序管理。在上课期间，管理学员秩序，营造良好的班级氛围。在课间休息时，关注学员之间的互动情况以确保学员安全，如看见一些危险举止，要及时制止并教育，避免发生意外事故。每天需及时填写工作日志，记录学员活动情况，有特殊情况需及时反馈给项目社工。

（2）协助个案服务。协助社工解决个别学员因适应、行为、同辈交往等产生的问题，引导学员熟悉并适应托管班环境，给予情绪支持和情绪疏导。

协助社工做好与家长的沟通交流。

（3）学习指导。秉持科学的教育理念，给予学员学习习惯的指导，使其端正学习态度。要循循善诱，引导孩子主动完成在托管期间的学习任务。

5. 志愿者

（1）协助社工管理。协助社工开展各项工作，如学员签到、成长课程、午餐、自由活动等每日安排。与孩子们耐心友好地相处，发现突发事件需及时告知社工并协助处理。每日总结时，应积极思考给予反馈。

（2）学员日常管理。志愿者主要负责学员的上课纪律和学员间的互动，熟悉组内学员的行为习惯和饮食习惯。发现安全问题或危险行为要及时制止和适当教育，同时向社工和班主任反馈隐患问题。

（3）拍照记录。志愿者要根据每日课程安排，以影像的形式记录学员们的表现，挑选合适的照片发送于家长联系群中。

6. 安保人员

（1）安全检查。负责查验来访人员、车辆和物品，认真核实来访人员身份及来访目的，办理相关登记手续等。

（2）日常巡视。负责每天对场地进行巡视，若发现可疑人员或事件，需及时上报给项目社工。

7. 保洁人员

（1）日常清洁工作。负责教室、卫生间的打扫消毒工作，每日打扫1—2次，并做好记录。

（2）地面防滑保障。需对办班点的教室内地面采取防滑措施。逢雷雨天气，在经常出入的地方放置防滑垫，并在安全醒目的位置竖立警示牌。

8. 餐饮机构

（1）保障饮食安全。严格落实餐饮从业人员健康安全标准，保障所提供的餐食符合卫生标准，所有餐食留样。与餐饮机构签订合作协议，并将协议书复印件张贴于班级公告栏或醒目的公共区域。

（2）发放及回收餐盒。餐饮机构人员应根据要求，负责每日按时将预订数量的午餐送达指定地点。用餐结束后，负责餐盒的回收工作。

第二章

项目实施步骤

儿童托管项目在实施过程中，通常分为需求评估与实施方案制定阶段、前期筹备阶段、服务实施阶段和服务总结阶段，四个阶段都有需完成的任务和具体目标，各阶段的主要任务工作和内容可参见图 2-1。为了规范化和标准化地实施项目以保障服务的品质，乐群根据儿童托管服务的实践经验，总结并制定了一套项目实施的具体操作流程，供社工作为项目执行的操作模板。本章将按照项目操作步骤介绍操作内容和方法。

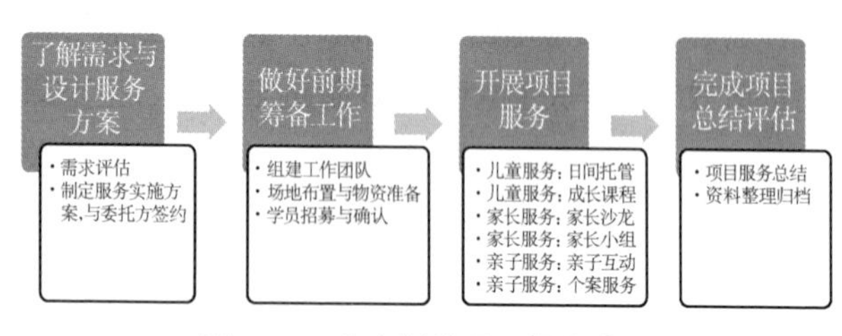

图 2-1　儿童托管项目操作步骤

一、了解需求与设计服务方案

该阶段的主要任务是在了解各方需求的基础上，

参照服务框架和内容设计，为儿童托管服务使用者量身定制适合其需求与特点的具体实施方案。项目实施方案形成后，需要与服务委托方沟通以确定最终的实施方案。

（一）需求评估

需求评估是儿童托管服务项目的第一步，也是针对具体服务对象需求制定项目具体实施方案的基础。在这个阶段，既要了解项目委托方的需求，也要了解服务使用者的具体需求。

1. 了解委托方需要

社工与委托方沟通的主要任务是，一方面让托管方了解机构和了解儿童托管服务，另一方面了解委托方对儿童托管服务的具体需求及其所掌握的项目资源。与此同时，沟通过程也是机构与委托方建立关系，形成合作共识，共商具体服务方案，最终确定服务的具体实施方案的关键一步。与委托方沟通时应完成以下各项任务。

（1）介绍项目及相关经验。与委托方沟通时，建议先介绍机构以及既往做过的服务领域，详细介绍儿童托管项目的情况以及经验。此时，社工应尽可能从社工服务的视角将儿童托管服务理念和服务特色展现出来。

① 简要介绍机构和项目情况。与委托方初次面谈时，需带好机构简介、服务项目介绍、儿童托管项目宣传资料。建议用PPT方式向委托方展示相关内容，可以先简要介绍机构的背景、使命、愿景、价值观、服务内容和联系方式等。若不具备播放PPT的条件，也可以事先将PPT的内容打印出来呈现给委托方。

② 详细介绍儿童托管项目。在向委托方提交儿童托管服务相关资料的同时，以PPT或文字介绍儿童托管服务需求、服务理念、服务内容、服务方式和服务成效等内容。介绍时，宜采用图文并茂的形式，应着重阐述社工的视角和服务特色，可列举几个案例来阐述工作的成效。通过项目介绍，让委托方对儿童托管项目有比较直观的认识，并了解到该项服务以往开展的情况。

（2）了解委托方办班经历与相关资源。社工还应了解委托方以往的相关经验，以及其掌握的相关资源。

① 了解委托方以往相关工作经历。如询问委托方以往是否有开班的经历，如果有相关经历，则需要了解开班的招募情况、场地选择及当时合作方的相关服务情况等。

② 了解相关合作方情况。有时，委托方会提供一些资源，如既往的场地提供方、安保提供方、课

程提供方等合作者，社工则需要与这些合作方做进一步的沟通，以商议、确认合作的细节和具体要求。

（3）了解基本情况与具体要求。为了制定具体的服务执行方案，需要了解委托方对服务的具体要求，以及服务相关的基础信息，如服务对象的年龄、人数、周期、场地资源、预算等。

① 服务对象。了解委托方需要提供服务的对象的年龄、人数等。一般情况下，政府购买的爱心托管班会有统一的人数标准，一般为30人一期，具体以当年政府指导文件为准。企业依托工会购买的幼儿班服务可根据场地、预算、人员配比等因素综合考虑，建议50平方米的场地对应服务人数约12人。

② 服务周期。需向委托方了解托管班的时间周期，确认托管班的开始和结束时间、服务周数，了解每周的服务天数、每天服务的开始与结束时间。此外，还需了解是否有长期开展服务的计划。

③ 服务期待及目标。为了给委托方量身定制合适的服务方案，社工需要充分了解委托方的主要需求及希望达成的目标、委托方对项目管理方面的要求、对服务过程中安全保障的要求、对满足家长和孩子需求等方面的内容。

④ 服务场地情况。社工需了解委托方提供的办班确切地点和相应的配套设施情况，并确认场地布

置要求。例如，教室和休息室的具体位置和内部安排，饮水提供、网络设施、厕所防滑、物业安排等情况。如果办班地点是学校，学校体育馆是否能使用等。通常，政府购买的爱心暑托班一般安排在社区学校、社区文化中心或辖区内的小学内。企业依托工会的托管班一般安排在企业工作大楼内。

⑤ 后勤资源配备。需了解委托方是否能提供保安、保洁、餐饮等后勤资源保障，是否可以满足场地安全、环境整洁及卫生就餐等办班条件。若委托方不能提供以上资源，则需要在筹备过程中协商解决方案。

⑥ 项目预算及项目购买方式。需向委托方介绍项目预算的构成，包括前期筹备费用、物资费、志愿者及教师劳务费、社工服务费、管理费、税费等内容，并了解委托方的预算额度。

⑦ 购买方式。需与委托方商定购买方式。通常，项目的购买方式有三种：一是委托方出资全部费用；二是委托方出资部分费用，由家长出资其余的费用；三是由委托方提供免费的场地，其他费用由家长承担。

（4）建立项目工作群。在与委托方面谈时，应及时与之添加微信等联系方式，同时建立项目工作群。群成员应包括项目负责人、项目督导和项目社工，并将委托方及相关对接人邀请进工作群，以便沟通项目方案、签订协议和汇报项目进展等情况。项目工作群也应邀请项目的其他合作方，比如学校、物业负责人员、餐饮机构等加入，以便在工作群内及时沟通、反馈项目的开展情况。

2. 了解服务对象需求

为了使服务的内容和形式尽可能与服务对象需求相匹配，满足服务对象对托管班的需求，社工应通过需求调研，更深入地了解托管班儿童及其家长的实际需要。

（1）调研对象。需求调研的对象是符合招生范围的潜在服务对象或托管班的已报名者。通常情况下，在社区举办的托管班，调研对象是报名者；在企业举办的托管班，调研对象是有符合招生年龄子女的企业员工。

（2）调研内容。需求调研的内容主要涉及儿童的年龄、身体状况、有无食品过敏或特殊膳食要求，儿童有无托管经历、兴趣爱好、对成长课程的偏好，以及家长接送时间、家长的具体意见和建议等。

（3）调研方法。一般采用问卷和访谈的形式进行调研，可根据上述调研内容设计问卷和访谈提纲。

① 问卷调查。采用发放和回收问卷的方式收集服务对象的需求信息。A. 问卷设计。先列出需了解

的内容，将调研内容以封闭式或开放式提问的形式逐一列出，将提问有逻辑地排列，形成问卷。封闭式提问（选择题）通常有若干答案可供选择，对提问的回答可设置为单选或多选。开放式提问（问答题）不提供选项，需要受访者自己填写具体内容。问卷形成后需经委托方确认后使用。B. 问卷发放与回收。可以通过专门的应用软件发放电子问卷，或线下发放纸质问卷。电子问卷需在应用软件（如问卷星）中输入问卷内容从而生成问卷，可由委托方或社工发布到相关平台（如微信群或公众号）。纸质问卷可随报名表一起发放，在回收报名表的同时回收调研问卷。

② 面对面访谈或电话访谈。通过面对面或通讯工具，以谈话的形式了解服务对象的需求。对于未能参与问卷调查的已报名家庭或潜在服务对象，可以采用面对面访谈或电话访谈的形式了解他们对托管班的需求。应根据调研内容列出访谈提纲，或将问卷作为访谈提纲，访谈时做好记录。

3. 需求分析与总结

采用归纳、分类汇总和统计等方法对问卷和访谈所收集到的调研资料进行分析研究。可参照以下步骤进行：第一步，按照不同的类型或内容将需求分类列出，形成服务需求清单。第二步，分析每一项需求的内涵，将其逐条列出，并进行可操作化描述。可借助需求分析表（见表 2-1），将具体内容填入需求分析表内。在对服务对象需求和委托方需求等资料进行分析研究后，形成调研报告。

表 2-1　需求分析表

<table>
<tr><th colspan="2">家长的需求</th><th>需求分析</th></tr>
<tr><td rowspan="3">孩子获得安全照顾</td><td>人身安全</td><td>安全的环境、设施安全、秩序安全等；
确保孩子人身安全，防止孩子独自离开和走失；
大门、教室内及走廊都有专人照管</td></tr>
<tr><td>饮食安全</td><td>餐食需由符合条件的餐饮机构提供；
可以由企业 / 单位自身的食堂提供</td></tr>
<tr><td>饮水安全</td><td>饮用水无杂质、无污染，有质量保证，且符合孩子饮水标准；
新购置的饮水机提前消毒备用；可使用学校内饮水机，但需定期消毒</td></tr>
<tr><td colspan="2">孩子获得作业辅导</td><td>有作业辅导环节，由高中生、大学生志愿者进行；
为托管班的儿童营造一个良好的学习氛围</td></tr>
<tr><td colspan="2">孩子获得多样化体验</td><td>丰富多样的体验式成长课程；
可选择市区级配送课程、社会面购买课程、街道配送课程及机构研发的成长课程，科学合理安排</td></tr>
<tr><td colspan="2">孩子获得正面影响</td><td>对儿童有正面影响的成长课程，如爱国主义教育、应急自护等，依托成长课程引导孩子正面成长</td></tr>
</table>

（二）制定项目实施方案，与委托方签约

在需求评估的基础上，要为本期儿童托管服务制定项目实施方案。项目实施方案初稿在经过机构内部审核，并向委托方征求意见后，修改并再次审核与确认，最终形成项目实施方案终稿。在各方就项目实施的具体内容和条款达成一致意见后，与委托方签订合约。

1. 制订实施方案初稿

依据乐群儿童托管项目的服务框架和内容设置，结合当前服务对象的具体需求，拟订本期服务的项目实施方案。项目实施方案的内容应包括服务背景、时间、地点、人数、服务目标、服务安排、服务团队、服务预算、服务产出、应急预案等。制定方案的具体操作步骤可参照本实务操作手册系列之《社区大型活动实务指南》。

2. 内部审稿修改，形成征求意见稿

初稿形成后，应经过项目负责人、社工、督导等共同讨论并修改后，提交给部门总监审核。审核通过后，由项目负责人递交给委托方审阅，并与之约定见面沟通的具体时间。

3. 向委托方征求意见

与委托方当面沟通服务方案初稿时，应着重介绍服务方案的设计理念和逻辑，积极听取委托方对方案的意见和建议。此时，应特别注意沟通和确认以下要点：服务的起始时间和周期、服务的具体地点和人数、服务的内容及具体安排、项目预算、后勤物资保障等内容，越细致越好。对项目实施方案中存在的疑难点、无法确定或需要委托方协助的问题，应明确提出，听取委托方的意见和建议。

4. 内部修改定稿

与委托方就项目实施方案征求意见稿进行沟通后，项目负责人与项目工作团队开展讨论会，再次细化项目实施方案，经讨论修改后形成服务方案修改稿。

5. 与委托方签约

项目负责人将项目实施方案修改稿分别与部门总监和委托方沟通确认，形成项目实施方案的确定稿。在双方最终就本次合作的各项条款达成一致后，签订项目协议。

二、做好前期筹备工作

在开班之前，由项目团队进行项目实施的前期筹备工作。在此阶段，应为项目的实施做好准备，落实工作人员，根据实际情况和服务标准，整合所需的社会资源，准备所需的物资。如有需要，可以对执行方案作出适当的调整。

（一）组建工作团队

儿童托管服务项目工作团队除了由乐群社工担任项目负责人、项目社工外，还需要通过招募为托管班配备班主任、授课教师、志愿者及后勤人员。这些人员招募工作通常采用以下流程。

1. 人员招募

人员招募一般经过招募信息发布、候选人面试等程序。线上招募一般为公众号或网站发布文章，也可通过 H5[1] 的形式发送，同时转发至微信朋友圈和微信群进行招募。

（1）准备招募信息。招募信息应包含服务介绍、

[1] H5 又叫互动 H5，相当于微信上的 PPT，主要用于品牌方进行传播和推广。

时间周期、条件要求、补贴费用等，并应包括报名方式，请有意愿者主动联系进行报名。

（2）发布招募信息。招募信息分为定向发布和公开发布两种形式。

① 定向发布招募信息。一是向机构合作单位发布招募信息，或向高校师范类专业学生、社区中在职或退休教师等人群中发布招募信息；二是向以往项目的参与者发布招募信息，通过已有的联系方式，邀请其参与项目，或请其推荐合适的人选。

② 公开发布招募信息。一般通过线上公众号或网站发布招募公告，公开发布信息，招募团队人员。

（3）候选人资格审核与信息反馈。收到报名信息后，需对报名者进行资格审核，并给予报名者回复。

① 资格审核。收到应聘者的报名信息或简历后，首先根据招募条件对应聘者进行筛选，符合以下三个条件者优先：一是有教育相关的学历背景；二是有相关的托育或托管班经验；三是居住地址离托管班的交通较为便捷。在资格审核后，将符合条件的应聘者纳入面试名单。

② 给予应聘者信息反馈。在资格审核并确定面试名单后 1—3 天内，给予应聘者回复。电话联系面试名单中的应聘者，通知具体的面试时间与地点。对不符合条件的应聘者应电话告知资格审核

结果。

（4）面试与确认。面试可以采用面对面或电话形式。面试过程中，第一，应注重了解以下信息：儿童工作的相关经验、个人的爱好与特长、对儿童托管工作的理解等。第二，应向应聘者说明岗位要求、工作时长情况、工作报酬等。第三，与应聘者确认其薪酬福利。第四，向应聘者了解其具体要求，如每周的工作天数、可工作时长、需要机构提供的证明等。

（5）通知录用。正式通知被录用者，告知办理入职手续的地点、可办理时间、机构人事相关工作人员的联系方式等。

2. 工作团队岗前培训

团队组成后，项目负责人在开班前，召集工作团队成员进行岗前培训。培训可采用线上或线下形式，主要包括以下内容。

（1）开场与破冰游戏。通过游戏及自我介绍等形式，让工作团队成员相互认识，并初步建立关系，为团队合作奠定基础。同时，项目负责人可通过此环节来了解各位工作人员的性格、特长等，从而有助于为每位工作人员安排适合的岗位。

（2）介绍项目情况。介绍儿童托管服务项目及本次项目情况，让团队成员能了解自己所服务的托管班的基本情况，如服务对象、服务内容、服务时间、服务地点、服务目标等。

（3）明确人员分工及工作职责。通过《人员分工表》明确每个岗位的工作要求和工作职责，需确认每位工作人员都已经清楚自己所在岗位的要求。志愿者也应参加培训，通过宣讲使志愿者了解志愿精神、职责、义务、伦理守则等内容和要求。

（4）介绍以往服务情况。可以展示以往托管班的视频或照片，并邀请有项目服务经验的人员分享经历和感受，以提升团队成员的工作热情。

（5）学习相关文件。要求工作团队成员必须熟读所有安全相关文件，如《公共安全事件应急预案》《安全管理规定》等。

（6）培训后需汇总工作人员信息。培训结束后发放《工作人员、志愿者信息登记表》，所有人填写后，由社工负责收集、汇总并备案。

（二）场地布置与物资准备

社工应在托管班开办之前至少提前2周进行现场踩点，了解现场实际情况，为现场的布置做好筹划。

1. 幼儿班（3—6岁）场地布置

（1）整体环境布置。幼儿班整体环境要求明亮、通风，应配有冷暖空调、无线网络和安全的饮用水。室内墙上悬挂时钟，室内和走廊需要安装监控摄像头。整个区域内的桌角、柜子角、洗手台盆角等尖锐部位需做好防护措施。安全标贴和警示语应张贴在墙面、窗户、楼梯等需要注意的地方。

（2）功能区域布置。按照功能，可以将办班场所分成以下几个区域。

① 学习区域。需要配备教学用具，如电子教学屏幕或投影仪、可移动儿童桌椅、白板或黑板、纸笔、小型蓝牙音箱、电子琴等，并根据课程设计准备教学用具。

② 活动区域。配备充足的活动游戏道具，包括益智玩具、小型运动道具、棋类玩具、模拟类玩具、绘本图书等，如滑梯、积木、拼图、海洋球等，该区域需铺设防滑地垫和围栏。

③ 就餐区域。应配备就餐工具，如学习型筷子、勺子、餐垫、餐盒、围兜等。如果没有条件设置专门的就餐区域，可以与学习区域共用一个空间，用餐前布置成用餐区域；就餐后做好卫生清理，注意通风，并将该区域恢复成学习区域。

④ 休息区域。有条件的可以设置固定的小床及床上用品，若没有条件，需要配备可折叠的床垫。在窗户上悬挂遮光窗帘，为儿童创造良好的午休环境。

⑤ 盥洗区域。有干净卫生的儿童厕所，最好配有儿童专用的坐便器和洗手台。若不能配备这些设施，则需要配备儿童垫脚凳、儿童辅助坐便器和马桶梯。

⑥ 宣传区域。设置专门的墙面区域张贴资料，如托管班每日课程表、星星榜和活动照片，以及机构简介、项目标识、工作人员分工及照片、规章制度等。

⑦ 后勤区域。应有专门区域放置日常使用的物资和课程道具，如办公用品、美术用品、消毒用品、清洁用品及工具、医药箱等。

以 12 人的幼儿班为例，各区域布置和物资清单可参考表 2-2。

表 2-2　幼儿班场地布置及物资清单

各区域场地示意图	注意事项	物资采购清单	
		物资名称	数量（单位）
学习区域	① 提前调试好投影和电脑设备等，确保可以正常使用； ② 时钟需挂在上课教师可以看到的位置； ③ 摄像头需放置在两侧，记录整个场地的情况，确保没有视野盲区； ④ 儿童桌椅尽量选择圆角的，若不是圆角	投影仪	1 台
		幕布	1 块
		电脑	1 台
		电子琴	1 台
		蓝牙音箱	2 个
		空气净化器	1 台
		饮水机	1 台
		黑板或白板	1 块

（续表）

各区域场地示意图	注意事项	物资采购清单	
		物资名称	数量（单位）
学习区域	的，需要用防撞贴条进行保护； ⑤ 张贴安全提示语，如，教室墙上“轻声细语”，窗口“注意安全”，过道和台阶“慢慢行”，电梯口“有序上下、勿拥挤”，等等	塑料桌子	6 张
		塑料椅	12 张
		志愿者桌椅	5 套
		摄像头	2 个
		拖线板	2 个
		防撞贴条	2 包
		时钟	1 个
活动区域	① 玩具选用应符合儿童安全标准，书柜需要选择矮柜，符合儿童的身高需求，并每日进行清洁和消毒； ② 根据儿童年龄选择适合的玩具和图书，内容要积极健康	益智玩具（积木、拼图、剪纸、折纸等）	5 套
		小型运动道具（滑梯+篮球、海洋球+充气池、塑料木马、儿童爬行隧道、帐篷、蹦球等）	根据预算选择 5 件左右
		模拟类玩具（厨房玩具、医生玩具、消防玩具等）	2—3 套
		棋类玩具（飞行棋、五子棋、跳棋等）	2—3 套

（续表）

各区域场地示意图	注意事项	物资采购清单	
		物资名称	数量（单位）
活动区域		书柜	2个
		绘本图书	50本
		鞋架	1个
		防滑地垫及围栏	根据区域大小购买
		摄像头	2个
就餐区域	① 每次就餐前需要铺好一次性桌布，铺好餐垫，摆放好就餐用具； ② 就餐后，每个小组的值日生负责擦桌子，打扫卫生	就餐用具（筷子、勺子、餐垫、餐盒、围兜）	12套
		一次性桌布	5包
		一次性纸巾	1箱
		一次性湿巾	1箱
		一次性杯子	1包
		脸盆	4个
		抹布	4块
休息区域	① 需要在固定的儿童床上，贴上附有儿童照片的姓名牌； ② 床上用品可由儿童自带，夏天需要准备凉席； ③ 在每日午休开始时拉上遮光窗帘，在午休结束时拉开窗帘	儿童床或折叠床垫	12个
		床上用品	12套
		遮光窗帘	每面窗户1块
		地垫	根据区域大小购买
		姓名贴纸	1包

（续表）

各区域场地示意图	注意事项	物资采购清单	
		物资名称	数量（单位）
盥洗区域	① 张贴安全提示语，如，洗手台和厕所内标识“节约用水”，地面标识“地面湿滑，注意安全”“文明守序，依次排队”等； ② 由保洁人员定时进行清洁消毒，保持地面干净卫生	儿童坐便器及马桶梯	2 套
		儿童垫脚凳	2 个
		洗手液	4 瓶
		厕纸	2 箱
		擦手纸	2 箱
宣传区域	① 在宣传物品上印上委托方、合作方和机构的名字及 logo，做到准确无误，不要遗漏； ② 每日课程安排张贴在醒目的位置； ③ 以“星星榜”的形式从出勤、态度、卫生等方面记录儿童每日的行为表现； ④ 活动照片墙用于展示儿童和工作人员的照片，以及托管服务的精彩瞬间	每日课程安排	1 张
		星星榜	1 张
		星星贴纸	2 包
		照片墙	1 块
		照片打印机	1 个
		照片打印纸	5 包
		吸铁石	1 包
		记号笔	1 盒
		课程介绍	1 张
		相关方名字及 logo 矢量图	1 批
后勤区域	① 在房间门口设置每日签到区域，需要每日签到表、笔、体温计、消毒液。	收纳柜	4 个
		两层柜子	2 个

（续表）

<table>
<tr><th rowspan="2">各区域场地示意图</th><th rowspan="2">注意事项</th><th colspan="2">物资采购清单</th></tr>
<tr><th>物资名称</th><th>数量（单位）</th></tr>
<tr><td rowspan="11">后勤区域</td><td rowspan="11">② 医药箱里需要配备创可贴、棉签、纱布绷带、透气胶带、退热贴、酒精棉球、消毒棉片、医用冰袋、碘伏、体温计等；
③ 课程所需道具，如儿童剪刀、水彩笔、油画棒、彩色卡纸、超轻黏土、扭扭棒等，按需购买；
④ 夏季蚊虫较多，暑托班需配备电蚊香和止痒花露水，选用儿童专用的安全无毒产品</td><td>文具用品套装（剪刀、美工刀、胶带、美纹胶、双面胶、透明胶、固体胶等）</td><td>2 套</td></tr>
<tr><td>课程道具</td><td>12 套</td></tr>
<tr><td>打印机</td><td>1 台</td></tr>
<tr><td>A4 打印纸</td><td>2 包</td></tr>
<tr><td>志愿者衣服及挂牌</td><td>每人 1 套</td></tr>
<tr><td>扫帚和簸箕</td><td>2 套</td></tr>
<tr><td>消毒凝胶和喷雾</td><td>4 瓶</td></tr>
<tr><td>医药箱</td><td>1 个</td></tr>
<tr><td>电蚊香及驱蚊液</td><td>2 套</td></tr>
<tr><td>止痒花露水</td><td>2 瓶</td></tr>
</table>

2. 小学班（7—12 岁）场地布置

（1）小学班环境布置。小学班整体的环境布置更接近于学校，一般只有一个房间和其他公共区域。室内要求明亮、通风，配有冷暖空调、无线网络和安全的饮用水。墙上悬挂时钟，室内和走廊需要安装监控摄像头。整个区域内的桌角、柜子角、洗手台盆角等尖锐部位需做好防护措施。安全标贴和警示语张贴在墙面、窗户、楼梯等需要注意的地方。

（2）功能区域布置。按照功能，可以将办班场所分成以下几个区域。

① 学习区域。需要配备黑板 / 白板、电子教学屏幕或投影仪、可移动桌椅、小型蓝牙音箱、电子琴等，根据课程设计配备教学用具。

② 活动区域。配备一定的益智玩具、棋类玩具、运动用品和书籍等，让儿童在休息和自由活动的时候可以使用。

③ 就餐区域。如果就餐与学习共用一个区域，需要配备挡板，用餐时作为两个区域的阻隔。儿童自带餐具和餐垫，就餐后组织儿童打扫卫生，开窗通风。

④ 盥洗区域。卫生间最好有 10 个左右独立的隔间，可以满足儿童同时使用的需要。

⑤ 宣传区域。需有专门的墙面区域张贴托管班每日课程表、星星榜和活动照片、机构简介、项目标识、工作人员分工和照片，以及规章制度等资料。

⑥ 后勤区域。需有专门区域放置日常所用的物资和课程道具，如办公用品、美术用品、消毒用品、清洁用品及工具、医药箱等。

⑦ 工作人员区域。需有独立的房间作为社工、志愿者、班主任、教师等临时办公及休息区域，需为每位工作人员配备单独的桌椅。

7—12 岁小学班（30 名学员）为例，各区域布置和物资清单可参考表 2-3。

表 2-3　小学班场地布置及物资清单

<table>
<tr><th rowspan="2">各区域场地示意图</th><th rowspan="2">注意事项</th><th colspan="2">物资采购清单</th></tr>
<tr><th>物资名称</th><th>数量（单位）</th></tr>
<tr><td rowspan="3">学习区域
小组式:
课桌式:</td><td rowspan="3">① 以小组式摆放为优先选择，其次是课桌式，桌上摆放台号（小组编号及姓名台牌）；
② 其他布置内容可参照幼儿班的注意事项</td><td>可移动桌椅</td><td>35 套</td></tr>
<tr><td>台牌</td><td>40 个</td></tr>
<tr><td colspan="2">其他内容可参照“幼儿班”的清单</td></tr>
<tr><td rowspan="4">活动区域</td><td rowspan="4">① 图书优先选择科普类、文化历史类和故事类，内容要积极健康；
② 棋类玩具中可适当加入类似“大富翁”等经营类游戏，以培养儿童的财商</td><td>运动用品（绳子、毽子、飞镖、足球、篮球等）</td><td>5 件</td></tr>
<tr><td>棋类玩具（飞行棋、五子棋、军旗、象棋、“大富翁”等）</td><td>5 套</td></tr>
<tr><td>书柜</td><td>2 个</td></tr>
<tr><td>图书</td><td>50 本</td></tr>
</table>

（续表）

各区域场地示意图	注意事项	物资采购清单	
		物资名称	数量（单位）
就餐区域 	① 每次就餐前需要铺好一次性桌布，放好挡板； ② 就餐后，每个小组的值日生负责擦桌子，打扫卫生	挡板	30 个
		一次性桌布	10 包
		一次性纸巾	2 箱
		一次性湿巾	2 箱
		一次性杯子	2 包
		脸盆	5 个
		抹布	5 块
盥洗区域 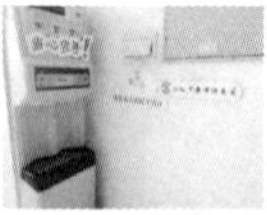	可参照幼儿班的注意事项	洗手液	6 瓶
		厕纸	3 箱
		擦手纸	3 箱
宣传区域  	可参照幼儿班的注意事项	可参照幼儿班的清单	
后勤区域 	可参照幼儿班的注意事项	可参照幼儿班的清单	

（续表）

各区域场地示意图	注意事项	物资采购清单	
		物资名称	数量（单位）
工作人员区域	① 需要整洁有序，为每位志愿者提供相对独立的休息空间；② 后勤物资中办公用品可放在这个区域	桌椅	10 套
		志愿者衣服及挂牌	1 套 / 人

（三）学员招募与确认

该环节的主要任务是向潜在服务对象发布服务信息，招募有意愿参与的潜在服务对象。收到报名信息后，核实报名者的服务使用资格和各项信息，最终确定托管班学员名单。

1. 发布招募信息

（1）撰写招生公告。招生公告中应包含以下内容：服务介绍、招生条件、托管班时间与周期、价格、课程介绍、咨询电话、报名方式等，并附有《学员招募报名表》。

（2）发布招生信息。一般招生分为定向招生和公开招生，具体方式如下：

① 定向招生。由委托方直接向特定服务群体发布招生信息，此方法多适用于单位内部。

② 公开招生。可通过线上公众号或网站发布招生信息，也可通过H5的形式发送，同时转发至微信朋友圈和微信群。

2. 报名与确认工作

通常，招生信息发布后会陆续收到学员报名，社工需汇总整理和确认报名信息。

（1）收集信息表。招生报名时间截止后，社工收集报名信息表，整理符合条件的报名者信息，汇总出名单。

（2）确认报名信息。通过电话、短信、微信等方式，联系符合招生条件的学员家长，告知所需补充提交的材料及提交时间、提交场地等。应确保所有家长收到通知，并与家长确认知晓缴费规则。对不符合条件的报名者，应及时电话告知。

3. 现场审核缴费及相关工作

在开班前一周内，应进行现场的资料审核，并与学员家长签约。

（1）场地布置。现场审核当天，社工应提前1小时到达现场审核场地，简单布置现场。

（2）审核相关证件。家长需提交学员材料，包括学员学籍卡、家长身份证、户口本的原件及复印件，以及学员一寸照片2张。

（3）填表与签约。家长需填写《学员信息登记表》《入托协议》《告家长书》《健康情况调查承诺书》《肖像权使用授权书》。其中，《学员信息登记表》中需提醒家长写清学员身体状况、食物过敏原及紧急联系电话。《入托协议》一式两份，机构与学员家长各留一份。《告家长书》需由家长认真阅读并签字确认，填写基本信息后由社工回收保存。可以多准备一些空表，供家长留存。

（4）缴费。向家长说明缴费金额与细目，收费并开具收据。如家长需要开具发票，应向家长确认发票抬头名称、税号、服务内容等信息。

（5）建立家长群。提前建立家长微信群，并打印群二维码。家长完成协议签署和缴费后，邀请家长扫码进群，1名学员只允许1名家长入群。修改“我在本群的昵称”为“学员名字+与学员的关系”，例如王小明爸爸、李小红奶奶。

（6）购买保险。开班前一周，需为学员购买全托保险，保险条款与格式由保险公司提供，基本信息包含学员姓名、身份证号、保险日期。

（7）确认入托日期。与家长确认入托日期，入托当天起正式进入托管服务。

三、开展项目服务

儿童托管服务项目实施阶段的主要任务是通过

日间托管、成长课程、家庭教育三个服务模块为服务对象提供托管服务。以乐群为例，根据以往的实践经验，我们梳理了服务内容和操作流程等方面的实务工作总结，可以为社工提供标准化的操作指引。

（一）儿童服务：日间托管

日间托管服务根据不同年龄儿童的普遍需求，以是否已经入学作为划分原则，为3—6岁学龄前儿童开办幼儿班，为7—12岁的学龄儿童开办小学班。

1. 幼儿班实务指南

项目团队成员应根据幼儿班的日程安排和职责分工开展服务，服务执行可具体参照以下操作流程。

（1）开班准备工作。

① 开班前提醒工作。项目负责人应分别在开班前3天和前1天在家长群内通知学员报到的时间、地点及所需携带的物品。提前2天与工作团队确认开班准备工作的完成情况，确保各团队成员所负责的工作已经完成。开班前1天，在工作团队群再次通知工作人员开班当天的集合时间、地点及所需携带的物品。

② 汇总学员情况及特殊要求。社工需在开班前汇总学员的食物过敏情况及其他特殊要求，并将汇

总资料发到工作团队群，提醒班主任和志愿者熟悉自己所负责学员的具体情况和特殊要求。开班前1天汇总学员的预计出席情况，并发送至工作团队群。

（2）开班首日及日常准备工作。

① 开班首日准备会议。开班首日，所有工作人员应提前30分钟到达工作场所参加准备会议，项目负责人带领工作团队熟悉幼儿班环境，并明确各位志愿者的岗位及任务。班主任负责环境巡查，熟悉整个幼儿班场所，完成《托管班安全巡查记录表》。保安人员需准时到岗，规范着装，配备相应防卫装备。保洁人员应在开班前完成教室、卫生间等所有区域的打扫和消毒工作。项目负责人巡逻整个场地，负责最后的查缺补漏，做好开班准备的确认工作。

② 每日日常准备工作。除开班首日外，平时所有工作人员需要提前15分钟达到教室，社工负责团队成员的签到工作，填写《工作人员、志愿者签到表》。对于迟到超过约定集合时间10分钟的志愿者，应及时联系，了解情况。

工作人员签到后需更换工作服，粘贴本人照片至宣传栏中的工作人员信息展示区。志愿者将门窗打开通风后，再将空调打开，播放音乐，保证舒适的环境。保洁人员需提前完成教室及卫生间等区域的打扫和消毒工作。安保人员应准时到岗，规范着装，配备相应防卫装备。

（3）学员签到与引导工作

① 签到工作。在教室门口或学校门口设置签到台，放置两张桌子。社工负责给学员及家长签到，并填写《学员出勤登记表》。志愿者协助测体温，向家长发放接送卡，接收幼儿午睡被子并放置到指定区域。签到时，可询问家长当天学员是否有不午睡、提早离开或不吃午餐等特殊安排。若有上述特殊安排，做好备注后，交由社工统筹安排。对于应到未到超过10分钟的学员，社工应及时与家长联系，询问具体情况。确认所有应到学员到达后，可结束签到工作。

② 指引工作。从门口至教室，沿途应做好学员的看护及指引工作，防止学员独自离开教室。同时，引导家长前往会议室。

③ 学员入座。班主任负责在教室内安排已签到的学员分组入座，热情耐心地引导学员熟悉新环境，并逐步熟悉学员的情况。

④ 安保工作。保安人员做好各出口的安保工作，做好陌生人来访登记，如有自称学员家长来访，应与社工联系，不得私自放行。此外，还需要定时到教室门口巡逻检查。

（4）开班首日家长会。

在开班首日召开家长会，可以用一种相对正式的形式向家长全面介绍托管班的情况，以增加家长对于儿童托管服务的了解，增强信任感。与此同时，为家长们提供一个交流沟通平台。通常，家长会有以下内容：

① 由项目负责人主持家长会，先做自我介绍，并感谢项目的委托方。

② 介绍托管班基本情况，包括托管班的服务理念和目标、工作团队情况、日程安排、课程特色、注意事项、请假制度等。介绍之后，留给家长提问的时间，及时答疑解惑。

③ 志愿者做好协助工作，及时拍照留档。

（5）开班仪式。

每一期托管班的开班首日都举行开班仪式，邀请学员和家长参加开班仪式。开班仪式应完成以下工作：

① 准备工作。社工负责开班仪式的准备工作，确认场地、多媒体设备、议程安排及人员分工等。提前 2 天向委托方、合作方确认是否有领导出席。

② 仪式开始。通常，先示意全场安静，由项目负责人主持并宣布开班仪式正式开始。主持人先做自我介绍，约定班级纪律，如摇铃或击掌 3 次表示请大家入座。

③ 领导发言（可省略）。可据具体情况，适当安排该环节的内容。例如，若有委托方或合作方领导参与开班仪式，请领导发言。若是延续开办的班

级，还可播放往年视频回顾。

④ 托管班介绍。介绍托管班的周期安排和每天的日程安排，让学员先熟悉流程。介绍整个托管班的场所安排，例如教室内部的午睡区、学习区、休闲区等各个区域的位置，教室外卫生间、运动点、签到签离处等。

⑤ 介绍工作团队和职责。邀请班主任和志愿者上台，请他们分别做自我介绍，告知学员及家长自己负责的工作内容。志愿者可提前准备昵称，告诉学员如何称呼自己，以便拉近彼此的距离。由班主任讲解“星星榜”及其积分规则，每天根据学员行为表现进行积分并当场给予贴纸奖励，或在每日总结时，根据志愿者们对学员表现的反馈给予积分。

⑥ 合影留念。所有学员、家长和项目工作人员合影留念。社工及班主任协助排队，调节现场气氛。志愿者负责拍照，并在当日及时整理发送至家长群。

（6）日常晨间锻炼活动。

① 晨间锻炼。由班主任以学唱歌的形式，带领学员开展晨间锻炼。通常，每首歌曲播放三遍，班主任先示范歌曲所配合的肢体动作，学员跟着学，学员之间应有一定的互动，每周学习一首歌。托管班播放的歌曲通常有以下三类：一是由团区委下发的爱心暑托班推广歌，如《快乐不简单》；二是在总结会上需要表演的合唱歌曲，如《相亲相爱一家人》《快乐你

懂的》等。三是班主任和儿童都较为熟悉的歌曲，如《虫儿飞》《童年》《祖国祖国我们爱你》等。

② 志愿者协助。志愿者协助班主任维持晨间锻炼活动的秩序，观察学员精神面貌和动作规范等，需注意学员早操期间的安全问题。对于离开教室的学员应全程陪伴，如遇上厕所，提醒学员勿锁闭隔间门，以防年龄较小的学员将自己反锁在门内。

（7）成长课程及课间休息。

成长课程和课间休息期间，社工、班主任等应做好辅助工作。

① 准备工作。社工按照每日课程安排，提前3天联系授课教师，确认课程内容、所需的准备工作及协助事项。

② 授课要求。授课教师当天应提前半小时到场进行准备，课程内容应视学员整体情况安排，以激发兴趣和引导为主，课程过程中应注意安全问题。课程结束后，授课教师应完成《教师工作日志》。

③ 辅助工作。教师授课期间，班主任负责管理班级现场秩序，维持良好的班级氛围。志愿者需协助班主任维持小组内的秩序，引导学员积极参与发言，全程陪伴离开教室的学员。

④ 课间休息。课间休息时，志愿者负责看护教室内外学员的安全，对过于活跃的孩子或孩子之间打闹等危险情况，应采用适当的方式及时制止。

（8）午餐准备与分发工作。

① 社工负责午餐安排和对接工作。每日应根据出勤情况及时与餐饮提供方联系，确定当天用餐人数。餐饮提供方将饭菜准时送到托管班后，与社工、志愿者共同负责饭菜的分发。

② 志愿者负责小组内学员的餐前准备并协助学员用餐。餐前带领组内学员整理餐桌和消毒，有序地洗手，分发学员餐垫和午餐，同时讲解吃饭纪律、卫生要求，指导使用筷子，鼓励学员不挑食，开展光盘行动。午餐后，志愿者回收餐盒、餐具，并组织学员清理餐桌卫生。

③ 保洁人员负责每日午餐期间清理和消毒工作。

（9）午睡休息。

每日的午睡休息时间一般为 2 小时左右。

① 午睡准备工作。社工和志愿者带领学员上厕所、洗手，做好午睡准备。在休息区内，志愿者铺设床垫，帮助学员铺好被子、枕头等，拉好窗帘并关灯。

② 班主任负责看护学员午睡，帮助不适应的学员尽快入睡。应注意在教室内要轻言轻语，对不配合午睡的幼儿可安排志愿者带离午睡休息室，另行安排其他活动。

（10）起床与点心时间。

① 班主任播放起床音乐，有序唤醒学员起床。

志愿者拉开窗帘，帮助学员穿衣服、叠被子、整理头发等，整理好床上用品，并适时开窗通风。为了安全起见，起床休整期间注意不得让学员独自离开教室，学员需要离开教室时，应由志愿者陪同。

② 志愿者安排学员上厕所、洗手，铺好桌布后分发点心。志愿者应对有需要的学员提供帮助。例如，学员若要将未吃完的点心带回家，则应小心包装好放入其书包内，应将带回家的饮品等定点放好，并做好个人标记。

（11）每日总结与反馈。

① 班主任负责带领学员进行每日总结。与学员共同回顾一天所学的内容，班主任和志愿者及时反馈学员的良好行为和表现。例如，成长课程期间的积极参与，午餐后小组卫生打扫得干净，有互相帮助的行为等。表扬当天有爱心、有进步、有责任心、表现良好的学员，并奖励小星星，给予积分鼓励。

② 志愿者做好总结记录，并填写《学员日常行为记录表》，该表应在每日离开前完成。

（12）每日离班工作。

① 志愿者在教室内外看护好学员安全，维持秩序，检查学员物品是否有遗漏。注意在此期间不得让学员独自离开教室，确保学员必须由家人接离。

② 社工负责家长签离工作。家长凭接送卡来接学员，班主任协助做好与家长的日常沟通。如果学

员由他人代接，家长应主动联系社工告知由谁（姓名和学员的关系）来代接。代接人来接孩子的时候，需核对代接人和学员的信息，确保准确无误。学员接走后，社工需及时告知家长学员已被代接人接走。

③ 收集家长反馈。为了解家长对于托管班工作的意见和建议，需每周一次向家长发放《家长意见反馈单》，第二天回收。每期托管班倒数第三天发放《学员满意度调查》和《志愿者满意度调查》，倒数第二天回收。

④ 安保人员做好各个出口的安保工作，警惕学员独自离开。

（13）工作团队每日小结会。

① 学员离班后，由社工负责召集工作团队开会，对每日工作进行小结。首先，回顾当日工作及班级情况，引导班主任和志愿者对班级管理和个别学员管理提出意见和建议，对不足之处共同探讨改善方法。其次，根据每日排班分工，明确第二天开班签到、拍照、通讯、课程协助等工作的具体安排。最后，完成《物资出入库登记表》和《管理员工作日志》，并检查所有每日需填写的表单是否有效完成。

② 班主任在对开班一日情况进行总结反馈的基础上，完成《教师工作日志》。

③ 志愿者整理一天的照片和视频资料，挑选典型内容发送到家长群。

④ 安保人员检查装备及安全设备，检查教室内外的安全情况。

⑤ 保洁人员做好每日卫生清洁消杀工作，并完成《每日消杀记录表》。

⑥ 项目负责人对当天的服务情况进行书面小结，并负责向委托方反馈一日开班情况，总结并提出整改意见和措施。

（14）每期托管班的结班仪式。

结班仪式是对每一期托管班服务情况的整体总结和服务效果的展示，通常在托管班结束前的一周内举行，邀请委托方、合作方和学员家长参加。结班仪式一般安排托管班总结回顾、学员汇报演出、优秀学员表彰等内容。主要的工作流程如下，详细操作流程也可参考《社区大型活动服务指南》。

① 节目征集。社工提前 2 周在班级和家长群征集汇报演出节目，与班主任协商集体节目。表演内容一般由学员的个人节目、集体节目和工作团队节目组成。

② 确定活动方案与准备工作。征集演出节目后，社工整理节目单，并拟定初步的活动方案，与委托方、班主任共同讨论后，确定最终的活动议程。一般的议程为开场节目、领导致辞、家长代表发言、学员汇报演出、优秀学员表彰、优秀志愿者表彰、全体合影。根据议程准备主持稿，提前一周采购活动物资。

③ 节目筹备。班主任负责节目的筹备工作，挑选合适的学员担任小主持人，并安排一名志愿者指导主持人做准备。与家长跟进个人节目的练习，提前一周在班级里演练，根据排练情况及时调整节目单。班主任负责带领集体节目排练，包括学员的集体表演和工作团队的表演。

④ 准备表彰环节。根据学员的特点和表现设立各种表彰项目。表彰的目的是给予学员充分肯定，使他们获得被肯定的感受，因此表彰的覆盖面宜大，尽量让更多的学员获得正向的感受。社工、班主任与志愿者可根据每个学员平日的表现，结合星星榜排名，综合评定和推荐应受表彰的学员，共同讨论各项表彰的最终名单。

⑤ 总结回顾的资料准备。将托管过程中拍的精彩视频和照片加以剪辑，形成展示视频，并将家长感言和工作人员感言编入其中。建议视频的时长为10分钟左右。

⑥ 召开筹备会。社工事先根据活动方案，制定活动当日分工表以及所需的外援清单，如专业的摄影摄像人员。在筹备会上，需确认每个人的工作安排和物资道具准备情况，并安排专人联系和落实相关外援。

⑦ 活动彩排。提前1—2天，由社工主持汇报演出的整体彩排。根据岗位分工，工作人员需熟悉

整个活动流程，有问题及时提出并解决。如有需要应及时调整活动流程、主持词、PPT 和音乐等安排。提前确认领导出席及家长参与情况。

⑧ 结班仪式当日准备。项目负责人当日应再次确认出席的领导，对结班仪式筹备工作进行检查确认。社工协助做好最后的准备及协调工作，班主任安排好参与节目表演的学员的准备工作。

⑨ 结班仪式的执行。按照流程举行结班仪式，项目负责人和社工把控整个流程进展，对意外事件及时处理，保障结班仪式正常进行。

2. 小学班实务指南

日间托管小学班的整体日程安排和部分操作流程与幼儿班相似，其中开班准备工作、开班首日及日常准备工作、学员签到与引导工作、开班首日家长会、开班仪式、日常晨间锻炼活动、成长课程及课间休息、午餐准备与分发工作、每日离班工作、工作团队每日小结会、每期托管班的结班仪式等的操作具体执行事项可参考幼儿班做法。小学班增加了开办首日小组团建和每日餐后活动环节。每日总结与反馈的内容与方式应更适合学龄儿童，可参照以下操作流程。

（1）开班首日小组团建。将学员分成 8—10 人的若干个小组，一方面可以增强学员同伴之间的交流和互动，另一方面有利于对学员行为表现的观察和管理。通过各种活动安排和小组化管理，可以促进学员之间的交流和团队意识的培育。

① 社工负责带领小组团建工作。当学员按照前期分组的安排入座后，社工可开展“向左向右看”[1]等简单的破冰小游戏活跃气氛，使学员们放松。

② 学员自我介绍。邀请教室里的每位学员介绍自己，包括姓名、年龄、喜欢吃的食物、爱好等，社工要耐心地鼓励年龄较小或较害羞的学员表现自己。

③ 讨论共同的约定。社工可先提出一些约定，例如“听教师的话、不插话、不迟到”“发言时需要举手，得到教师允许后再发言”等，从而引导学员提出其他约定。如果现场没有回答，可通过提问的方式引导。例如，“我们想要发言时应该怎么做?”“自由活动的时候我们应该怎么做?”等。给学员 3 分钟小组讨论时间，随后邀请学员说出其他纪律，每条得到全场三分之二的同学举手同意后方可成立，志愿者负责在纸上记录，让每一位学员在纸上按手印或者签字，完成共同的约定。课后，由志愿者和学员一起在写有约定的纸上画一些图案，并

[1] “向左向右看”的带领方式是社工示范左右两个方向，游戏规则为听到口令“向左看”，身体需要做出往右转的动作，反之口令为“向右看”，身体需要做出往左转的动作。通过听指令的方式，考验学员的专注力，帮助他们集中注意力。

张贴在教室内。

④ 小组讨论。引导学员通过讨论给自己的小组设计一个积极向上的队名及口号。每组学员在纸上写下经共同讨论决定的各自队名及口号，让每位学员签字，并画上装饰。完成后，每组派一位代表展示各自的队名和口号。课后将纸张贴在教室内。

⑤ 每组的志愿者引导和鼓励学员参与讨论、积极发言，在学员展示环节拍视频保存。若期间发生突发事件，需要及时处理。

（2）餐后活动。餐后活动通常安排书法练习或自由活动，具体由工作团队自行组织，操作流程可参照“成长课程及课间休息”。需要注意的是，饭后半小时内，学员不得跑跳打闹，不得做剧烈运动。

（3）每日总结与反馈。

① 班主任负责主持每日总结。与学员共同回顾一天所学的内容，班主任和志愿者一起反馈学员良好行为与表现，肯定和赞扬做得较好的地方，指正需要改进的地方。

② 带领学员做自我反思。每周确定一个分享的主题，每天引导学员反思并分享这一主题。例如，“觉得今天自己哪些地方做得比较好？”“今天自己有哪些地方需要改正？”“今天发现身边同学的闪光点是什么？”等。

③ 志愿者做好每组学员的一日表现记录，包括

上课情况、课间休息、吃饭、暑假作业等。做好总结记录，并在每日离开前完成《学员日常行为记录表》。

（二）儿童服务：成长课程

成长课程嵌入每日的活动安排中，通常由项目团队的班主任、社工担任授课教师，或邀请外部讲师授课。

1. 课程前准备

对于项目团队人员讲授的课程，需要根据课程安排，提前3天做好教案和教具的准备，并协调好协助的人员。

若由外部授课教师授课，社工需要提前3天与他们进行沟通，告知学员的人数和年龄情况、场地内的多媒体设备和已有教具用品的情况，以及进入场地的相关要求（如停车情况）。同时，应与授课教师确认成长课程的时间、地点、所需教具（是否需要提前快递或是自带），是否需要助教（自行安排还是需要安排志愿者，具体协助的要求等）等相关事宜。若有需要，也可安排授课教师提前踩点，进行课程的准备和沟通。

2. 课程的开展

通常情况下，每次成长课堂一般配备两名工作人员。一名工作人员负责课程讲解或活动带领，另一名工作人员负责辅助课程或活动，进行拍摄和处理突发情况等。

讲授成长课程时，应有社工或志愿者现场观察，一方面观察教师上课的方法与风格，另一方面观察成长课程的效果。在此基础上，可对该课程提出改进建议。

3. 课程工作记录

每堂课授课教师都要做好记录并填写《上课教师记录表》，社工要根据总结记录表和学员反馈单等对这课程进行反思和总结，并及时调整和优化课程流程和内容。

如若由社工带领活动或教授成长课程，可邀请项目督导全程进行现场观察。在活动或课程结束后，对社工进行现场督导，引导社工反思和自主学习，促进社工能力的提升。

（三）家长服务：家长沙龙

1. 建立线上沟通与交流平台

（1）可运用微信等小程序建立线上家长沟通群。

①建群后需声明沟通群规则。群里应相互尊重、互相帮助，不诽谤、攻击和以不礼貌的言语对待群

内家长。群里可以分享和讨论关于孩子的表现、教育理念、教育方法等内容，也可以分享自己的经验、遇到的困惑等。群内不得做广告和发表不良言论。

② 在群里汇报每日的活动内容。分享当天发生的有趣和有意义的事情，可在群里肯定学员们良好的表现。

③ 可在群里布置任务，如回家需要做的练习、第二天需要表演的小节目等。

④ 可在群里征询家长们的意见和建议。

⑤ 可在群里发帖引导家长们对某个话题进行商量和讨论。

（2）提供线下交流时间。

开班首日、结班当日等时间，为家长们提供可以坐下来面对面沟通的空间和时间，鼓励家长们分享和交流。

2. 家长增能讲座

家长增能讲座一般按照以下操作流程开展工作。

（1）需求评估。可在家长们的交流中发现他们感兴趣的话题，或在与家长们的交流中发现适合且需要的讲座主题。随后，将这些已发现的主题逐一列出，发布在沟通群里，请家长们从中选择，或邀请家长们提出新的主题。收集家长们的回馈后，整理出主题清单，并根据选择人数的多少排序。向家长们公布主题排序结果，并公布将要开展讲座的若干主题。根据在托管班周期内举办讲座的次数决定主题的数量。例如，计划开办两次讲座，每次一个主题，则公布两个主题；若每次讲座两个主题，两次讲座可以有四个主题。

（2）课程开发。查阅与主题相关的资料，填写讲座计划表，并形成讲座内容提纲。根据提纲查阅和选取讲座资料，形成讲座内容。讲座或课程完成开发后，先在团队内部试讲，并呈报给督导征求意见，修改后定稿。

（3）确定主讲者。根据讲座或课程的内容和要求，落实到具体主讲者。如果由团队内部人员讲，需选择适合的社工，并明确讲座的要求。若是外请主讲者，则需联系预定主讲者，征得其同意并向其明确要求。确定主讲者后，征询可以开讲座的时间。

（4）确定时间与地点。确定讲座时间，并拟订若干线下讲座的地点。与拟订讲座场所取得联系，确定预订的使用日期和具体时间。

（5）撰写讲座预告。讲座预告应包括讲座主题、日期、时间、线下地点。若运用线上平台（如腾讯会议等），需预告会议号、密码、会议二维码、报名方式和报名截止日期等信息。

（6）发布讲座预告并招募听众。可在沟通群里发布讲座预告，或将讲座预告的宣传单发给前来接送孩子的家长。

（7）报名信息回收与整理。收到报名信息后，将报名者及预计参与人数整理和统计后，形成参与者汇总名单。

（8）准备工作。根据讲座参与者名单准备签到表、讲座需要发放的资料及需要使用的物资。团队内部做出讲座开展时的分工，明确各自的任务。

（9）场地与设备检查。讲座开始前 3 天到现场查看场地，检查需要使用的设备是否能正常使用。如发现设备有问题，需及时解决。如果参与人数超出预计，则需要及时做出调整，如增加座位或更换场地。讲座开始前 1 天再次确认所有事项。若更换场地，则需要发布讲座地点更换通知。

（10）讲座操作流程。讲座通常由社工主持，一次讲座通常包括以下环节。

① 开场介绍。介绍本次讲座的主题、内容和意义。介绍主讲者姓名、专业背景、单位和职务，以及在相关领域中的经历和研究等。

② 主讲者陈述讲座内容。由主讲者按照已确定的讲座大纲和内容讲授。

③ 问答环节。留出时间由听众提出疑问，由主讲者回答。建议社工在问答环节鼓励家长多提问和分享。

④ 带领互动环节。在问答环节之中，可抛出一个与本次讲座相关的话题，邀请家长发言和分享，

引导家长之间的互动，鼓励家长们一起参与讨论。建议抛出的话题与讲座内容的理论有关，侧重于如何将学到的理论应用于实践。此类话题讨论有助于家长们将学到的理论化为行动。在主讲者参与和指导的情况下，引导家长行动。

⑤ 讲座总结。社工对大家的讨论做出总结，画龙点睛，对主讲者表示感谢。随后宣布本次讲座结束。

（11）收集对讲座的意见回馈。可采用问卷或访谈的形式向家长了解其对参与本次讲座的感受，如收获、意见等想法，并收集建议。问卷一般包含以下内容：讲座的主题是否对其有意义；讲座内容是否是其需要的，是否符合预期；讲座对自己是否有帮助；讲座的形式是否合适；主讲者对提问的回答是否到位；与家长们的互动是否有意义，对自己是否有帮助；讲座的流程安排是否合适；对主讲者是否满意；对主持人是否满意；对讲座的环境是否满意；本次讲座有何收获；对本次讲座有何感受；是否再次参加类似的讲座；对未来的讲座主题有何建议；有何其他意见和建议。也可将上述内容转变成访谈提纲，请家长回答。

（12）总结与反思。讲座结束后，团队成员一起回顾讲座过程，分享各自的观察和想法。例如，好的表现或环节，听众的反应，出现的问题，分析原因，讨论改善建议。最后，填写活动总结表。

（四）家长服务：家长小组

家长小组是以小组工作为服务形式开展的家长服务，一个小组通常以6—8节次为一个周期。家长小组的操作过程可包括以下几个阶段[1]。

1. 准备阶段

（1）需求调研。通过问卷及一对一访谈等调研方式，针对服务人群特征、家长的自述需求和社工观察到的普遍需求等，进行需求了解并汇总。例如，社工在与家长沟通中，发现家长们对以下议题有兴趣或需要帮助：如何与孩子进行有效沟通，如何帮助孩子疏导不良情绪，如何帮助孩子处理学校里发生的问题，如何帮助孩子合理使用手机等。社工可将上述议题作为小组的主题。

（2）小组设计。根据需求调研情况，针对家长需求设计服务内容。第一，确定小组的总目标，并将目标用文字详尽地描述。第二，可将总目标分解成若干分目标，并将每一个分目标作为每一节小组的目标，从而也为每一节小组确定主题。第三，为每一节小组活动设计适当的活动内容和形式。通常，一个小组有若干节次，每一节小组活动的目标和

[1] 详细工作流程也可参考《家庭社会工作项目实务手册》第二章中“四、开展项目服务”的“（三）小组服务”。

主题有一定的关联性或递进性，因此每一节小组活动目标的达成促使总目标得以实现。以某低收入家庭的家长小组为例，家长小组总目标为从不同的角度来提升家长亲职教育能力。具体分目标包括：帮助家长学会与孩子相处，家长能有效地辅导孩子作业，家长能更好地帮助孩子学会与人相处，家长能认识到儿童及自身成长的重要性等。可将分解的具体分目标作为各节小组的目标和主题，如："第一节：如何与孩子有效沟通""第二节：如何进行课业辅导""第三节：如何帮助孩子有效管理手机""第四节：如何帮助孩子提升人际关系""第五节：父母自我成长""第六节：与孩子同成长"。然后，为每一节小组活动设计具体的形式和内容，最终形成小组计划书。每一节的主题与具体内容可参见表 2-4。

表 2-4　家长小组主题与内容

小组主题	小组内容
第一节：如何与孩子有效沟通	1. 社工介绍小组活动目标； 2. 带领组员参与破冰游戏——"初次见面"； 3. 引导组员讨论小组规则； 4. 通过案例分享，引导家长分享自己在陪伴孩子过程中遇到的问题； 5. 用案例和角色扮演，让组员从自身角度出发，体验不同的沟通方法带来的感受和效果； 6. 运用儿童心理、生理发展的理论知识或小视频，启发家长思考和分享"如何陪伴孩子更好地解决问题"，社工总结大家的分享； 7. 回家作业：请家长在陪伴孩子的过程中，尝试运用所学习到的方法，并在下次小组活动中分享

（续表）

小组主题	小组内容
第二节：如何进行课业辅导	1. 回顾上一节小组活动的内容，邀请家长们分享自己的回家作业实践； 2. 带领组员进行放松游戏活动："找优点"； 3. 邀请家长分享辅导孩子作业过程中遇到的烦恼； 4. 将这些烦恼作为案例，请家长进行角色扮演，并通过角色互换使家长体会，在课业辅导时如何做能够更好地帮助孩子； 5. 引导家长们讨论解决问题的方法，鼓励家长们互相支持，共商对策； 6. 社工给予专业引导，使家长深入体会并学习课业辅导方法； 7. 回家作业：在辅导孩子学习的过程中，尝试实践在小组中学到的方法，并在下次小组活动分享
第三节：如何帮助孩子合理使用手机	1. 回顾上一节小组活动的内容，邀请家长们分享自己的回家作业实践； 2. 进行心理游戏："暗示的作用"； 3. 通过案例分享，引导组员探讨和了解孩子沉迷于手机的原因； 4. 社工引导组员学会寻找孩子的兴趣点，并帮助其培养孩子兴趣的持续性； 5. 与组员一起探讨在信息科技发展的时代，帮助孩子学会有效使用手机的重要性； 6. 回家作业：尝试实践在小组中学到的方法，并在下次小组活动中分享
第四节：如何帮助孩子提升人际关系	1. 回顾上一节小组活动内容，请家长们分享自己的回家作业实践； 2. 通过"快乐传递"游戏，使组员体会沟通交流的重要性； 3. 通过案例分析和角色扮演，介绍每个年龄段孩子对朋辈支持的心理需求，以及家长如何做好孩子在人际交往方面的智囊团； 4. 社工引导组员深入体会和对比什么样的方式方法更能"帮助孩子提升人际交往能力"； 5. 回家作业：回家尝试使用帮助孩子提升人际交往能力的方法，并在下次活动进行分享

（续表）

小组主题	小组内容
第五节：家长自我成长	1. 回顾上一节小组活动内容，请家长们分享自己的回家作业实践； 2. 带领组员做小游戏“做一个乐于鼓掌的人”，并分享感受； 3. 带领组员分析和总结前几次小组活动的收获； 4. 通过总结让家长认识到自我成长对有效陪伴及帮助孩子的重要性； 5. 鼓励家长回家实践四次活动中学习到的方法，活学活用
第六节：与孩子共成长	1. 带领组员做游戏，让家长看到孩子的成长不可替代； 2. 将前五次活动中大家最关心的问题提炼为讨论提纲，带领组员讨论； 3. 邀请组员分享刚才的讨论，分享小组活动的收获，总结与孩子共同成长的重要性； 4. 引导组员讨论在小组结束后，如何通过自我学习和互相学习继续提升有效陪伴孩子的能力，更好地与我们的孩子共同成长

（3）人力配置。尽量安排两名社工带领小组。一名为主要带领者（主带），负责执行小组计划，带领小组的各个环节；另一名为辅助带领者（辅带），可以辅助和配合主带者执行小组计划，也可协助主带者处理突发事件。两名带领者既有各自的主要任务，也有相互协作与配合。或可由两名带领者轮流作为某几节小组的主带者和辅助者。

（4）物资准备。家长小组一般有较多体验和演示活动的环节，通常需要的物资较多。因此，需根据每一节小组计划书准备所需的物品和道具，提前进行货品的采购，确保小组开展过程中有充分的物资保障。

2. 执行阶段

（1）小组初期。社工营造舒适、温馨的活动氛围，可准备点心和饮品。与家长共同建立小组规范，如“坚持参与每节活动”“活动中手机静音”“积极聆听与反馈”等。达成共识后，由家长签名表示认同及遵守。促进组员之间相互认识，可以先从“孩子小名+与孩子的关系”起作自我介绍，如“小明爸爸”“彤彤妈妈”。

（2）小组中期。社工在带领小组时，既要关注带领小组向既定的小组目标推进，也要注重培育小组的凝聚力，发展组员之间的情感支持和互助关系。社工应在带领家长们参与每一个环节的同时，引导他们参与和投入小组的各项活动，鼓励他们分享和表达自己的经历、感受和想法，培养家长们以开放、接纳和包容的态度面对其他组员的不同意见。引导和鼓励家长们既要独立思考，又要相互支持，共同面对问题，一起商讨解决问题的方法。社工也可适当放权，在组员中挖掘小组领袖，发挥小组成员之间的积极正向作用，从而推动组员形成凝聚力，互帮互助。

（3）小组后期。社工一方面要评估小组目标的实现情况，另一方面要处理因小组结束而引发的离别情绪。帮助家长们回顾在小组中的收获和成长，鼓励他们将学到的方法和技巧运用到现实生活中，从而使其有信心地面对现实生活的挑战。让家长们知道要积极地应对在教育子女过程中自身的负面情绪，家庭教育不是一朝一夕的事情，需要家长努力和坚持，也需要有足够的能量去装备自己，自己要和孩子一起成长。

3. 小组总结阶段

小组结束后，需要了解组员们对本次小组的评价和反馈，并且对小组的过程和成效进行评估总结。

（1）满意度调查。满意度调查是采用问卷和访谈的方式，了解家长们对本次小组服务的感受、想法和预期，获得他们对家长小组的反馈意见和满意度。社工可直接使用或修改后使用机构的满意度问卷，也可参照机构模板自行设计满意度问卷。

（2）小组评估。小组评估是通过科学的方法，回顾和总结本次小组的执行过程，审视小组是否达成既定目标、目标的达成程度、小组产生了哪些效果，从而对本次小组做出评价。家长小组评估包括过程评估、目标评估和效果评估。

① 过程评估。对每一节小组进行评估，回顾反

思每一节从开始到结束的整个过程中，每一个环节的实施情况、小组带领情况以及组员的反应，审视各环节中发生了什么，哪个环节反应良好、有什么具体表现，哪个环节反应不佳、有何具体表现。总结组员参与情况，组员之间的互动情况，团体动力和团体凝聚力情况，本节小组是否达到了既定目标，带领者如何现场处理组内发生的情况，运用了什么技巧、效果如何等。可邀请带领者和观察者分享自己的感受和想法。社工可在每一节小组结束后，与工作团队一起对本节小组的过程进行过程评估，并对下一节小组的计划做出适当的调整。在小组结束后进行总结评估时，需要在回顾每一节小组过程的基础上，对小组的整个过程进行回顾和总结，并做出评价。

② 目标评估。对小组回顾总结时，也需审视每一节小组目标的达成情况，将小组计划书中的每一节小组既定目标与每一节小组的目标达成情况进行对比，在此基础上，从总体上对整个小组的目标达成情况以及每个具体目标做出判断。

③ 效果评估。效果评估是要检测小组工作所取得的成效。通常，效果体现在组员的改变。例如，小组的目标之一是家长陪伴孩子一起阅读的时间增加。以家长 A 为例，家长 A 在参加小组前，陪伴孩子一起阅读的时间每周合计约为 90 分钟，平均每天

约 10—15 分钟。如果家长小组的内容之一是关于家长陪伴孩子一起阅读，讲述每天陪伴孩子一起阅读对孩子成长的意义，并鼓励家长每天抽一些时间与孩子一起阅读。参加小组后，家长 A 陪伴孩子一起阅读的时间增加到每周约 120 分钟，就是产生了正向效果。

效果评估可参照以下操作步骤：首先将小组目标具体化，其次为每一个具体目标设置效果指标，最后将指标编制为前后测问卷。

A. 小组目标具体化。小组目标一般包括家长对于家庭教育理念的转变，家长了解到孩子成长不同阶段的特点，家长能够运用新的沟通方式与孩子交流，家长家庭教育行为的改变等。其中，家长教育行为的改变可具体到若干具体行为，例如，为"陪伴孩子一起阅读""早晨，在孩子动作慢时吼他""在孩子写作业时，经常干扰（如递杯水、送水果、走过去摸一下头等）"这些行为设定具体目标，即"增加陪伴孩子一起阅读的时间""减少早晨吼孩子的次数""孩子写作业时，减少干扰的次数"。

B. 设置效果指标。为具体目标设置可以量化的指标，这些指标可以是"陪伴孩子一起阅读的时间""早晨吼孩子的次数""孩子写作业时，干扰的次数"。

制定前后测问卷。将可测量的效果指标以提问形式组合成问卷。例如：

在过去的一周内，您陪伴孩子一起阅读的时间大约有（　　）小时？

在过去的一周内，因为各种原因，您每天早晨吼孩子的次数（　　）次？

在过去的一周内，每天孩子写作业时，您去看他、递水或食物的次数（　　）次？

C. 进行前后测。例如，在参加小组前，请家长们填写一份问卷，回忆并在表中填写过去一周中陪伴孩子阅读的时间有多少分钟。此次为前测，家长填写的数字是前测的数据。当小组结束时，请家长再次填写问卷，问卷的内容与小组前的完全相同，家长填写的过去一周陪伴孩子一起阅读的小时数。此次为后测，家长填写的数字为后测的数据。

D. 比较前后测数据。将前测和后测的数据进行对照，如果后测中陪孩子一起阅读的时间数字与前测的时间数字相同，说明参加小组没有改变家长陪伴孩子的阅读时间。“家长陪伴孩子一起阅读的时间增加”的目标没有达成，参加小组对家长 A“陪伴孩子一起阅读的时间增加”没有效果。如果后测的阅读时间数字小于前测的数字，说明家长 A 陪伴孩子一起阅读的时间减少了，如果没有其他因素干扰，如家长 A 过去一周里出差了 3 天，说明参加小组并没有对“家长陪伴孩子一起阅读的时间增加”产生效果，同样该目标也未能达成。如果后测中陪伴孩子一起阅读的时间比前测中的时间增加了，说明家长陪伴孩子一起阅读的时间有改变，而且是增加，小组的“家长陪伴孩子一起阅读的时间增加”目标达成。一个小组或许有6位家长参与，那么，每一位家长的前后测数据的比较结果则是这个小组的效果的整体情况。前后测方法可以比较参加小组前后的陪伴孩子阅读时间，从而较客观地反映陪伴孩子阅读时间的变化。

（3）撰写小组评估报告。根据小组的各项评估内容和分析结果，将小组评估的结果写成评估报告。

（4）跟进工作。在小组结束后，社工需做好跟进工作，了解小组结束后组员的状况，有无特殊情况发生。如果有个别组员有服务需求，社工可通过个案工作方法持续开展服务。

（五）亲子服务：亲子互动

亲子互动活动是邀请家长和孩子一起参加各种为他们量身定制的活动，旨在使他们在活动中通过互动产生共同体验，从而增进亲子之间的了解与配合，促进亲子正向沟通互动，改善亲子关系并营造和谐的家庭氛围。亲子互动活动的具体工作流程可分为以下几个环节，社工也可参考乐群《社区大型活动实务指南》开展工作。

1. 活动开展前

（1）需求调研。通过与学员交谈，了解他们喜欢参与哪种类型的活动，如运动类、知识类、参观类等。在了解学员们喜欢的活动类型后，决定开展的活动类型。

（2）活动设计。活动设计应包括两部分，一部分是活动内容与形式的设计，另一部分是活动当日的流程设计。

① 活动内容与形式设计。通常可参照以下原则设计活动：为学员和家长创造亲子沟通、配合等机会，在活动的参与中增进亲子互动，并且产生良好共同体验。因此，一般设计那些需通过相互沟通和配合才能完成的任务。如果是亲子运动会，通常可采用拔河、跳绳、拍球、两人三足等运动形式，以一个家庭为单位，与其他家庭进行比赛，或是几个家庭组成一队，与另一队比赛。家庭与家庭之间的互动也有助于增加儿童与同辈之间的交往能力。一场亲子互动活动中可以包含若干个活动项目，活动设计完成后，每一个活动项目都应有活动操作指引，其中包括内容描述、规则介绍、操作步骤、时间控制、注意事项、意外应对预案等内容。

② 活动当日流程设计。为当日的活动设计整个流程，应包括从互动正式开始之前的准备工作，到活动

结束后的收尾工作，并且在流程表旁注明人员分工与职责。活动当日的具体流程设计可参见表 2-5。

表 2-5 亲子活动当日流程表

时间	安排	备注
9:00	1. 集合地点：如耀华滨江绿地 3 号门； 2. 签到，发放姓名贴； 3. 收集礼物	
9:15—9:45	1. 到达活动绿地； 2. 亲子搭帐篷； 3. 准备运动会物资； 4. 预订午餐（11 点送达）	安排午餐
9:45—10:00	1. 亲子运动会开幕介绍； 2. 每组家庭简单自我介绍； 3. 总体规则介绍	
10:00—11:00	1. 亲子运动会； • 热身活动 • 家庭组：亲子拔河、两人三足 • 儿童组：跳绳、拍皮球 2. 颁奖环节； 3. 互换礼物； 4. 合影留念	道具、礼物
11:00—12:00	1. 亲子午餐； 2. 收帐篷，整理场地卫生； 3. 活动结束	自行离开或自行游玩

（3）活动招募及通知确认。活动开始前 1 周左右，将活动的时间、地点和参与要求发布到家长群，由家长自愿报名。社工负责登记报名参与者的姓名和联系方式，并与家长电话联系，再次重申活动时

间、地点和参与要求，确保家长明确知晓活动内容，得到家长的最后确认。

（4）物资准备。根据活动设计列出所需的物资清单，并依据清单内容采购物资和制作道具。采购物资时，社工需进行比价，选择最优的购买方案，妥善保存发票和购物清单或截图，以便报销时使用。社工带领志愿者为活动制作宣传海报，并根据活动所需制作道具。

（5）场地踩点及布置。活动前1周左右，需要进行场地踩点，查看音响设备、桌椅、洗手间、周边交通设施等。至少提前1天布置好活动场地，若只能在活动当天布置，工作团队应在活动开始前2—3小时到达活动现场。布置场地时，应尽量预留出可以让参与者互动的物理空间，家庭与家庭之间要有一定的活动间隔。

2. 活动当日的工作

（1）活动签到。参与活动的亲子家庭一般都会陆续来到活动现场，特别是临近活动开始前10分钟时人流会较集中，该时间段可多安排人手。社工和志愿者引导参与活动的家庭在签到表上签名，向已签到的家庭发放活动物资，并要求在胸前或手臂位置粘贴姓名贴。若有家庭迟到，需及时与他们联系，了解具体情况和预计到达的时间，安排专人等候，协助他们签到并引导进入活动现场。

（2）活动开场。社工首先做自我介绍，如“我是××机构的××社工，负责今天活动的主持”。同时，介绍本次活动的目标、活动流程和结束的时间。为保证活动安全秩序，可通过简单的服务约定重申活动规则和安全原则，如“有需要接电话的家长可以暂时离开场地，工作人员会代为看管孩子”“孩子不得在场地内奔跑打闹”等。

（3）活动开展。按照活动流程的步骤逐一开展各项活动，在活动过程中需注意促进孩子与家长之间的互动，调节活动整体气氛，让孩子和家长能投入和享受整个活动的过程。

3. 活动结束后

整个亲子互动活动流程完成后，社工需要开展以下工作。

（1）满意度评估。请家长填写满意度评估表，了解家长对活动内容、活动形式、活动成效等方面的满意度。与此同时，也需要了解孩子们对活动的满意度，对于孩子们可以选用“笑脸”“哭脸”等表情贴纸，让孩子表达对活动的满意程度。

（2）成效评估。根据孩子和家长的反馈，结合活动效果指标等，对整个活动的开展进行过程和效果评估，描述每个环节的情况、目标达成情况和效果产出情况。

（六）亲子服务：个案服务

个案服务是为有需要的学员提供个别化的个案辅导。具体的服务流程可参照社会工作个案服务。在儿童托管服务中，通常按照以下流程开展服务。

1. 发现需要

一般情况下，从两个途径发现需要：一是家长因孩子的某些情况主动向社工求助；二是在托管班里，社工、班主任或志愿者发现某学员有情绪、行为或人际交往等问题。如果是第二种情况，发现需要后，需首先与家长沟通，向家长反映该学员在托管班的表现，并了解该学员在家里是否有类似情形，以确定学员是否确实存在所发现的情况。

2. 评估需求

若家长表示需要社工跟进，则开展需求评估。向家长进一步深入了解该学员在家中的表现，一起探讨和分析问题产生的原因和影响因素。如有必要，在征得家长同意的前提下，可采用专业的测评量表。

3. 与家长确认是否需要开展个案辅导服务

若经需求评估发现确有必要用专业的方法介入，

则需与家长确认是否需要社工介入。如果家长认为需要社工介入，则进入个案辅导阶段。若家长表示无需社工介入，社工则建议家长继续留意观察，并可寻求其他相关专业人士的帮助。与此同时，告知家长社工也会继续留意，并向家长反馈相关情况。如果学员需要其他专业人士的帮助，社工可向家长提出转介建议。

4. 社工开展个案服务

（1）制定服务计划。社工应与家长一起制定服务计划，确定需改变的目标，商定采用何种专业方法，制定较具体的行动计划。社工与家长共同商议如何分工与配合，明确各自要观察什么、要做什么。与此同时，与家长建立沟通机制，双方及时反馈信息。

（2）服务执行。社工在按照个案服务计划开展个案辅导时，应与家长密切配合，及时向家长反馈工作进展，了解学员的反应和改变，及时进行需求评估，若有需要及时调整服务计划。

（3）评估与结案。在对个案进行评估的基础上，根据实际情况，给予结案。通常，当辅导工作已经按计划完成，辅导目标已经全部或大部分达成，可予以结案。结案时需将评估结果与家长分享，并与家长一起商讨后续如何维持已有的成果，给予家长具体的行动建议。如果托管班即将结束，个案辅导工作尚未达成预定目标，可与家长商讨后续工作的安排，由社工继续跟进提供服务直到辅导计划完成，或转介给其他专业机构。个案辅导的原则是与家长一起工作，一方面托管班是一个临时的环境，服务的周期较短，因而在托管班期间完全解决问题有较大的难度。另一方面，儿童出现的问题通常与其家庭环境有关，在儿童改变的过程中，家长和家庭环境的改变至关重要。因此，改变儿童必须有家长的配合，家长可将对儿童的改变延伸到家庭。

（4）参考案例。

不能说的秘密

一、服务背景

小孩童童（化名），3岁左右，参与社区幼儿托管班。其家长向社工反映，童童非常聪明，什么都懂，比如家长的一个动作或一个眼神，不用说话，童童就很明白家长要做什么，就是说不出来。童童也不太喜欢主动表达，比如有时想要小便的时候说不出来，就做一个动作，向家长示意。家长很担心孩子是不是存在语言表达上的问题。

社工首先需要评估童童是否存在语言发育迟缓问题及严重程度，进而与家长一起分析、讨论可能的原因，找到日常与童童互动交流中存在的问题。

二、评估与分析

行为主义理论认为，人的行为大多来自后天的学习，强调外界刺激的作用和环境对个人行为的影响。据此，社工在进一步深入了解童童情况的同时，重点关注童童的家庭环境，以及童童与家人的互动方式。

社工发现，当童童有需要时，只需要做一个动作，家长就看懂了，家长不用语言询问童童需要什么或要做什么，家长也不引导童童把自己的需要说出来，而是立即满足童童的需要。因此，童童与家长在生活中默无声息地运用肢体语言沟通和互动已成为习惯。

三、与家长一起制定服务计划

根据童童的情况，推断他并不存在生理上的语言障碍，只是语言发育迟缓。社工与家长分享语言发育迟缓的一般原因有以下几种情况：第一种是父母工作较忙，与孩子交流时间少，不能积极沟通和互动；第二种是隔代教养的家庭，老人在照顾孩子的过程中做家务的时间较多，容易忽视与孩子在语言上的互动；第三种是家长与孩子互动多，但是家长代替孩子表达，孩子缺少语言表达的机会。有些家长对孩子的需求较为敏感，不需要语言沟通仅通过肢体动作就能明白，但是这样孩子就缺少语言环境和表达机会了，而童童的家庭正是这种情况。

社工建议，与家长一起配合，通过调整孩子的家庭沟通互动模式，从而帮助童童学习和掌握适当的语言表达方式。例如，改变家长与童童沟通的方式，与家长一起训练童童用语言表达需要。家长赞同社工的观点，并与社工一起制定了具体的训练计划。

四、服务过程

第一，社工鼓励所有家庭成员为童童创造语言沟通环境，帮助锻炼孩子的有效沟通。比如，上洗手间前多问一句，童童要不要上洗手间；在帮助童童做某件事情时，如帮孩子穿衣服的过程中，与孩子有条理地表述，哪怕是自言自语，也要用语言表述正在一起做的事或准备去做的事；给孩子多输入一些语言，以及创造语言环境，从一句一句地表达开始，慢慢锻炼语言能力。

第二，社工与家长密切配合，向班主任、志愿者介绍童童的训练计划，并要求工作人员也配合执行。在托管班里强调用语言与童童沟通，为童童做每一件事情的时候，用语言说出物品或事物的名称，对童童用肢体语言提出的要求，向他再次询问，并鼓励他用语言表达。

第三，社工与家长沟通，向家长反馈童童在托管班的表现，也了解童童在家里的表现。托管班结束后，社工依然与家长保持联系，以跟进童童的改变状态。

五、服务结果

由于家长对问题的重视，并与社工一起制定的语言训练计划，在家庭中为童童创造了新的语言环境，童童的语言表达有了很大进步。半年后，家长告诉社工，童童参加了播音主持的兴趣班，现在的表达能力非常好。

四、完成项目总结评估

托管班服务周期结束后，项目团队需对项目总体实施情况进行回顾与总结，对照项目方案和项目实际执行情况进行成效总结和自我反思，并将所有的服务资料整理归档。

（一）项目服务总结

由项目负责人组织工作团队回顾整个服务过程，总结服务经验，反思不足之处，并将上述整理内容填入《办班点统计表》。根据实际情况，书写总结报告并制作总结汇报 PPT，为汇报工作做准备。具体内容可参考以下框架。

1. 总结报告撰写

项目总结报告的内容应包括以下六个方面。

（1）项目概述。介绍项目名称、周期、金额、服务地点、工作团队及管理架构（用管理框架的表述方式体现机构的项目管理能力）。

（2）项目实施情况。实施情况的描述应呈现以下内容。

① 项目的完成情况。可从前期筹备、中期实施、终期总结三个阶段来写。需要有统计数据。

② 项目的专业化程度。可从需求调研、团队架构、服务管理、专业服务等方面进行阐述。

③ 项目的服务满意率。服务满意率应包括服务对象的满意率和委托方满意率。

④ 项目的社会资源整合能力。描述的内容中应突出过程中整合哪些资源，达到哪些效果。

⑤ 项目的社会动员能力。应体现通过动员，哪

些人、群体、组织参与了该项目。

⑥ 项目配备的人力资源。描述项目配备哪些人力资源，人力资源是否配备充足。

⑦ 项目是否达到标书预计成效。将项目的实际效果对照项目目标和相关指标评估项目成效。

（3）项目成效和社会效益。描述项目的目标实现、已有效果、服务对象反馈、委托方反馈、媒体报道、专家评价等内容，并且对比项目运作的前后数据。

（4）项目运行经验总结与提炼。总结项目运作过程中的高效和创新做法，以及值得其他项目借鉴之处。

（5）问题、诉求及对策。呈现项目运作过程中发现的问题，对如何改进提出对策建议。

（6）项目财务情况。逐项审阅和总结项目预算和实际经费使用情况。

2. 总结汇报 PPT

（1）制作 PPT 注意事项。总结汇报除了报告文件外，建议用 PPT 形式进行介绍。PPT 制作需要注意以下几点。

① 格式要求。字体要统一，大标题与小标题字号差距不要超过 4 个号。大标题一般为 24 号字，小标题为 20 号字，内容为 18 号字，PPT 总页数尽量

控制在20页左右。

② 内容要求。要用图文并茂的形式展现，所用图片和表述内容要与主题相符。PPT内容要做到数据准确，文字简洁，重点突出，排版布局合理。如有数据对比之类的内容，尽量在同一页里展现。每张PPT的过渡都要衔接好，每个框架都要分配好，分清主次。

（2）汇报PPT注意事项。制作完PPT之后，项目负责人可以进行试讲，团队共同完善。PPT定稿之后，项目负责人需要向委托方或评估方进行现场汇报，使用PPT汇报的时候需要注意以下几点：

① 汇报人可以与社工共同协作汇报，分工合作。

② 汇报时要面对大家，而不是一直读PPT上的文字。

③ 汇报时的语速适中，用通俗易懂的语言进行汇报。

④ 对于需要重点汇报的内容，要详细阐述，注意整体汇报的时间。

⑤ 在回答对方提出的问题时，要用肯定的语气。若遇到不是特别确定的情况，应诚实回答。

（二）台账资料整理归档

根据项目实施的阶段（开班前、开班过程、结班后）进行资料档案的整理，按规定整理各阶段的台账表单，具体参见表2-6。

表 2-6 台账资料整理清单

项目实施阶段	资料清单
开班前的文件资料	1. 应急预案； 2. 安全管理规定； 3. 定点供餐协议书； 4. 招生简章； 5. 告家长书； 6. 入托协议书； 7. 学员报名登记表； 8. 工作人员、志愿者报名登记表； 9. 健康情况调查承诺书； 10. 学员、工作人员保险信息表
开班过程中的文件资料	1. 学员出勤情况登记表； 2. 安全巡查记录表； 3. 教师工作日志； 4. 家长意见反馈单； 5. 志愿者签到表； 6. 学员日常行为记录表； 7. 课程教案 PPT； 8. 每日通讯 + 每周周报； 9. 每日消杀记录表
结班后的文件资料	1. 办班成果考核说明； 2. 办班成果鉴定表； 3. 服务补贴签收单； 4. 办班点统计表； 5. 学员满意度调查问卷及满意度调查问卷分析； 6. 志愿者满意度调查问卷及满意度调查问卷分析； 7. 家长微信群内反馈截图

第三章

项目管理

儿童托管项目所涉及的物资、人力、空间等资源较多，为了使项目的实施有序且高质量地进行，需有科学和规范的管理方法和制度作为保障。本章将介绍儿童托管服务的项目管理。

一、项目进程管理

为了使儿童托管服务项目有序地运行，乐群采用以下方式进行项目的过程管理。

（一）每日日常管理

社工根据每天的日程安排，提前 1 天布置班主任、授课教师及志愿者的具体工作。每天工作托管服务结束后，主持每日总结会并完成每日小结。将每日小结汇报给委托方。

（二）每周工作总结

社工根据一周工作内容，进行回顾总结，确定需要改善和提升的具体工作细节。完成下一周团队分工和日程安排，做好相应的调整和修改。若有重要事项，如个案服务、结班仪式等，需做好具体的工作计划，明确各个岗位的职责分工。社工根据每周工作内容，对照项目进程计划，审视项目进程，根据需要对之后的工作内容做出调整。

（三）项目结项管理

在项目结项之前，再次对照项目进程计划，做好最后的服务调整和修改，查漏补缺，确保项目最终能顺利结项。

二、志愿者管理

志愿者一般为大学生，对公益活动饱含热情，但工作经验相对较少，需要做好培训和管理工作。

（一）日常管理

社工在每天托管服务结束后，带领当天所有志愿者进行每日总结。主要内容有以下几点。

1. 反馈和总结

社工对一天的工作内容和志愿者工作表现进行

反馈和总结。请每一位志愿者分享对当天工作的感想和建议，对志愿者提出的合理建议应予以采纳，并针对一天的工作情况进行合理的调整。

2. 肯定与建议

社工对志愿者的优秀工作表现进行表扬和肯定，对一些不当行为应给予建议和提醒。同时，再次确认第二天的工作分工和具体要求。

（二）阶段性总结

社工在每一阶段（通常为一个月）的托管服务结束后，对志愿者的工作表现、工作完成度、工作规范进行反馈。

1. 分享工作收获

聆听志愿者在这一阶段工作的收获和感想，激发志愿者的奉献精神和服务理念。

2. 工作建议与反馈

社工对志愿者优秀的行为表现进行表扬和支持，对不当行为加以提醒并告知其正确的工作方法。将团队其他成员（班主任、授课教师、社工等）的反馈告知志愿者，以促进团队成员之间更好的合作。

3. 总结服务与工作调整

社工与志愿者一起总结这一阶段儿童及家长的反馈，挖掘其更加具体的需求，使接下来的服务更贴合需求。总结这一阶段的经验，对接下来的志愿者工作方式、工作流程等进行调整。

（三）提供岗位培训

对不同岗位的志愿者应提供岗位职责培训。

1. 负责担任助教的志愿者

培训志愿者，引导其积极主动地配合好教师的教学工作，协助教师与儿童进行合理的沟通，协助解决一些班级内儿童之间的常见问题等。

2. 负责撰写通讯的志愿者

提升志愿者相关技能，如拍照、录像、写文案的方法和技巧等。

3. 负责学员管理的志愿者

引导志愿者掌握日常工作流程中的各个时间节点和工作规范，例如，晨检规范、安全检查、午餐备餐、卫生清洁等。

（四）个别指导

在项目服务期间，若发生以下情况，需对志愿者给予个别指导。

1. 志愿者主动求助

当志愿者主动找到社工表示需要帮助和支持的时候，社工应当给予其个别的指导。

2. 社工发现问题

当社工发现志愿者在工作中出现差错或存在问题，经每日总结会中指出后仍未改正，则需要及时对该志愿者进行个别督导，指出问题所在，并指导其适当的工作方法。

三、安全管理

安全管理是儿童托管服务的重要工作，需要项目工作团队共同确保整个托管班安全有序。安全管理的工作重点包括以下几个方面。

（一）出入口安全

在托管班场地进出口位置，必须保持安保人员时刻在岗，不得出现空岗现象。若安保人员必须离开岗位，需交接给其他人员后方可离开。学员入托和离开时，应确保学员身边有家长或教师伴随，坚决杜绝误接或走失的情况。

（二）来访安全

安保人员必须对来客进行实名登记，陌生人不可随意进入托管班范围内。经允许进入的访客应在接待室等待，不得随意进入教室。

（三）安全监管

托管班运行期间，安保人员需监看监控器画面，注意陌生人出入、学员单独走动、器物安全等事项。

（四）设备安全

安保人员每日检查以排除安全隐患，及时更换老化电线和破旧消防器材等，做好水、电、火等安全管理工作，每日按时填写《安全巡查记录表》。

（五）学员安全

社工、班主任、授课教师和志愿者都应留意并确保学员在上课、午餐、休息等过程中，不单独离开教室活动，应及时制止学员间相互打闹、肆意奔跑等可能发生意外事件的情况。若发生学员意外伤害，社工需及时处理，如果情况严重应及时送往医院诊治。

四、卫生管理

保持托管班场地环境的卫生整洁，需做到以下几个方面。

（一）场地清洁消毒

由保洁人员负责对托管班室内外及学员接触的区域每天进行一次清洁消毒，每周进行一次全面清洁消毒，保洁人员每天按时按要求填写《每日消杀记录》。

（二）保持空气流通

社工安排志愿者专人负责教室、办公室等公共空间的空气流通，每日至少开窗通风3次，每次30分钟，由社工负责监督提醒。

（三）学员用品消毒

由社工安排志愿者专人对教室内的教具、玩具、睡垫等学员用品进行卫生管理，每日擦拭消毒一次，每周清洗消毒一次。同时，由社工提醒家长每周翻晒学员的被褥枕头等。

五、餐饮管理

托管班的饮食供应包含午餐和下午点心，所合作的餐饮公司必须贯彻落实《食品安全地方标准及用餐配送膳食生产配送规范》要求，负责制作和配送托管班所需的餐饮食物。订盒饭时，盒饭供应商须有食品卫生许可证，并能有效实施最新的盒饭卫生管理办法相关要求。在餐饮管理中，应做到以下几个方面。

（一）用餐前安全检查

餐饮机构对每次运输与分发盒饭的车辆、器具、人员的卫生安全进行查验。托管班在每天食品送达后，由专人负责日检。托管班应提供食品暂存专用位置，暂存食品必须隔地置放、保温，有专人看管。

（二）用餐前后场地消毒

学员用餐前后，由社工负责检查用餐现场，并安排保洁人员和志愿者对场地进行清洁消毒，及时反馈盒饭卫生安全情况。

（三）用餐后食品留样

对托管班的食品每餐按规定留样。留样食品应按品种分别盛放于清洗消毒后的密闭专用容器内，并放置在专用冷藏设施中，在冷藏条件下存放48小时以上。每个品种留样量应满足检验需要，不少于100 g，需记录留样食品名称、留样量、留样时间、留样人员、审核人员等。

（四）确保餐品质量

托管班的午餐应确保饭菜品种多样，讲求卫生、营养，冬天保证要有热饭、热菜、热汤。幼儿班的食物要易咀嚼和易消化。

六、宣传管理

应通过多种宣传渠道和形式进行项目宣传，提升项目影响力及社会效应。宣传工作由社工与机构宣传部门工作人员共同完成。

（一）实时信息播报

社工安排志愿者按照每天的日程安排，在家长群中播报学员的实时情况，如学员正在午餐、学员参与创意绘画后的作品、学员即将放学等，以便让学员家长实时了解服务开展情况，做到及时反馈。

（二）每日活动通讯

社工将托管班一天的主要内容及有意义的事情进行记录，挑选精彩的活动照片和视频，以通讯报道形式发表在机构的公众号及其他宣传媒体上。

（三）项目总结宣传

项目结项后，社工将托管班的活动内容与历程以照片和视频的形式进行回顾总结，通过公众号等媒体发布，借此向学员家长、委托方及公众宣传项目内容，扩大项目影响力。

七、档案管理

按照档案管理规范和要求进行档案管理，由专人负责，统一收集、整理和归档；涉及服务对象资料、志愿者信息资料或项目相关信息，只能在项目内部使用。

（一）资料及时归档

项目负责人要安排专人负责资料的收集和整理工作，应及时收集资料并每日做好临时整理工作。在项目实施期间，需定期或不定期进行整理，确保档案资料齐全、完整、系统，便于查找和使用。项目周期内的所有材料应在项目结束后，尽快完成归档，方便日后调阅。

（二）项目资料整理

项目计划书、报表、总结、专项活动文字记录、影（声）像资料以及其他文书档案都是具有保存价值的资料，均属项目相关资料，需要收集、保管和整理归档。采购的相关物品及奖品等，均应做好相关登记并入库。

（三）会议记录整理

社工应及时做好本项目历次沟通会议的记录，针对项目问题与反馈意见等需要做文字记录，并将会议记录发送给与会人员，以确认记录内容的真实性和准确性。

八、经费管理

托管班的经费来源通常有两个途径：一是托管班委托方拨付的项目资金，即签约项目合同已定的资金；二是来自服务对象的收费。项目经费的使用、报销和收费均需遵守项目经费管理制度。

（一）经费使用

经费使用一般为两个方面：一是签约项目书中的经费预算安排，包括活动物资、人员费、办公费等；二是场地及水、电等后勤保障费用。后者一般由托管班所在场地承担，无偿提供教室、运动场所、文体器材等，承担托管服务的水、电等后勤保障费用。

在经费使用中，社工需注意以下几个方面问题。

1. 经费使用按照专款专用

经费预算要体现“保运转、保安全、保质量”的原则。经费的实际报销应与项目书和收费的整体经费预算保持一致。严禁以任何名义或任何形式占用托管班的经费。

2. 要按照轻重缓急、统筹兼顾的原则安排使用经费

既要保证开展日常教学活动、安全活动所需的基本开支，又要适当安排促进学员全面发展所需的活动经费开支。要厉行节约，努力提高托管经费使用效益。

3. 托管班应建立物品采购登记台账

建立健全物品验收、进出库制度，明确责任，

严格管理。

4. 公示托管班收支情况

定期对托管班收费的收支情况进行公示，并接受委托方和服务对象的监督，发现问题立即整改。

（二）经费申请及报销

1. 经费申请

根据项目书的经费，向上级主管申请活动需要的经费。需注意在活动执行前申请，并附上活动计划书。

2. 经费报销

（1）发票使用增值税普通发票或增值税专用发票均可。

（2）所有发票需要拍照留档，格式如："××元：体温计（模块××—××类别）"。

（3）支付方式。通常为银行（正常报销）、公对公付款（当付款金额过大时，可直接选择公对公转账，在附言中填写对方公司抬头、税号、地址电话、开户行及账号）。

（4）流程完成后，将费用报销单打印后，连同原始单据交送机构总部出纳人员。

（三）项目收费

收费应充分遵循公益性、服务性原则，按照成本核算，收取适当的管理服务费。

图书在版编目(CIP)数据

儿童托管服务实务手册/沙卫主编;殷茹媛副主编. —上海：复旦大学出版社，2023.12
(社会工作实务操作手册 / 沙卫主编;3)
ISBN 978-7-309-17071-9

Ⅰ.①儿… Ⅱ.①沙…②殷… Ⅲ.①儿童保育事业-社会服务-中国-手册 Ⅳ.①D632.1-62

中国国家版本馆 CIP 数据核字(2023)第 224452 号

社会工作实务操作手册/儿童托管服务实务手册
沙 卫 主 编
殷茹媛 副主编
责任编辑/宋启立

复旦大学出版社有限公司出版发行
上海市国权路 579 号 邮编：200433
网址：fupnet@fudanpress.com http://www.fudanpress.com
门市零售：86-21-65102580 团体订购：86-21-65104505
出版部电话：86-21-65642845
上海盛通时代印刷有限公司

开本 787 毫米×1092 毫米 1/32 印张 18.375 字数 310 千字
2023 年 12 月第 1 版
2023 年 12 月第 1 版第 1 次印刷

ISBN 978-7-309-17071-9/D · 1176
定价：98.00 元(全五册)

社会工作实务

操作手册

沙　卫　主　编　　殷茹媛　副主编

社区志愿服务中心托管项目实务手册

参与编写　赵雅萍　冯佩华　张　超　殷茹媛　顾　昉
刘梦婷　王　艳

复旦大学出版社

社会工作实务操作手册
编委会名单

《个人与家庭需求评估实务指南》

参与编写　沙　卫　殷茹媛　刘颖红　赵雅萍

《社区大型活动实务指南》

参与编写　殷茹媛　张　超　金若逸　张妍文

《儿童托管服务实务手册》

参与编写　张晟晔　张　雨　殷茹媛

《社区志愿服务中心托管项目实务手册》

参与编写　赵雅萍　冯佩华　张　超　殷茹媛　顾　昉
　　　　　刘梦婷　王　艳

《家庭社会工作项目实务手册》

参与编写　殷茹媛　张　亦　金若逸　朱　蓓　张妍文
　　　　　夏　卉　刘颖红　陶　真　李　钧

目　录

第一章

项目介绍

社区志愿服务中心（以下简称“志愿中心”）是基层志愿服务管理单位。社工服务机构可以承接志愿中心托管项目，协助政府推进志愿中心标准化建设以及社区志愿服务的发展。本章将以上海乐群社工服务社（以下简称“乐群”）开展的社区志愿服务中心托管项目为例，介绍项目的背景目标、项目设计及项目成果等内容。

一、项目背景

志愿服务是现代社会文明进步的重要标志之一，也是新时代文明实践的核心内容之一，它的发展有利于促进社会主义核心价值体系的落地和推动社会的和谐稳定与繁荣发展。

随着社会进步，人民生活水平不断提高，居民的需求也越来越多样化。在“小政府，大社会”的社会治理理念下，政府需要调动更多社区资源来满足居民需求，志愿服务就是其中一种非常重要的社区力量。政府注重挖掘、培育和整合各种社区志愿力量，使之能共同参与社区建设并满足居民的多样化需求。近年来，政府通过购买服务的方式，委托第三方社会组织参与管理志愿中心，助力社区志愿服务的建设与发展。

2016 年 3 月，上海市精神文明建设委员会办公室发布《上海市社区志愿服务中心功能优化和评估标准》(以下简称“《标准》”)，该文件成为上海志愿中心的建设规范和评估标准。2019 年 11 月 15 日，上海市第十五届人大常委会第十五次会议表决通过了关于修改《上海市志愿服务条例》(以下简称“《条例》”）的决定，该《条例》于 2020 年 1 月 1 日正式实施。《条例》保障了志愿者、志愿服务组织和志愿服务对象的合法权益，鼓励并规范志愿服务和志愿服务事业的发展。

2017 年至今，上海乐群社工服务社陆续承接 BZ 街道等 4 个街镇的志愿中心托管项目。乐群以志愿服务中心为平台，就社区志愿服务的组织体系、队伍建设、运作方式和保障体系等方面在实践中不断探索和创新，在全面、深入了解社区资源的基础上，不断完善志愿服务中心的运作系统和服务功能，不断完善志愿者招募、志愿服务管理、志愿服务对接、志愿服务项目、志愿服务展示等功能，从而赋予志愿服务中心注册认证、供需对接、资源整合、团队培育、能力建设、指导监督、激励保障等多项功能，更是为志愿中心建立了资源共享平台和“自我造血”功能，使之成为可持续发展的运作机制。

二、需求分析

社区志愿服务中心（以下或简称“志愿中心”或“中心”）是政府设置在各社区的基层志愿服务管理单位，其主要管理部门为街道或镇文明办。志愿服务中心有两种常见的运营模式：一是由街镇文明办工作人员直接运营管理；二是主管部门委托第三方社会组织运营管理。无论是哪一种，志愿服务中心的负责人都是街镇文明办工作人员。通常，志愿中心具有志愿者管理、志愿服务管理与提供、志愿精神倡导与宣传、社区志愿服务发展等功能。与志愿中心密切相关的有政府主管部门、社区工作者、社区志愿者以及社区居民，他们中既有志愿中心的管理者和参与者，也有中心的使用者和受益者。

承接志愿中心托管项目后，乐群开展社区调研以了解各方对志愿中心的期待、社区志愿者和志愿服务的现状以及各方的需求。通过深度访谈和问卷调查后发现，政府主管部门、社区工作者与志愿者对志愿中心有着各自的期待，社区志愿团队及其提供的服务也各具特色。

1. 相关各方对志愿中心的期待

（1）委托方主管部门（文明办）的期待。委托方表示，志愿中心既是政府服务于志愿者的阵地，也是本街镇志愿者服务的展示窗口，更是志愿服务的中转站。因而，志愿中心应具备多种功能。在志愿中心管理方面，希望通过第三方运营和管理，为志愿中心建立管理架构和管理制度，使中心管理规范和水平得到提升的同时，使之符合市、区两级政府对志愿中心的要求。在志愿者管理方面，希望能发挥志愿中心的更多作用，在服务好志愿者的同时，有效且合理地管理、激励和发展社区志愿者，提升志愿者的服务能力。在志愿服务方面，希望中心成为服务中转站，一方面能有效地充实和维护志愿服务资源，另一方面可以发展可持续的服务项目，使志愿服务真正服务于民。

（2）社区工作者的期待。基层的社区工作者希望志愿中心给予基层工作更多支持，志愿中心能整合社区资源，协助他们更广泛地宣传志愿精神和招募志愿者。社区工作者也希望中心能在服务社区志愿者、满足志愿者需求的基础上，为志愿者参与志愿服务提供安全保障。同时，希望志愿中心能改善志愿者激励的效果，制定更有效的志愿者激励机制。

（3）志愿者的期待。志愿者希望志愿中心能成为志愿信息共享的平台，使志愿者能了解和参与更多不同的志愿服务，使有能力的志愿者与服务需求有效对接，从而更好地发挥志愿者的作用。他们也希望志愿中心能作为志愿者的阵地，为志愿团队提供活动场地和资源，并希望在志愿服务时得到必要的安全保障。

2. 社区志愿者及志愿服务情况

社区志愿服务主要由志愿团队开展，志愿团队有以下几类：文化娱乐类团队，如合唱团队、舞蹈团队、绘画团队等；运动健身类团队，如广场舞队、扇子舞队、太极拳队；还有协助社区管理类志愿团队，如垃圾分类团队、治安巡逻团队等。每个居委均有若干志愿服务团队，团队的服务范围大都在本居委范围内。志愿团队提供的服务主要是为居民解决实际生活困难，如为居民理发、磨剪刀、洗衣服等。

目前的志愿服务呈现以下几个特点。

（1）志愿资源严重流失，现有的激励机制作用有限。调研中发现，大部分社区存在两个现象：志愿者流失严重和志愿者“老龄化”。经进一步分析研究发现，主要原因是对志愿者的激励机制未能有效地发挥作用，传统的激励形式较单一，最常见的是一年一度的志愿者表彰和优秀志愿者评选。此类活动一方面覆盖面较小，大多数志愿者的付出无法从这些活动中得到肯定和激励；另一方面，这些形式对年轻人缺乏吸引力，大多数年轻人在参与过几次志愿服务后就流失了，很难留下。因而，需要完善激励机制，使更多志愿者产生被肯定的感受，从而吸引年轻人参与志愿服务。

（2）社区内志愿服务缺乏整合与协调。几乎每个社区（居委范围）都有自己的志愿者团队和特色服务，如企业慰问老人、志愿者美化社区等，但社区内各项服务之间缺乏相互配合，缺少将社区、企业、商区、学校、共建单位等志愿服务元素有效整合与协调的机制。

（3）志愿服务范围局限，缺乏信息共享。在走访 BZ 街道辖区内各社区后调研发现，社区工作者和居民普遍不知道除本居委范围以外的其他志愿服务资源。志愿者和团队的服务大都局限于自己的生活小区内，志愿服务以及相关信息互不流通，缺乏共享。因而，社区需要一个能使社区志愿服务信息流通，使志愿服务共享的机制。

可见，各社区普遍存在以下需要：第一，盘活用好现有资源，使志愿服务资源发挥更大作用；第二，维护好现有志愿资源。

综上所述，各方期待志愿中心能够承载更多功能，在管理、服务、支持、宣传和倡导等方面能发挥更大作用。为了回应各方期待，在项目设计中，服务机构要赋予志愿中心更多的功能，完善志愿中心管理，从而使之发挥更大作用；建立信息平台与协调机制，使志愿服务信息公开，让居民了解社区志愿服务；使志愿服务和服务需求有效对接，让各项志愿服务能有效整合；同时，维护好现有志愿资源，开发潜在资源，完善志愿者管理和激励机制，使社区内更多单位和个体以不同的形式加入社区志愿服务的行列。

三、项目设计

根据各方对志愿中心的期待和项目宗旨，以乐群为例，为志愿中心设计了以下项目框架，各服务机构和社区可根据自己的实际情况做出适当的调整。

（一）项目目标

1. 项目总目标

通过科学运行和管理，将志愿中心打造成为符合标准的，具有社区资源整合、志愿服务和志愿者管理与发展、服务社区等多种功能的社区志愿服务枢纽，从而促进社区志愿服务可持续发展。

2. 具体目标

（1）完成志愿中心标准化建设。通过管理架构、管理制度建设以及科学规范的运营和管理，在完成志愿中心标准化建设的同时，赋予其更强大的管理和服务功能。

（2）完善志愿者管理与志愿者服务功能。在开展并完善志愿者管理的同时，为志愿者提供服务和支持，通过志愿团队建设和能力培训，提升志愿团队的自我管理能力和志愿服务能力。

（3）强化志愿服务管理以提升服务品质。建立社区志愿资源共享平台，借助平台建立服务配送机制，有效对接志愿服务与需求。同时，以项目化管理的形式完善和优化社区志愿服务，提升志愿服务品质，创建特色服务品牌。

（4）加强社区宣传及倡导志愿精神。通过社区宣传，推广志愿者感人事迹，弘扬志愿服务精神，倡导关怀、友爱、互助和奉献的社区风尚。

（二）项目理念

根据项目目标并依据“资产为本的社区发展模式”理论原理，在“志愿服务中心托管项目”的服务设计中力求充分挖掘社区资源，在现有志愿资源的基础上做“增量”，使社区志愿服务资源得到扩容和增强，从而实现社区志愿服务资产的增值。

“资产为本的社区发展模式”挑战了传统的以“社区问题”为取向的介入模式，其核心观点是社会工作在回应社区需要和推动社区发展时，强调以社区资产或社区优势作为介入重点，即通过培育和发展社区资源和优势，使社区资产得到增加，从而促进社区发展。该理论模式主要强调以下三个方面[1]：一是资产为本。主张社会工作的介入并非从社区问题入手，而是从社区资源、能力和优势等社区资产的维度入手，通过社会工作介入使社区拥有更多社区资产。二是内在取向。强调社区居民自身参与社区发展的能力。社区居民生活在社区内，他们最了解社区的基本情况，知晓社区自身的特点、优势与强项。来自本社区的志愿者更了解本社区生活的方方面面，更能及时发现并回应居民的服务需求。因而，作为社区资产的一部分，社区志愿者的社区参与和服务能力的提升，是回应居民需要和推动社区发展的重要力量和资源。三是关系构建。发展社区关系是社区发展的重要途经，因而，应促进

[1] 文军、黄锐：《论资产为本的社区发展模式及其对中国的启示》,《湖南师范大学社会科学学报》2008 年第 6 期。

居民之间、居民与社区组织之间的接触，并建立各种社区关系网络。将有意愿服务于社区和居民的个体志愿者引入志愿者团队，促进志愿者之间、志愿者与居民以及邻里之间的互动，增进人们之间的情感交流和互帮互助的情谊，减少个人在现代城市生活中的疏离感和孤独感，以利于社会整体的稳定与和谐。

根据上述原理，可将社区志愿者和团队、志愿公益合作伙伴和各种组织、社区居民、各种志愿服务、志愿服务能力、志愿服务的场地、物资等“人、财、物、服务”资源，均视为社区的志愿服务资产。借助志愿中心，致力于在现有资产的基础上，通过挖掘潜力、整合资源、优化服务、提升能力等途径，使社区资产更为丰厚，志愿资源使用更合理有效。与此同时，通过制度和机制建设，赋予社区自我管理和自我造血功能，从而实现社区志愿服务的可持续发展。具体举措包括：

第一，通过规范、有效地运营和管理志愿中心，使志愿中心拥有更多的服务性、支持性和发展性功能。第二，通过挖掘社区潜力、开发社区资源和建立资源网络，使社区志愿资源在扩容和增值的基础上实现资源整合与共享，从而使社区志愿服务资源可持续地发挥作用。第三，为社区志愿者和志愿者团队提供全面支持和能力培养，提升志愿者及团队的服务意识和服务能力，使志愿团队更好地自我管理和可持续发展。第四，协助志愿团队在丰富服务内容、优化服务项目的基础上形成特色服务品牌，提升服务品质，从而更好地长期服务于社区居民。借助上述举措，使社区的志愿服务资产得到扩容和增值，使“资产地图”更为丰蕴，使社区拥有更为丰富且能更好地回应居民需求的志愿服务资源，从而促进社区发展。

（三）服务内容

为了将志愿中心打造成具有管理、服务、发展、倡导等多功能的社区志愿服务枢纽，并能够长期可持续地推进社区志愿服务发展，乐群为志愿中心托管项目设计了以“中心建设”为核心、以“平台建设”“能力建设”为配套的“三个建设”项目内容。“中心建设”作为项目主体，旨在将志愿中心建设成为社区志愿服务的枢纽。“平台建设”作为子项目，其主要任务是为社区打造志愿资源共享平台，建立规范有效的社区志愿服务运作机制，从而发挥服务对接和配送等功能。“能力建设”是另一个子项目，旨在通过志愿团队培育和能力建设，提升志愿服务的品质（项目的服务设计可参见图 1-1）。

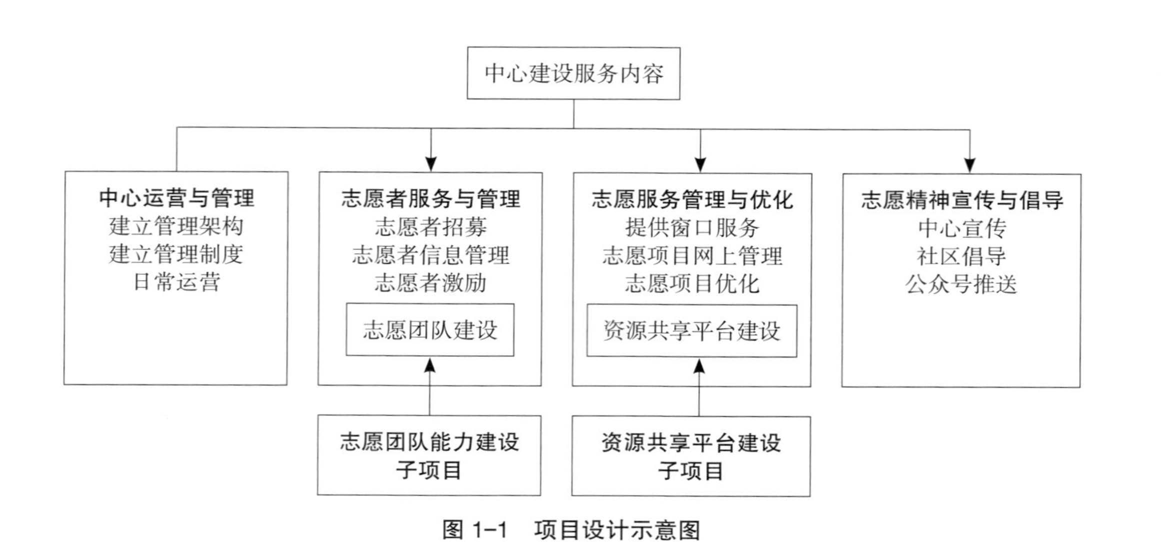
中心建设服务内容
中心运营与管理
建立管理架构
建立管理制度
日常运营
志愿者服务与管理
志愿者招募
志愿者信息管理
志愿者激励
志愿团队建设
志愿团队能力建设子项目
志愿服务管理与优化
提供窗口服务
志愿项目网上管理
志愿项目优化
资源共享平台建设
资源共享平台建设子项目
志愿精神宣传与倡导
中心宣传
社区倡导
公众号推送

图 1-1　项目设计示意图

乐群致力于通过“三个建设”，使社区拥有更丰厚的志愿服务资源，拥有更有效的志愿服务运作机制，拥有更优质的志愿团队和服务项目，最终，使社区拥有更优质且可再生的社区志愿服务资产。“三个建设”的具体内容如下。

1. 中心建设

作为本项目的主体，“中心建设”旨在完成志愿中心标准化建设的同时，通过志愿中心的运营和管理、志愿者服务与管理、志愿服务管理与优化、志愿精神宣传与倡导等各项工作，赋予中心社区志愿服务的枢纽功能。

（1）制度建设与规范运营。根据上海市志愿服务中心建设标准，在管理制度与管理团队建设的基础上，实现规范化运营。第一，乐群组建了由项目负责人、项目社工组成的中心管理团队，还配备项目督导为中心管理团队提供支持和专业指导。第二，乐群为保障志愿中心运营建立了一整套运营管理制度，如对场地和人员的管理。在此基础上，乐群项目团队按照规章制度，实现了志愿中心的规范化日常运营管理。

（2）志愿者服务与管理。在开展志愿者服务与管理工作的同时，创新激励机制。借助“上海志愿者网”开展志愿者管理工作，如为志愿者提供注册、记录志愿服务时长、星级申请等服务，从而更好地进行志愿服务项目管理。为志愿者团队提供服务和支持，开展团队培育和能力建设，并以子项目的形式重点展开此项工作。为了更好地维护社区志愿服务资源以及吸引更多人参与社区志愿服务活动，在完善志愿者激励机制的基础上创新激励形式，从精神激励、成本津贴、物质回馈三个方面，对志愿者及社区公益合作伙伴的志愿服务行为给予肯定和鼓励，使他们在做出奉献的同时也能有满满的获得感。

（3）志愿服务管理与优化。通过志愿服务管理提升服务品质，使志愿服务能更好地满足居民需求。这些服务包括：社工为居民和志愿者提供志愿中心的日常窗口服务，借助“上海志愿者网”开展服务项目的日常管理工作，梳理社区志愿服务并形成服务清单，向社区推送服务清单。与此同时，协助志愿团队开展志愿服务，以项目化管理的形式，助力志愿团队将服务优化升级。此外，建立志愿服务的供需对接机制，以子项目的形式建立并运营社区志愿资源共享平台（即平台建设），实现志愿服务的有效对接与配送。

（4）志愿精神宣传与倡导。借助显示屏、照片墙、宣传灯带、社区宣传栏、微信公众号和新闻报道等媒介，在社区宣传志愿者的感人故事，弘扬和倡导志愿精神。

2. 平台建设

建立社区志愿资源共享平台，实现服务配送和积分兑换。作为志愿中心托管项目的子项目，平台建设的主要任务是建设和运营管理社区志愿资源共享平台。通过挖掘社区潜力，开发和优化社区资源，搭建和管理社区志愿资源的共享平台，并借助该平台实现服务配送和以服务积分兑换的形式给予志愿者回馈，在社区形成可循环、可持续的志愿生态环境。

（1）优化与开拓志愿服务资源。维护公益合作关系，挖掘志愿服务潜力；开发社区资源，拓展公益合作伙伴；创新志愿服务的形式，通过资源共享平台，使更多合作伙伴能以适合他们的形式参与社区志愿服务。

（2）建设与管理资源共享平台。借助社区志愿资源共享平台建立志愿服务配送机制，使社区志愿服务的需求与供给能有效对接，服务能及时送达。

（3）建立志愿者积分兑换机制。开发“志愿者权益包”之类的小程序，设置志愿者积分和积分兑换机制，并建立网上“商城”，借助资源共享平台实现“时间银行”[1]功能，使志愿者积累的服务时长积

[1] 指志愿者通过参加社区志愿服务，获得经过志愿中心认证的志愿时长，时长可存入“时间银行”，转化成积分，用于兑换公益服务或公益物品。

分可在小程序上实现积分兑换，志愿者可按其所需兑换想要的物品或服务，从而实现志愿资源之间的流动，构建可循环的志愿服务生态。

3. 能力建设

该子项目的主要任务是为志愿团队开展团队建设和增能服务，通过团队培育和团队建设，提升团队凝聚力，开展增能培训、服务见习和参访学习等形式的能力建设活动，全面提升志愿者团队领导力、自我管理能力和服务能力。

（1）志愿团队培育。协助现有的志愿团队充实新鲜血液，或帮助组建新的志愿团队。协助志愿团队建立组织架构，完善规章制度，促进志愿团队规范管理，使志愿团队有清晰的服务定位和明确的发展方向。

（2）志愿团队能力建设。开展团队凝聚力、领导力建设及增能培训等活动，在培育团队领袖、增强团队凝聚力的同时，提升志愿团队整体的服务能力和服务成效，使志愿团队具备自我管理和持续发展的能力。

（3）志愿团队支持。整合社区资源，从场地、物质、经费和专业等方面为志愿团队提供支持，帮助他们提升服务品质和服务成效。

四、项目成果

志愿中心托管项目使社区的志愿服务在管理、服务、资源等方面发生了积极的改变，主要体现在以下几个方面：

（1）使社区拥有一个具有枢纽功能的志愿中心和一整套科学的中心运作管理体系。本项目为社区建立了一套的完整的志愿中心管理制度，并为志愿中心的规范化运营制定《社区志愿者服务手册》，内容涉及志愿服务体系、工作流程、运行机制、志愿服务信息管理等内容。与此同时，赋予志愿中心管理、服务、发展和宣传等功能，构建并完善了社区志愿服务的枢纽型功能。完善的管理制度、规范的运作机制和多种功能使志愿中心具备了社区志愿服务科学管理和可持续发展的能力。

（2）使社区拥有一个多功能的资源共享平台，实现了服务管理和志愿者激励等功能。项目建立了社区志愿资源共享平台，借助平台实现了志愿服务提供与服务需求的有效对接和服务配送，使社区拥有一个有效的志愿服务配送机制，使志愿服务能更精准和及时地满足居民的需求。借助平台实践了新的志愿者激励机制，在开发与整合个人、机构和企业等“人、财、物、服务”等多种形式的志愿服务资源的基础上，借助志愿服务的“时间银行”概念，以“志愿者尊享”[1]的形式，创新建立了志愿者服务时间积分线上兑换系统，使社区志愿服务资源成为志愿者激励的形式之一，形成了社区志愿资源的良性循环，从而为社区构建了志愿资源生态系统。

（3）使社区志愿者队伍得到壮大，并拥有一批有能力的志愿团队和特色服务品牌。乐群承接志愿中心托管项目至今，在社区招募并新注册了志愿者6 000余人。根据当地社区的需求，结合志愿者的特长和服务意愿，共组建特色志愿团队15支，其中青年志愿团队3支。通过团队建设和能力建设，这些志愿团队拥有了团队自我管理能力和良好的服务能力，已成为社区志愿服务的中坚力量。此外，通过项目化管理，使志愿团队的服务得到优化，且培育了5个特色服务品牌，其中，BZ街道苏河湾书画志愿队获得了“静安区2018年创新志愿服务项目”称号。

（4）开发、维护和整合社区志愿资源，使社区志愿服务资产得到增值。通过对公益合作伙伴的资源维护和深度开发，以及对社区志愿服务资源的挖掘和拓展，使更多企业、机构等单位成为社区

[1]“志愿者尊享”是一种表达对志愿者无私奉献的感恩之心与尊敬之意的形式，也是社区对志愿者进行激励和反哺的形式。

志愿服务的合作伙伴，他们以不同的形式加入社区志愿服务行列。在DNL街道，目前已有35家企业、商户成为公益合作伙伴，他们提供了8大类型、180余件商品或服务，“志愿者权益包”小程序已有7 600个注册用户。社区拥有更多的志愿服务资源，资源种类更为丰富，资源数量更为庞大，参与志愿服务活动的形式更为灵活，志愿者们的服务热情更为高涨，公益合作伙伴之间的合作更默契，关系更密切和融洽，从而使社区志愿服务资产更为丰厚。

第二章

项目实施指引

志愿中心托管项目的项目主体是志愿中心建设，以及借助志愿中心这个平台，开展一系列管理和服务工作。具体工作涉及志愿中心的实际运行管理、志愿者管理和志愿服务管理、志愿者和居民提供服务。本章将从操作的角度介绍各项工作的具体实施。

一、中心运营与管理指引

根据《上海市社区志愿服务中心功能优化和评估标准》(以下简称“《标准》”)要求开展志愿中心的标准化建设是本项目的基础工作，项目社工在机构的支持下，从管理架构、管理团队以及管理制度建设入手，开展志愿中心的标准化建设。

（一）建立管理架构

根据《标准》的要求，一个志愿中心的管理架构至少应配置两个管理岗位，即志愿中心的项目负责人和项目工作人员。

1. 组建管理团队

根据管理岗位设置组成项目团队，团队由项目负责人和项目社工组成，并为志愿中心托管项目配备项目督导。项目负责人的主要任务是总体统筹和推进项目工作。项目社工在负责中心的日常运行和管理的同时，负责与志愿者、志愿团队、社区工作者等各方进行对接、沟通和协调工作，落实并推进项目实施过程中的各项任务。项目督导的主要任务是对项目的实施过程进行督察和指导，督导每月至少一次亲临现场，开展实地督导，为社工提供专业支持。管理团队架构参见图 2-1。

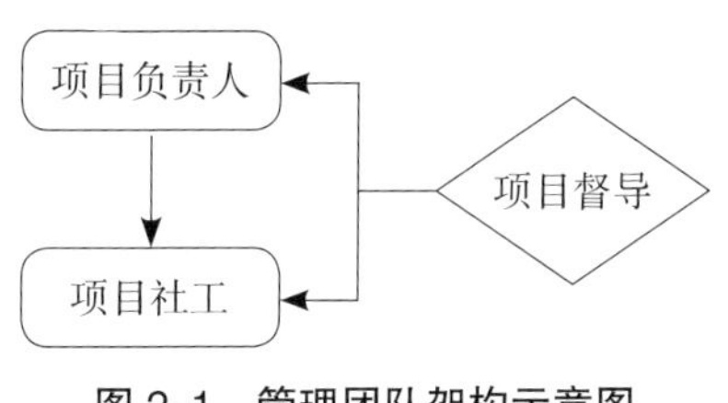

图 2-1　管理团队架构示意图

2. 制定岗位职责

为了规范化地运作和管理志愿中心，需要明确规定每个岗位的岗位职责。

（1）项目负责人岗位职责。

① 管理中心的日常运营，制定项目执行方案和

工作计划表。按照工作计划管理项目进度，合理完成项目进度计划表。

② 根据项目的指标和要求进行监督和管理，定期组织项目成员召开项目进度会议，按照服务时间节点确定项目的推进情况。

③ 每个月月底梳理整月的工作，完成月度工作小结。每个月月初向街镇负责人汇报项目情况。如遇特定工作及紧急工作，需提前与街镇负责人沟通，汇报调整后的工作安排。

（2）项目社工岗位职责。

① 常驻志愿中心，负责中心日常工作，完成项目管理及志愿者资料整理。

② 负责“上海志愿者网”的志愿者注册登记、团队登记、志愿者招募、志愿服务时间积累、志愿者证申领、志愿者保险申领和理赔等信息录入和项目发布管理等工作。

③ 执行项目服务内容，建立志愿积分平台、孵化优秀品牌服务、创新不同模式的志愿服务。

④ 建立和维护与居委、街镇志愿中心的合作关系，做好与街镇委托方和社区志愿者之间的信息沟通。

⑤ 开展项目的日常宣传及服务宣传，提升项目的影响力及社会效应。

（3）项目督导岗位职责。

① 对项目负责人的督导。指导项目负责人有

序管理和推进服务项目，帮助其解决在项目操作过程中遇到的问题。协调及整合资源，指导项目负责人达成项目目标，完成项目计划，提炼总结项目成果。

② 对项目社工的督导。指导项目社工开展专业服务，如有需要进行活动现场督导，帮助社工总结服务经验，反思工作不足。

③ 对项目团队的督导。指导项目团队根据岗位分工有序开展项目工作，促进团队合作与沟通，增强团队凝聚力。参与项目团队沟通会，督导项目服务内容，提升服务专业性。

④ 协助与委托方沟通。协助项目负责人与委托方进行沟通，汇报项目实施情况，同时了解委托方对于项目的工作要求，积极回应项目需求，与项目团队一起对项目进行合理调整。

（二）建立志愿中心管理制度

一整套科学管理制度既是《标准》的要求，也是志愿中心规范运作管理的依据。为此，需制定中心场地使用管理制度、场地及物资设备管理制度、项目工作人员管理制度等制度。

1. 中心场地使用管理制度

为规范活动场地使用，合理利用资源，加强场地管理，发挥保障作用，需制定场地管理制度。

（1）场地开放时间。中心的场地使用时间一般为：每周一至周五上午 9:00 至 11:30，下午 14:00 至 16:00。

（2）借用申请条件。本街镇办事处、托管机构、任何单位和个人均可以提出场地租借申请。其他单位、个人借用场地需提前 2 日向托管机构提交志愿服务中心场地使用登记表。

（3）审批方式。除街 / 镇办事处及托管机构的无需审批以外，其余单位和个人使用本场地，必须经过街 / 镇相关部门审批，审批获得同意后方可使用。

（4）场地使用及维护要求。场地使用者需负责使用期间内设施设备的管理，应爱护公物，不得涂污墙壁、损坏设施，如有设施损坏，须照价赔偿；场地使用者保持场地环境整洁；维持好秩序，不得高声喧哗，影响居民日常生活。

（5）场地安全使用要求。志愿服务中心的工作人员及活动参与人员须严格遵守场地安全使用规范。保持室内良好环境，禁止乱扔垃圾等行为；讲文明、讲礼貌、讲秩序，严禁大声喧哗；禁止吸烟。自觉爱护公共财物和活动物资，严禁乱刻乱画、摔拍桌椅，损坏公物及设施设备需要照价赔偿；室内物品未经托管人员允许，不得私自带出室外。保管好随身携带的贵重财物，如有丢失概不负责；勿携带宠物进入。

（6）凡违反管理规定者，管理人员有权终止其使用权。

2. 场地及物资设备管理制度

作为志愿中心的运行方，对中心场地的卫生整洁、安全以及物资设备的完好负有管理责任，工作人员应明确物资设备的使用要求，以确保志愿中心场地环境布置、物资和设备管理的严谨与有序。

（1）场地卫生管理。因为志愿中心是一个对外的服务窗口，为了给来访者留下一个良好的印象，志愿中心的工作人员需要保持中心环境的整洁，包括地面整洁和桌面整洁（办公桌、接待桌），有条件的志愿中心，也可以根据节日，定期给志愿中心添置一些节日装饰，为来访者创造一个亲切温馨的环境氛围。

（2）物资管理。由于志愿中心需要经常给志愿者发放劳动防护物资，包括志愿者马甲、垃圾钳、工作手套等，所以志愿中心会堆积较多物资。这些物资可能来源于上级管理部门的配送下发、志愿中心根据需求自行采购、辖区爱心企业的捐赠等各个渠道。当志愿中心接受到物资的第一时间，就需要对物资进行清点核对，及时反馈物资来源方。社工应明确此批物资的用途及发放对象。核对物资无误后，方可进行物资发放或物资入库，社工需做好出入库登记，填写“出入库登记表”，从而可以清晰地了解志愿服务中心的物资情况。

（3）设备管理。中心会根据实际的需要配备各种功能的设备，例如显示屏、宣传灯带、电脑等电子产品。为了更好地维护和使用各项设备，社工应明确各项设备的正确使用方式，定期检查设备运行情况，如有异常及损坏应及时维修，以确保设备正常运行。同时，从委托之日起，社工需对志愿服务中心所有固定资产进行资产登记，及时更新，以便于掌握中心资产情况，防止资产流失。

3. 项目工作人员管理制度

为了更好地运行志愿服务项目，项目社工需进行志愿中心日常工作和开展各项服务，机构派遣的社工所代表的是机构形象和专业形象，应遵守工作人员的行为规范。例如，接待志愿中心来访人员时，应态度友善温和，积极回应来访者的需求，做好保密工作，遵守规章制度等。此外，项目社工通常需要承担以下多重角色。

（1）服务提供者。服务提供者是社会工作者的基本角色，社会工作者是向服务对象提供服务的人，这里的服务既包括提供物质帮助和劳务服务，也包括提供心理辅导、意见咨询和关系支持等服务。社会工作者在志愿服务中心托管运营中，可以运用个案、小组和社区等工作方法为服务对象群体提供直接服务。例如，社会工作者可以在社区开展以居民需求为导向的便民活动，也可以在中心开展以骨干志愿者为主要服务对象的小组工作，在志愿团队成员遇到矛盾冲突的时候运用个案工作方法解决问题。

（2）支持者。社会工作者面对服务对象不但要提供直接服务或帮助，也要秉持“助人自助”的原则，鼓励服务对象在可能的情况下，克服困难、自强自立。因此，社会工作者应该成为服务对象积极反应的支持者、鼓励者，并尽量创造条件和帮助，使其能够自立或自我发展。例如，鼓励志愿团队根据团队章程，根据组织架构自主管理日常工作。

（3）使能者。使能就是使服务对象有能力面对问题和解决问题。社会工作注重激发服务对象的内在能力去解决问题，因而要根据服务对象的现实问题，帮助他们克服畏难情绪，激发其潜能，增强其自信心，与此同时，增强其实际能力，并协助其直面问题、克服困难，改善自己的境遇，使其能够自助。例如，志愿服务中心通过开展专业培训或者讲座分享的形式，提升志愿者的服务能力。

（4）协调者。在中心运营中，社会工作者为满足服务对象的多重需求，需协调相关政府部门、机构、组织所提供的服务，减少服务对象求助的困惑以及避免服务的重复，通过挖掘、调动、整合各方力量，共同开展服务。例如，协调司法、医院、民政多方资源开展社区便民活动，让居民在同一时间获得多样化的服务。

（5）行政管理者。社会工作者应该对社会工作过程进行有效控制，同时，必须对于助人相关的诸多资源和信息进行协调、安排和管理，从而实现服务过程的高效率。社会工作者作为中心运营的承接方，在日常工作中需要统筹中心志愿者的使用、各项服务和活动的安排、场地和物资使用的管理和登记等工作。

（6）资源筹措者。为了满足服务对象多元化的服务需求，社会工作者需要有效地挖掘并链接各类服务资源，为服务对象提供切合实际且有效的服务。例如，志愿中心在重阳节开展为老敬老志愿服务，社会工作者可以链接志愿者团队与社区为老服务中心，组织志愿者到养老院或在社区开展志愿服务。

（7）倡导者。社会工作者根据志愿精神倡导的目标、活动开展的内容，宣传和鼓励更多服务群体参与其中。例如，社会工作者在运营志愿中心时，面向社区积极倡导志愿服务精神，让更多社区居民加入志愿者队伍，参与社区志愿服务。

（8）政策影响者。社会工作者在服务过程中若发现某些问题具有普遍性时，应该提出政策建议以影响和改善社会政策，从而解决社会问题，且预防类似社会问题的再发生。例如，社会工作者参与上级单位组织开展的《上海市志愿服务条例》修订课题研究，根据实际工作情况，为研究课题提供素材，为修订和完善《上海市志愿服务条例》提供建议。

（三）日常运营

志愿中心工作人员根据上述的管理制度，做好日常运营工作，主要有以下工作内容。

1. 场地运营

做好志愿中心场地的日常管理，需每天开启显示屏、灯带、照片墙等宣传设备。根据上级要求，及时更换最新的宣传内容。根据场地使用登记情况，安排每日活动的开展。

2. 接待工作

热情接待来访人员，帮助来访人员完成来访目的。如协助志愿者登记、提供便民服务等。

3. 信息录入

对接辖区内各个居委，了解社区志愿者团队日常活动及团队管理情况，各居委把每月电子档录入的人员信息提交给志愿服务中心，然后集中上传到“上海志愿者网”。

4. 档案管理

对辖区内的志愿者进行摸底调查，根据年龄、性别、服务年限、服务特长等制作调查表，汇总至数据库。同时，由专人负责管理，以建立专档的形式进行归档。

5. 工作报告

根据每月项目开展情况，撰写一份月度报告，并提交给委托方。项目周期结束后完成志愿者中心运营工作报告。

二、志愿者服务与管理指引

志愿者管理以及为志愿者提供服务是志愿中心的重要任务之一，该项工作主要包含以下几项内容：一是志愿者日常管理工作，该项工作涵盖志愿者招募、协助新志愿者注册登记和记录志愿者服务时长等内容；二是志愿团队管理工作，涉及对已有团队的扩容、优化和增能服务，组建新团队、团队建设和增能服务；三是志愿者激励工作，包括完善志愿者激励机制和激励机制的执行工作。

（一）志愿者招募工作

志愿中心的项目社工通常定期开展志愿者招募工作。招募工作的主要目的是为中心层面的志愿团队扩充人员，或组建新的志愿团队。社区志愿者招募工作主要采用两种形式：一是通过志愿中心的服务窗口招募；二是通过外展工作到社区进行招募。

1. 窗口招募

常驻志愿中心的项目社工，常年接待前来咨询社区志愿者相关事宜的居民或企业代表。首先，在了解来意后，项目社工向咨询者介绍本社区的志愿者和志愿服务情况，内容包括志愿中心的基本情况、现有志愿团队和志愿服务项目等。其次，向咨询者了解其意向，邀请咨询者加入志愿者队伍，或邀请其先参加或观摩志愿服务活动，以更多了解本社区的志愿服务活动情况。最后，请咨询者慎重思考后做出决定。

2. 外展招募

项目社工准备招募宣传单页，在社区开展志愿者宣传和招募工作。项目社工可以与居委会社区工作人员联系，商量社区招募工作的安排，或借助社区开展活动之际，在活动所在地居委会志愿服务站设摊，进行志愿服务宣传和招募活动。向前来了解情况的居民介绍社区志愿服务活动，宣传优秀志愿者事迹，并发出参与志愿活动和加入志愿者队伍的邀请。

当有人明确表示愿意成为志愿者后，项目社工应邀请志愿者个人填写《志愿服务登记表》，并了解其作为志愿者的个人能力和个人服务需求。收到填妥的《志愿服务登记表》后，项目社工应将登记表中报名者的能力、特长等信息，准确地录入志愿服务资源库中。如果是为某志愿团队特定招募，应将招募到的新志愿者信息录入志愿团队信息库。

志愿者招募过程中，若发现新志愿者的特长和服务意愿适合某居委会志愿团队，项目社工与居委会工作人员联系后，将居委会相关工作人员的联系方式和工作地址给新志愿者，请新志愿者自行前往该居委会具体接洽。

（二）志愿者网上信息管理工作

“上海志愿者网”是上海志愿者统一的信息管理和业务办理官方网站，在“上海志愿者网”进行注册登记是正式成为注册志愿者必不可少的环节，无论是个人还是单位（如企业、机构等）均需通过网上注册登记才能正式成为注册志愿者或志愿团队。志愿中心项目的社工承担了协助管理辖区内志愿者了解网上信息和办理网上业务的工作。主要的工作内容有协助新志愿者和志愿团队完成注册，及时为志愿者团队进行信息更新，为志愿者录入志愿服务时长等信息管理工作，以及协助志愿者办理保险理赔等工作。

1. 志愿者注册登记工作

项目社工协助志愿者登陆“上海志愿者网”以完成个人志愿者的注册登记。有意组织志愿团队的企业、机构等单位可通过两种方式完成志愿团队的注册登记：一种是团队负责人或代表在“上海志愿者网”小程序（也被称为“志愿云”）或网站上自行注册登记；一种可由志愿团队负责人前往所在地的志愿中心，由项目社工协助其注册登记。

2. 志愿者服务时长信息更新

由于大多数的志愿者是在社区提供志愿服务，所以志愿者们的志愿服务时长累积通常是由社区志愿服务站的工作人员为其记录，并帮助他们在“上海志愿者网”上录入志愿服务时长。对于常态化的志愿服务来说，居委会的社区志愿服务站工作人员会每周为志愿者统计时长，统一录入系统。而对于某些特殊的、短期的志愿服务项目，会根据项目实际发生的时长，为志愿服务录入时长。

志愿中心的志愿团队在提供志愿服务后，通常由中心的项目社工协助进行“上海志愿者网”的服务时长录入。

3. 星级志愿者认证

“上海志愿者网”根据志愿者的服务时长为志愿者提供星级志愿者认证服务，只要是“上海志愿者网”实名注册志愿者，都可进行星级认证。志愿者可以前往志愿中心，由项目社工协助其提出星级志愿者认证申请；志愿者也可以自行在网站或小程序上完成申请。

根据积累的服务时间，志愿者可自行用手机在“上海志愿者”小程序中申请星级认证。星级评定的标准为：志愿服务记录时长累计达到100小时的认证为“一星志愿者”；志愿服务记录时长累计达到300小时的认证为“二星志愿者”；志愿服务记录时长累计达到600小时的认证为“三星志愿者”；志愿服务记录时长累计达到1 000小时的认证为“四星志愿者”；志愿服务记录时长累计达到1 500小时的认证为“五星志愿者”。志愿者可根据自己的服务时长，自行申请星级认证。

项目社工应帮助想申请星级认证但又不会操作的志愿者，协助和指导其完成星级认证。星级认证的操作步骤如下：

（1）手机进入“上海志愿者”小程序，点击

“我的”，登入个人账号。

（2）点击“个人申请”进入申请页面。

（3）“可申请星级”中会自动显示志愿服务总时长对应的可申请星级。

（4）在“信息确认”中选择自己所注册的志愿中心。

（5）“审核”处，申请人可按需选择审核单位：区志愿者协会（志愿服务指导中心）、市志愿者协会直属志愿服务总队、市级志愿者服务基地。

（6）选择完成后，点击“提交申请”。至此，就完成了星级志愿者的申请。待星级认证申请通过后，认证结果将进行为期一周的公示。可点击“首页”—“志愿动态”—“星级公示”查看星级认证结果。公示结束后，如无异议，将予以发放电子证书。可点击“我的”—“星级证书”进行查看。

4. 协助志愿者办理网上保险理赔申请

如遇志愿者在提供志愿服务过程中发生意外，需要保险理赔时，志愿中心工作人员应及时提醒志愿者至二级以上（含二级）医保定点公立医院或中国人寿保险股份有限公司上海市分公司认可的其他医疗机构就诊，并保留相关就诊记录、资料。待志愿者就诊结束或康复后，项目社工应协助志愿者填写理赔申请书，并提交理赔所需的相关资料给其志愿者协会审核。中心工作人员可告知志愿者具体理赔流程，并协助其跟进理赔后续工作。

根据“上海志愿者网”上的指引，一般理赔流程如下：

（1）发生事故后，被保险人请至二级以上（含二级）医保定点公立医院或中国人寿保险股份有限公司上海市分公司认可的其他医疗机构就诊。

（2）就诊结束后填写理赔申请书和理赔申请证明单，并将相应索赔所需资料交至所在志愿服务组织和区志愿者协会审核盖章。

（3）由区志愿者协会提交至市志愿者协会审核。

（4）由市志愿者协会审核盖章后交中国人寿保险股份有限公司上海市分公司进行审核。

（5）中国人寿保险股份有限公司上海市分公司根据保险条款，审核并实施赔付。

（三）志愿团队管理与服务

在社区长期为居民提供志愿服务的主要是志愿团队，通常每个居委层面都有若干志愿团队，团队的服务范围大多是本居委所辖区域。志愿中心的志愿服务团队属街镇层面，其服务范围覆盖本街镇范围的多个居委。每个居委的居民都有服务需求，并非每个居委的志愿团队都能提供所需的服务。特别是较为普遍的服务需求，需要有街镇层面的志愿团队为多个居委的居民提供服务。无论是居委还是街镇层面的志愿团队，团队的管理能力、服务能力和工作效率都决定了志愿服务的执行和服务效果。

为了使志愿团队的管理和服务能力得到提升，可以从两方面开展工作：一方面，为现有的志愿团队开展团队优化、扩容、增能等服务；另一方面，组建志愿中心的志愿团队，开展团队培育和服务能力建设等工作。

1. 征询加入志愿团队的意愿

在新志愿者登记注册的时候，项目社工会向其了解志愿服务的相关特长和服务内容的意愿，然后，向其介绍现有的、适合其加入的志愿团队，以及介绍可能近期将新组建的团队，并且征求其参加团队的意愿。如果其愿意加入某个现有团队，则可以将其推荐给志愿服务团队。如果其愿意加入将组建的新团队，则可将有意愿提供相同类型志愿服务并愿意加入新团队的志愿者组建成新的志愿团队。

2. 召开志愿团队工作例会

各志愿团队由志愿者自我管理和运作，而项目社工会定期组织各志愿团队召开工作例会，会议可以由社工主持，也可以由团队负责人主持。借助工作例会，项目社工能了解到志愿团队开展志愿服务的情况、志愿团队的发展以及面临的问题和需求。根据志愿团队的实际情况和需要，项目社工整合资源，为志愿团队提供团队建设、凝聚力建设、能力建设和其他所需要的支持。

3. 为志愿团队提供物资支持

志愿中心对所有志愿团队进行统一的服装管理和志愿服务的工具管理，志愿中心每年根据各志愿团队的需要提供服务所需物品，购买工具和服装并发放给志愿团队。此外，每年的夏季和冬季，志愿中心都应为志愿者提供“送清凉”的劳防用品和“送温暖”的保暖用品等物资，为志愿者提供必要的安全保障。

4. 志愿团队培育与能力建设

项目社工还为有需要的志愿团队提供团队凝聚力建设和增能培训等服务，由于团队建设和能力培育是一项相对独立的服务，所涉及的内容较多、专业性较强，因而，可将此项服务作为一个独立的子项目，该项服务的具体内容和实施方法参见第四章“志愿团队能力建设子项目实施指引”。

（四）志愿者激励工作

志愿者激励是志愿者管理工作中的一项重要任

务，要致力于将志愿者激励打造成志愿者的加油站，通过完善志愿者激励机制和采用多种激励形式，让志愿者们得到关怀，让他们的爱心、热情和付出能得到肯定和尊重，使他们在志愿服务中，既有奉献也有获得感。

1. 完善激励机制

社区志愿者在付出志愿服务的同时，得到肯定、获得精神、物质的激励或适当的成本补偿，有助于社区志愿者持续地参与志愿服务活动。因而，完善社区志愿者激励机制就显得格外重要。

为了使志愿者激励能覆盖更多志愿者，使志愿者们在付出之后能得到被肯定、被认可的感受，与此同时，能吸引更多年轻人参与志愿服务，可从两个方面入手，完善志愿者激励机制。一方面，创新志愿者激励形式，采用精神激励、成本津贴和物质回馈三种激励形式，从精神、津贴和物质三个维度对志愿者给予适当的回馈和鼓励，使激励形式更多元化且更受志愿者们欢迎。另一方面，整合社区丰富的志愿资源，使社区中更多企业、商铺、办公楼宇、园区等单位成为公益合作伙伴，以适合他们的、多种多样的形式加入社区志愿服务活动，将公益合作伙伴捐赠的物品、优惠机会或服务等，作为志愿者礼物回馈志愿者。新的激励机制整合多种资源，激励方式多样，可覆盖全部志愿者，有助于吸引更多年轻人参与。

（1）精神激励。志愿服务有助于志愿者产生自我价值和自我实现等感受，这些正向感受有助于提升个人的自尊和自信。给予志愿者肯定、赞扬和荣誉等精神鼓励，既能使志愿者的正向感受得到强化，又能激励其继续参与志愿服务。比如，一年一度的“最美志愿者”“优秀志愿者”评选，有助于激励志愿者继续投入社区志愿服务之中。获奖志愿者的事迹宣传，为其他志愿者树立了榜样，从而激励其向榜样学习，积极投身社区志愿服务。

（2）成本津贴。成本津贴是另一种激励形式，主要目的是降低志愿者参与志愿服务的个人成本。志愿者在提供志愿服务过程中或多或少地会产生一些“成本”，如交通费、购买饮用水或午餐的费用等。社工在策划志愿服务时，将成本津贴经费纳入服务预算，以适度的志愿者津贴的形式弥补或降低志愿者因参与社区志愿服务而付出的经济成本。此举一方面使志愿者感受到自己的付出被肯定、被关怀，另一方面，“零成本”也有助于让志愿者更加愿意投入志愿服务。

（3）物质回馈。物质回馈是志愿者用自己的志愿服务积分兑换其需要物品的一种激励形式。志愿者在志愿服务后可以将服务的时间换成积分。而且积分也是志愿者年度评选的参照之一，若积分达到一定数量，志愿者可以参加年度优秀志愿者评选。

可以与公益合作伙伴商议，以捐赠的形式参与社区志愿服务，并用其捐赠回馈志愿者的付出，借此鼓励志愿者持续参与社区志愿服务。公益合作伙伴们捐赠的有各种物品，例如，企业的产品（鼠标、鼠标垫等），商铺出售的商品（一杯奶茶、一份水煮牛肉等），服务或商品的折扣券等。有的公益伙伴给予志愿者可享用的机会，如一次免费的培训机会，某场地的免费使用时间等。还有的公益伙伴提供的是一次免费的服务，如一次免费的理发、美容等。这一激励机制使志愿者可以将自己的服务积分兑换成公益合作伙伴的捐赠品。志愿者积分兑换机制借助社区志愿资源共享平台进行操作，具体内容详见第三章。

2. 志愿者激励工作的实施

志愿者激励工作贯穿志愿中心一整年的工作之中。志愿者积分兑换工作和为志愿者发放成本津贴需常年开展，这是项目社工的日常工作内容之一。而优秀志愿者评选等工作通常为一年一次，志愿者宣传工作需要制定年度工作计划，并按年度计划执行。

（1）志愿者精神激励工作。精神激励主要通过线上、线下的优秀志愿者评选和宣传两种途径进行。

每年需制定相关的年度工作计划，根据实际情况和需要对此项工作的主题、内容和具体时间做出合理的安排。

① 优秀志愿者评选。每年年底，借助线上和线下等途径，开展年度优秀志愿者评选。通常，社工事先与街镇相关部门共同拟定具体评选办法和标准，如候选人标准、评选的具体方法和程序等内容。一般情况下，评选是参照志愿服务累积时长、服务使用者评价、感人事迹和社区工作者推荐等要素进行综合评选。评选出的年度“优秀志愿者”“最美志愿者”，应颁发荣誉证书。

志愿中心工作人员需提前向居委下发“最美志愿者”“最美志愿服务团队”“最美志愿服务项目”的申报表，并解释说明申报要求。一般除了基础信息外，还需要有300字简介以及1 000字左右的具体描述。下发申请表两周后，中心工作人员回收申请表，并根据具体申报材料选出相应的“最美志愿者”“最美志愿服务团队”“最美志愿服务项目”，每个奖项的具体数量可结合各街镇实际情况确定。

② 年度志愿者人物典型推荐。结合“好心人”“道德模范”等主题的社区典型人物评选和宣传活动，推选年度志愿者人物典型。通过志愿者典型人物的宣传，向大众宣传志愿者们的好人好事。一方面，可为社会民众树立榜样，倡导志愿精神；另

一方面，可让身边更多的“好心人”得到赞扬、鼓励等精神激励。

③ 年度志愿者表彰活动。年度志愿者的表彰是传统的志愿者激励方式之一，其有两个目的：一是通过表彰，激励志愿者继续以饱满的热情投入志愿服务；二是通过评选，挖掘社区中志愿服务的典型案例，树立志愿者标杆榜样，起到模范带头作用。年度志愿者表彰活动一般有以下几个步骤：首先，与街镇相关部门共商并策划表彰活动方案；其次，具体安排落实活动的具体事宜；最后，活动结束后，编写相关新闻稿，通过线上和线下方式向公众报道和宣传。

A. 表彰活动策划。年度志愿者表彰活动通常放在年底，结合“12·5国际志愿者日”的契机，开展包括“最美志愿者”系列评选、年度志愿服务总结、志愿者才艺展示等在内的大型社区活动。因而，活动时间在每年的12月5日左右，在活动开展前2个月，中心项目社工就要开始筹备此次活动。项目社工需要与街镇沟通，明确此次主题活动的内容环节，一般包括宣布“最美志愿者”“最美志愿服务团队”“最美志愿服务项目”的评选结果、年度志愿服务总结、志愿者分享、志愿者才艺展示、领导寄语等环节。各环节确定后，则根据每一项已确定的活动议程，提前进行沟通与准备工作。

B. 表彰活动执行。年度表彰活动一般包含年度总结、志愿者分享、风采展示和领导寄语等环节。

年度总结。由志愿中心工作人员总结当年志愿服务工作，以展示志愿服务工作开展的多样形式、覆盖面、服务频次、服务人群及志愿服务的成效等内容。展示可以采用PPT形式，也可以是照片、视频等形式。

志愿者分享。邀请不同年龄、身份、领域的志愿者代表来分享志愿服务的心得体会。为了使志愿者的分享精彩和感人，社工在活动准备阶段应与分享者共商分享的内容与形式，如有需要，可协助分享者润稿和彩排。

风采展示。由辖区内文艺志愿团队表演节目，通常在准备阶段，社工与各团队一起共商节目的主题和形式，提前组织志愿团队到现场彩排走台，以确保风采展示的效果。

领导寄语。社工需要提前确认当天发表讲话的领导，向领导发出邀请函。提前一天再次确认领导的行程安排，并及时告知当天活动的主持人。

年度表彰活动的具体执行细则，可参照《社区大型活动实务指南》。

④ 征集并编撰《好心人故事集》。通过“一人一故事”的方式，征集和讲述身边志愿者们的好人好事，弘扬关爱互助的社会风气和无私奉献的志愿

精神。将征集到的事迹编辑制作成《好心人故事集》，通过线上推送和线下推广等方式宣传和倡导志愿精神。

（2）执行志愿活动成本津贴制度。在志愿中心运营经费中划拨一部分专项资金作为志愿者成本津贴。该项制度的执行，通常分为以下几个步骤：

① 在制定每一项服务计划时，将志愿者参与志愿服务时所需成本进行估算后，将总额列入预算。

② 发放津贴前应制作津贴领取表，供领取津贴的志愿者填写姓名、身份证号码、银行账号等信息。

③ 通过机构财务统一以转账的形式发放津贴。

④ 所有凭证交由财务记账和存档。

成本津贴的方式主要分为两种：单次志愿服务津贴和长期志愿服务津贴。这两种方式运用的场景、适用人群和操作方式有所不同。

单次志愿活动津贴：在提供单次志愿服务后，向志愿者发放如车费、餐费、饮用水、购置服务材料等成本津贴。在志愿者完成单次志愿服务后，立即发放津贴，从而降低志愿者参与志愿服务的经济成本。

长期志愿者津贴：在志愿服务项目频次相对固定，且志愿者也相对稳定的情况下，通常按季度向志愿者发放成本津贴。

（3）物质回馈。这种激励形式是借助志愿资源共享平台的志愿者积分兑换机制，使志愿者可以用自己的志愿服务积分兑换平台上提供的物品、机会或服务。该项工作专门设立了资源共享平台子项目，具体实施参见第三章。

三、志愿服务管理与优化指引

协调、管理和提供志愿服务是志愿中心的枢纽功能之一，为了使志愿中心发挥应有的作用，可以从服务提供、服务对接、服务管理和服务培育等方面入手，对社区志愿服务及服务项目进行科学管理，既丰富社区志愿服务资源，也提升社区志愿服务的能力。

（一）提供窗口服务

为了发挥志愿中心“家门口”的服务作用，中心可以设置便民服务窗口，提供物资租借、咨询服务等便民类服务。

1. 便民服务

便民服务旨在满足居民日常生活中的需求，例如提供医药箱、针线包、老花镜、拐杖、书籍的临时租借，以及失物招领、天气预报、助残服务、视觉信息无障碍服务、听觉信息无障碍服务等。有条件的志愿中心还可提供饮用水、咖啡、充电设备、小憩处、防寒保暖、避暑防晒、借用厕所等各类便民服务。

此外，志愿中心的服务窗口还接待居民求助，在条件允许的情况下，项目社工应尽可能地直接为居民提供服务。如果社工不能直接提供服务，就要为居民先做服务需求登记，然后联系能提供服务的个人或部门，并将该居民转介给服务提供方。转介后，项目社工仍需跟进此项服务，了解居民需要的帮助或服务是否已经落实，以及居民对服务是否满意。

2. 咨询服务

服务窗口还接待居民前来咨询与志愿者及志愿服务资源等相关的事宜，此类咨询中较常见的问题有“我如何成为一名志愿者？”“我可以在这里参与哪些志愿服务项目？”等。成为志愿者往往从咨询相关事宜开始。为了做好咨询服务，志愿中心的项目社工应熟悉志愿者相关规定及注册流程，并掌握本区域内志愿服务项目和志愿者团队的情况。当有来访者咨询志愿服务相关信息时，项目社工应热情接待并给予适当回复。若当时无法回答来访者提出的问题，项目社工应留下来访者的联系方式，在了解相关情况后给予回复。

（二）志愿服务项目网上管理

项目社工需协助志愿者团队开展志愿服务，并根据“上海志愿者网”规范化操作流程，协助志愿者完成网上项目发布、招募项目志愿者、为志愿者录入服务时长和审批下级服务项目等工作。

1. 发布志愿服务项目

所有的志愿服务项目都有周期性，有些是单次的志愿服务项目，只在特定某个时间段内开展，有些是长期的志愿服务项目，需要每月定期开展。项目社工需要根据志愿服务活动的开展周期，在社区志愿服务开展之前，将各项志愿服务的相关资料上传至“上海志愿者网”，完成志愿服务项目网上发布。

2. 为服务项目招募志愿者

在完成项目上传之后，项目社工可以协助该项目招募志愿者，并将报名参与该项志愿服务的志愿者添加进该项目。

3. 服务时间录入

在项目周期结束后，项目社工需要阶段性地为参与服务的志愿者录入服务时长。

4. 审批下级项目

辖区志愿服务团队在开展志愿服务项目前，会在网站上发布该服务项目，街道志愿服务中心需对下级志愿服务项目进行审批。只有通过街道志愿服务中心审批后的项目，才能为志愿者录入服务时长。所以，志愿中心工作人员需要每天登录街道志愿中心的账号，完成下级团队的志愿者项目发布审批等管理工作。具体操作方法是在待审批项目下有发布项目显示待审核，选定待审核项目后，点击通过即可。

（三）建立资源共享平台，实现服务对接与配送

志愿中心建立了服务配送机制，使志愿中心拥有服务与需求协调对接、服务配送、服务跟进等多种功能。平台建设的具体操作可参照以下步骤：

第一步，项目社工建立志愿者信息资源库，资源库将志愿者按不同种类的能力特长、可服务时间、服务区域、联系方式等信息分类归档。

第二步，建立社区志愿资源共享平台，在平台上建立志愿服务配送机制。当有居民提出具体志愿服务需求时，项目社工可以通过资源共享平台为居民找到适合的志愿者，并将服务配送至有需要的居民。资源共享平台是志愿服务中心运营管理的一项

重要服务，乐群将此服务作为一项子项目运作和管理，具体内容详见第三章“资源共享平台建设子项目实施指引”。

（四）志愿服务项目化管理与服务优化

可以通过志愿服务的项目化管理和实施服务优化计划，协助志愿团队升级优化或开发服务项目，借此提升服务品质并推动社区志愿服务的发展。例如，乐群依托LFL街道志愿者服务中心平台，开展了社区“志立方”志愿服务项目创投大赛，引导志愿团队结合社区需求自主开发特色服务，选拔出首批志愿团队实施服务优化计划。

1. 开展“志立方”创投大赛选拔志愿团队

LFL街道的众多志愿团队有项目优化的需求，项目社工分批地实施志愿项目优化计划。为了在众多服务项目中选拔出首批入选优化计划的项目，项目社工策划举办了名为“志立方”的志愿服务项目创投大赛，在参赛项目中选拔出10个志愿团队的项目，开展志愿服务项目化管理工作，从而使志愿服务管理水平和服务品质得到提升。

（1）信息发布，征集项目。社工通过街道微信公众号发布“志立方”志愿服务项目创投大赛的征集令，征集辖区内现有的志愿团队，以志愿服务项目申报的方式参赛。申请资料的内容包含志愿团队基本情况、项目背景和需求、服务对象、服务目标、服务内容和经费预算。

（2）组织评审会，评选项目。对征集到的参赛项目申请，社工组织评审会，邀请志愿中心负责人、专家和社区居民代表对申报的项目进行评审。评审会程序如下：首先是展示环节，邀请所有参赛项目代表进行5分钟现场汇报展示。其次是问答环节，由志愿中心负责人、专家向参赛项目代表提问。最后是评分环节，由志愿中心负责人、专家根据各参赛项目的展示和答辩进行打分，并由现场居民代表为参赛项目投票。志愿中心负责人和专家的打分之和占总分的50%，居民代表投票数占总分的50%。两者分数相加后，总分排列前10名的志愿团队入选优化项目名单。

2. 实施志愿服务优化计划

针对10支选拔出来的志愿团队，推进服务的项目化管理，完善和优化服务方案。现以LFL街道老有所“衣”志愿服务项目为例，介绍服务优化与服务项目化管理。老有所“衣”志愿服务项目的前身是夕阳洗衣队，这支志愿团队成立于2015年4月，团队成员共有7人，都是社区内的党小组长和楼组长，平均年龄70岁，其中年龄最大的志愿者有76

岁。他们利用居委老年活动室的洗衣机，为社区内80岁以上独居、孤老和行动不便的长者提供清洗衣褥的服务。该项服务平均每年服务30位长者。

（1）分析项目团队与服务需求现状。从团队自身的需求来说，成员年龄普遍较大，团队负责人已76岁，团队老龄化的问题已为服务带来一些困扰，高龄志愿者有些力不从心。从服务对象的需求来说，社区内符合志愿服务条件的长者逐年增多，对该项志愿服务的需求量日益增多。

（2）通过专业督导，优化项目方案。社工对10支入选项目优化的志愿团队负责人采用一对一的督导形式，从项目管理和服务设计的角度帮助各支团队优化服务方案。

① 重新审视项目名称。项目需要有符合项目目标和项目内容的项目名称。在督导夕阳洗衣队负责人的时候，进行了项目名称的讨论，期望项目的名称好记又上口，并且能突出为高龄长者清洗衣褥的服务内容，经讨论最终选定“老有所‘衣’”这个名称。

② 确定项目目标。项目目标设立需要考虑团队自身发展和具体服务开展两个方面。“老有所‘衣’”最初的项目目标都是围绕服务开展设立的。在分析团队情况的时候，围绕团队老龄化的问题，社工建议从团队发展的角度考虑，通过项目宣传，招募

50—60 岁年龄段的志愿者，作为团队补充后备力量。另外，针对服务需求的不断增大，建议团队在增加成员的同时，可以整合社区资源，增加服务工具，以提升服务量的途径来扩大服务覆盖面。

③ 规划项目内容。项目内容要有可操作性，也要与项目目标相匹配。“老有所‘衣’”项目的内容，在志愿服务的层面，主要是为社区内 80 岁以上独居、孤老、行动不便的长者提供清洗衣褥的服务，服务频次为每周三、周五各 1 次。在团队发展的层面，全年开展 2 次社区宣传活动，结合居委便民服务日活动，设摊招募志愿者。另外，动员团队成员通过推荐的方式，招募志愿者。

④ 落实并合理使用经费预算。为入选“志立方”志愿服务项目优化的志愿团队，各提供 3 000 元项目经费，用于志愿服务项目的实施，包括宣传费和物料费。“老有所‘衣’”项目的经费预算主要用于购买清洁衣物所需的洗衣液。在社工的建议下，团队制作了项目宣传物品，如项目宣传单页，用于招募志愿者；还制作了服务记录卡发放给服务对象，以进行服务记录。

（3）开展集体督导，协助团队建立规章制度。“夕阳洗衣队”原本是志愿者自发的队伍，除了每周定时提供志愿服务外，日常缺乏团队管理和规章制度，服务记录也不清晰。社工通过团体督导，帮助团队建立服务签到、团队例会、服务记录等规章制度，梳理日常服务流程，规范服务台账。通过一系列制度规范，志愿团队为长者建立“一人一卡”，每次服务清洗的衣物都有数量和明细记录。

（4）开展增能培训，提升服务能力。社工依托“志立方”志愿服务项目，对10个入选的志愿品牌项目团队开展定期增能培训，内容涉及志愿服务项目的基本策划，志愿服务项目的实施、评估等。每月与项目负责人开展一对一督导，每季度开展一次团体督导，对项目进行过程监控和评估指导，提供专业意见。“老有所‘衣’”项目的团队志愿服务能力较强，但资源整合能力有待加强。社工在培训过程中，带领团队分析增加服务工具的途径，比如可以向居委或者社区共建单位筹集。

3. 开展服务评估总结项目成效

社工对每一支入选团队均进行了项目评估，并借此向团队负责人示范如何进行服务项目的总结评估。

（1）项目评估。根据项目规定，项目结束后团队负责人需撰写并向志愿中心递交《项目评估报告》。在项目周期内未完成项目实施的团队，则需要提交项目延期书面申请，经志愿服务中心同意后，在规定延期时间内完成项目，提交评估报告。社工在收到《项目评估报告》后，与团队负责人预约评估时间。评估当天，通过项目的台账资料所显示的志愿服务记录和活动资料，以项目方案的总体目标和具体目标为标准，对照项目服务内容的服务频次和服务人次，检查评估项目是否完成。在评估过程中，社工可对项目负责人进行提问，以便更全面地了解项目开展情况，帮助志愿团队提升反思总结能力。

（2）项目总结会。由项目负责人召集团队成员开展项目成效总结会议，通过 PPT、照片、视频等形式帮助团队成员一起回顾项目历程，分析项目服务按照原计划的推进程度，总结项目成效。通过项目成效的总结分享，不断提升项目执行团队的综合管理能力，推动志愿服务品牌项目的可持续发展。比如，“老有所‘衣’”项目全年完成了项目既定志愿服务量，在团队成员的努力下，最终新增 2 位退休不久的志愿者加入队伍。随着志愿者能力的逐步提升，他们对所服务内容有了新的想法，在原来洗衣的基础上，增加对长者的关爱服务。每次将洗晒好的衣物送上门的时候，成员们会多留一些时间与老人交流，关心老人的身体状况，给予他们精神慰藉。夕阳洗衣队经过“志立方”志愿服务项目创投的培育，改变了团队自身的弱势并发挥出自身的优势，从而提升了团队的服务能力，最终形成志愿服务品牌。

四、志愿精神宣传与倡导指引

志愿中心的重要任务之一是宣传先进典型，通过志愿服务中心宣传和社区宣传等形式，大力弘扬志愿服务精神，传播志愿服务理念，吸引更多社区居民加入志愿者队伍。

（一）志愿服务中心宣传布置

根据志愿中心的标准化建设要求，志愿中心应设有宣传显示屏、照片宣传墙或宣传灯带。

1. 显示屏的宣传管理

为了加强志愿中心的对外宣传，每个志愿中心都配备一台显示屏，各地的显示屏类型可能略有不同，包括室内和室外的电子屏、电视机等电子屏幕，主要用于播放上级志愿中心下发的宣传片，从市/区级层面宣传整个志愿服务的精神。志愿中心的工作人员需要根据上级要求，及时更换宣传片，每天到志愿中心后，开启显示屏，播放最新版本的宣传片，并根据上级指导，定期更换显示屏内容。

2. 照片墙的宣传管理

大部分志愿中心都配备照片墙，用于展示志愿者风采及志愿服务项目。照片墙的种类不限，有传统的相框照片墙，也有电子照片墙。有电子照片墙的场地，工作人员需每天早上上班时开启照片墙，让照片滚动播放，下班时关闭照片墙。无论哪种形式的照片墙都需要定期更换照片，或根据近期重点工作有选择性地不定期更换，以达到宣传和推广志愿服务的目的。

3. 灯带的宣传管理

有些志愿中心的室外有外置宣传灯带，工作人员需要每天到志愿中心后，开启灯带，加强志愿中心的显示度，下班时关闭外置灯带，表示志愿中心接待时间的结束。

（二）社区宣传推广

志愿中心为了扩大社区影响力和知晓度，积极宣传志愿服务精神，定期到社区开展志愿便民服务。通过社区志愿资源整合，形成菜单式服务清单，在社区以摊位的形式，开展志愿服务，提升志愿中心社区知晓率。

宣传更新工作应根据年度宣传计划，每月准备宣传资料，并同时在线上和线下更新宣传内容。除了既定的宣传主题和内容外，还要尽量将近期开展的志愿服务活动纳入宣传内容，让公众及时了解志愿活动。

（三）公众号推送

志愿中心根据运营的要求，定期在政府的微信公众号宣传和推广志愿服务项目，宣传优秀志愿者、优秀志愿团队和示范性志愿服务项目的事迹，展现本社区的志愿服务氛围和志愿者的良好精神风貌。

第三章

资源共享平台建设子项目实施指引

根据项目设计，在挖掘、整合、完善和优化社区志愿资源的基础上，建立一个可循环、可持续、可共享的志愿服务资源平台，这是街道志愿服务中心的服务内容之一。本章将以项目执行过程为脉络，从社区资源调研、平台设计、平台运作到管理维护各阶段介绍资源共享平台建设子项目的具体实施。

一、社区资源调研

建立志愿资源共享平台（可简称“资源共享平台”）是为了将社区志愿服务资源有效整合并发挥作用，使社区志愿服务能以恰当的方式及时地满足居民的需要。资源共享平台如何设计、如何运行、应采取怎样的形式，回答这些问题，都需要建立在充分把握和挖掘社区资源、了解社区需求以及对资源与需求进行深入分析的基础之上。

在前期社区调研的基础上，社工可以采用“走访+访谈”的方式，进一步深入地对社区资源进行排摸，充分挖掘潜在的社区志愿服务资源，实现社区志愿资源的扩容。在走访中，社工可以向各公益合作伙伴介绍资源共享平台的设想，了解大家对资源共享平台的期待和建议。借此，更深入了解和挖掘社区内的志愿服务资源，以及不同人群对社区志愿服务资源的需求。走访中面对面的深入访谈，可以更真实和直观地了解志愿资源和服务需求，与此同时，与志愿资源提供者和服务对象建立联系。

（一）深入了解资源和志愿者需求

通过社区资源调研，对“社区目前有哪些社区资源”“社区各方希望资源共享平台发挥怎样的作用”“志愿者们对资源共享平台有怎样的期待”等问题进一步深入地了解。资源调研一方面是要重点搜集各方所拥有并可以作为志愿服务的资源，另一方面是要了解各方对志愿服务的需求，以及他们对资源共享平台的期待。根据志愿资源共享平台功能，参与志愿服务的各方都将是资源共享平台的使用者，如社区居民、志愿者及团队、志愿资源的提供者，以及社会工作者和社区工作者。因此，他们都是补充调研的调研对象。

1. 走访准备工作

（1）准备走访清单。社工可以先向街镇相关部门了解街镇内园区、办公楼宇和企业的名单和联系方式，了解现有合作伙伴，如共建单位、人大代表所在的企业、积极参与街镇公益活动的爱心企业和机构（以下简称“单位”）等名单。社工将这些企业、单位或机构的名称和联系方式列成名册，然后在名册中选出需要走访的单位，从而形成走访的清单，如果需要走访的单位较多，可列出分批走访名单。

（2）准备访谈提纲。根据“社区目前有哪些社区资源”“社区各方希望资源共享平台发挥怎样的作用”“志愿者们有怎样的期待”，准备访谈提纲。宜采用开放式提问的方式，以更广泛地了解相关信息。访谈企业和机构时，也需要进一步了解不同企业/机构文化，记录不同企业/机构关注的公益方向以及他们愿意为之提供的资源等。了解的内容越详细，对于后期的合作越有针对性，也更有利于双方的合作。

2. 开展走访工作

在走访前，根据走访清单逐一与受访者电话联系，约定走访时间。走访当天与受访者见面后，根据访谈提纲向受访者了解情况。访谈时，尽量请受访者多谈一些具体情况，可向受访者介绍资源共享平台的设想，听取他们对该平台的想法、期待、需求。由于补充调研的受访者类型较多，针对不同的受访者了解情况应有不同的侧重点。

（1）走访居委会，向社区工作者了解社区资源情况。社区工作者是最了解当地社区的志愿服务、活动的场地、志愿服务团队和志愿者资源等信息的人，社工可以逐个走访居委会，向社区工作者深入了解各社区的志愿服务场地和人力资源等具体情况。

（2）向志愿者了解他们对社区资源的需求。可随机地挑选一部分志愿者和志愿团队的骨干志愿者进行访谈，以了解辖区内志愿者对社区志愿资源的需求，对整合社区资源、建立资源共享平台的看法及期待。

（3）走访社区共建单位，了解可提供的志愿资源以及他们的需求。社区共建单位拥有丰富的物资、场地和人力资源，可重点了解共建单位可提供的资源种类、数量以及提供形式。与此同时，也要了解共建单位与志愿服务相关的需求，如：共建单位更倾向于关注哪类服务人群，他们的企业社会责任是什么，他们希望在提供志愿服务后获得哪些证明，或希望怎样的宣传，等等。

（4）走访楼宇、园区，了解企业的志愿资源。辖区的办公楼宇或园区中有种类丰富的企业资源，企业的产品也可成为资源共享平台丰富的物资来源；企业的白领多才多艺，是丰富的人力资源；有些企业还拥有丰富的多媒体资源。在走访过程中，可根据不同类型的企业，有针对性地结合企业文化挖掘企业资源。在挖掘企业物资资源的同时，了解白领可参与志愿服务的时间，从而挖掘志愿服务的人力资源。

（5）走访辖区内商圈及商户了解合作意愿，开发合作者。商圈是众多商户的集中地，无论商户规模大小，商户都拥有非常丰富的物资和服务资源。走访商户的重点是以合作为契机，了解商户参与社区公益的合作意向以及合适的形式，开发合作者并尝试找到互惠共赢的合作模式。值得注意的是，走访与访谈既是在了解资源和需求，也是与潜在合作伙伴建立关系的机会。因此，应真诚、积极主动地与受访者交流，以适当方式提问，并运用追问细节、澄清、确认等访谈技巧。

（二）资源调研结果

社区资源调研发现，各个街道拥有丰富的志愿服务资源，资源的类型包括人力资源、物资资源、场地资源、服务资源等。人力资源中有来自居民的志愿者资源和来自共建单位的人力资源。物资资源大多数来自企业，物资的品类繁多。街道范围内有着各种场地资源，如会场、广场、公园、活动场地等。服务资源有免费的物品修理、理发、清洁打扫等。有些志愿资源已经得到开发和利用，但还有大量的资源尚待开发，商圈中有些店铺表示愿意参与社区志愿服务活动，但是，店里人手有限不能派人参与，他们愿意以捐赠店里商品的形式参与，如奶茶店表示愿意每周捐赠一杯奶茶给社区志愿者。办公楼宇中，有的公司表示可以为志愿者做一次免费的培训，有的表示可以捐赠公司的产品给受助人或志愿者。由此可见，有很多企业、机构等都愿意加入公益合作伙伴的行列；适合他们的参与形式多种多样，不仅仅是以人力或物资参与，也能以服务和给予机会等形式参与；他们不仅愿意帮助受助者，也愿意回馈志愿者。

二、资源共享平台设计

基于社区资源调研中发现的缺乏志愿服务信息和资源共享等情况，为了改善社区志愿服务，使社区志愿服务在资源和服务两个方面增能，乐群为街道建立了社区志愿服务资源共享平台。借助该资源共享平台可以实现以下功能：一是公开发布各种志愿服务信息，使居民能了解到社区有什么志愿服务；二是使零散的志愿服务能够联动与整合，使志愿服务惠及更多有需要的人，从而促进志愿服务的规范化和服务升级；三是借助平台实现新的志愿者激励形式，使志愿者感受到被肯定、被关怀和被鼓励，与此同时，吸引更多年轻人参与社区志愿服务。

（一）服务目标

1. 总目标

通过社区志愿资源共享平台建设与管理，使社区志愿服务资源得到拓展与整合，使社区志愿资源更好地发挥作用，最终形成社区志愿服务资源有效利用与维护的长效机制，促进社区志愿资源可持续发展。

2. 具体目标

（1）建立服务对接与配送机制。借助志愿资源共享平台，建立志愿服务配送机制，将需求与服务有效对接和配送，从而提升志愿服务的有效匹配、服务可及、服务评价等可控性。

（2）建立服务积分兑换机制。借助志愿资源共享平台，实现多元化的志愿者激励形式。通过志愿服务积分与积分兑换系统，使志愿资源流动起来，从而更好地维护社区志愿服务资源，激励和吸引更多人参与志愿服务，促使社区志愿服务资源扩容和增值。

（二）服务内容

社区志愿服务资源共享平台是帮助社区志愿资

源有效利用与有效维护的长效机制。该平台是一个志愿服务配送、服务积分及兑换的小程序操作系统，主要有两个功能性机制。一是服务配送机制。该机制具有服务申请、匹配、配送和评价等功能，旨在使社区内的服务需求与服务供给有效匹配，使零散的服务需求能及时、恰当、有效地得到回应，从而使志愿资源更好地发挥作用。二是志愿服务积分与兑换机制。该机制具有志愿者服务积分功能和积分兑换功能，一方面将社区丰富的志愿资源以多种形式参与到社区志愿活动中，另一方面使志愿服务小时数通过积分得以积累，并可以兑换物品或服务，以满足志愿者个人需要。志愿资源共享平台结构详见图 3-1：

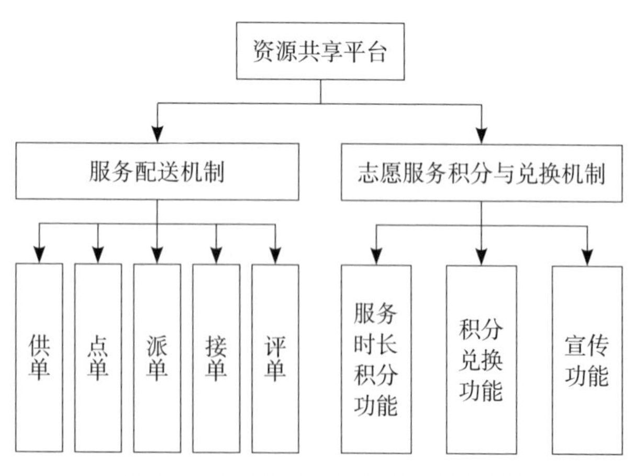

图 3-1　志愿资源共享平台结构示意图

1. 志愿服务配送机制

志愿服务配送机制的设计是为了改善社区志愿服务信息知晓率低、志愿服务单打独斗有区域性限制、资源不能共享等现状，旨在解决服务需求与服务供给之间的衔接不畅问题。例如，一方面居民服务需求找不到合适的提供者，而另一方面志愿资源未能得到很好利用。根据社区调研和分析，社区日常志愿服务需求通常为一些便民服务，这些需求具有即时性和分散性等特征。居民除需要一些长期服务外，还有一些日常生活中随时发生的困难，需要能及时协助居民解决当下困难的志愿服务。这就有必要建立一个使服务需求和服务供给有效衔接的机制，使居民在需要的时候，能提出需求并及时得到回应，并有适合的志愿者为其提供服务。

社区志愿资源共享平台中的志愿服务配送功能就是为解决上述问题而设置。服务配送机制也称“五单管理”系统，主要有五大功能：供单、点单、派单、接单、评单，即管理志愿服务的服务清单发布、服务申请、供需匹配、服务配送、服务评价整个过程。居民在共享平台上直观地了解到社区内的志愿资源信息，当他们有志愿服务需求的时候，能在共享平台上提交服务需求；共享平台收到服务需求信息后，向合适的志愿者发布该信息，志愿者接单后提供服务。与此同时，共享平台设有志愿服务网上评价功能，接受志愿服务的居民可以在共享平台上对服务进行评价。服务评价功能一方面提升了志愿服务的管理水平，另一方面有助于提升志愿服务质量。

服务配送机制的“五单”功能具体如下：

（1）供单功能。通过共享平台的服务配送系统，社区将可使用的志愿服务清单公开发布于“供单”区域。任何人可以通过平台在“供单”区域里看到辖区内所有可使用的志愿资源信息。

（2）点单功能。点单功能是社区居民选择服务和提交申请的功能区域。社区居民可通过“点单”功能，选择其所需要的某一项志愿服务，并在系统中提出该项志愿服务的使用申请。

（3）派单功能。在服务配送系统中，项目社工或社区工作者将居民的服务需求发送给可提供相关服务的志愿服务团队，进行任务“派单”。

（4）接单功能。志愿服务团队根据任务“派单”的具体要求，评估自己是否合适，经评估认为适合，该志愿团队操作任务“接单”。接单后为提出申请的居民提供志愿服务。

（5）评单功能。志愿服务完成后，服务使用者将对本次志愿服务进行满意度评价。“评单”的方式，无形中对志愿服务的质量起到了监督监管的作用，而志愿者的综合评价也可作为年底评选优秀志愿者的参照依据之一。

2. 志愿服务积分与兑换机制

志愿服务资源共享平台将新的志愿者激励机制以志愿服务积分与积分兑换、线上志愿者表彰和宣传等形式具体实现。平台将社区各种资源整合起来，用各类不同的资源以适当的形式为志愿者提供服务。例如，有些商铺由于人力资源紧张而不能派人参与志愿服务，但是他们愿意为志愿者捐赠一些商品，这也是参与志愿服务一种形式。有的公司愿意捐赠产品，培训机构愿意提供一个免费参加培训的机会，等等。社区内各种志愿服务资源可以采用不同的形式参与志愿服务活动，资源共享平台将这些资源整合在一起。

志愿者积分兑换机制主要有三项功能：

（1）服务时长积分功能。志愿者可以通过资源共享平台将自己的志愿服务小时数进行累积，并且可以查询自己累积的小时数。志愿服务小时数就是服务积分，积分可以兑换其需要的物品或其他形式的奖励。

（2）积分兑换功能。企业和商家等捐赠的物品、各种机会等作为奖励品陈列在积分兑换功能区域，标明兑换所需的积分数量，志愿者可用自己的积分兑换其所需要的奖励品。

（3）宣传功能。在资源共享平台上，设定宣传专区，以滚动播放的形式，定期在该区域发布，对志愿者进行精神鼓励，如优秀志愿者（含团队）榜单、志愿服务时间排行榜、优秀志愿者事迹、志愿者感人故事等。

根据社区的实际需要和项目的服务目标，可以在志愿资源共享平台上设置各种机制和功能。通常来说，如果服务目标是满足居民日常志愿服务需求，那么就可以选择设置服务配送机制。如果服务目标是鼓励志愿者和吸引更多志愿者加入，可选择设置志愿者激励机制。当然，这两个功能性机制可以叠加使用，或添加社区所需要的其他功能。

三、平台建设与运营管理

建立志愿服务资源共享平台，在操作上通常分为以下几个步骤：第一步是在拓展志愿服务资源的基础上建立志愿服务资源库，第二步是搭建框架和两个功能性机制，第三步是将资源分别上传到两个功能性机制当中。

（一）建立志愿服务资源库

建立志愿服务资源库，首先需要开拓和收集社区志愿服务资源。

1. 志愿资源开拓与搜集

社区志愿资源的收集大多采用上门拜访的方式，一般流程如下：

（1）拜访前。社工和志愿中心工作人员将社区共建单位、爱心企业等已知的单位或机构等合作伙伴的名单列出，然后通过电话与相关人员联系，预约拜访时间，按照约定时间前去拜访。

（2）拜访时。社工先向受访者介绍自己，表明前往的目的和诚意，介绍建立志愿资源共享平台的意义。然后，征询对方的想法，将对方可参与志愿服务活动的资源类型、参与形式、数量等逐一做好记录。

（3）沟通后。社工主动留下自己的联系方式，告知对方下一步需要其配合的事情是什么，自己会如何与对方联系等后续具体工作事宜。最后，对受访者表示感谢。

除了拜访已知的合作伙伴外，还需要开拓新的志愿资源，如商圈中的店铺、社区内的各种机构等，都是潜在合作伙伴。增加新的志愿服务合作伙伴就是为社区志愿服务资源扩容，增添志愿服务的社区资产，使社区志愿服务的资源更丰富和充盈。

开拓新资源需要社工和中心工作人员前往各单

位走访，如果是办公楼宇，可以按照楼栋、楼层拜访。最好先拜访楼宇的物业，一方面将物业公司作为开拓对象，征询其志愿服务意愿。另一方面争取得到楼宇物业的协助，或可降低楼宇中各单位对拜访的排斥和拒绝。如果是商圈，可以依次拜访店铺。具体步骤可参照对已知合作伙伴拜访的流程。

2. 资源细化分类

一般情况下，志愿中心工作人员可收集到的资源有三种类型。

第一种是物资资源。主要是来自辖区内的共建单位、爱心企业捐赠的物资，以及上级单位发放的各类慰问物资。第二种是场地资源。包括辖区内可对外开放的所有场地，如文化中心多媒体教室、公园广场，或辖区内单位愿意提供的场地，如学校操场、单位培训大教室等。第三种是人力资源。包括辖区内的志愿者个人、志愿者团队、社区达人、企事业单位白领、企业家、学校老师、医护人员、消防员等各个行业愿意为社区提供志愿服务的人。

收集到上述三大类资源后，为了后期在提供服务时能快速、精准定位到符合需求的资源，还要进一步根据不同类型、条件、特点等因素，对这三大类的基础资源进行细化分类。

（1）物资资源的细化分类。物资资源可根据物品本身的属性进行细化分类，比如餐饮食品类、生活日用品类、教育学习类等。

（2）场地资源的细化分类。场地资源可根据场地的条件进行细化，如场地面积、室内室外、有无多媒体设备、桌椅可否调整、可容纳人数等。

（3）人力资源的细化分类。人力资源即志愿者，对志愿者的分类可根据技能类型进行细化，比如电工、家电维修、理发、书法国画、手工编织、烘焙、医疗等。

将细分后的资源细目按照一定的逻辑输入 Excel 表格里，每一页都做好标签和相应的链接。资源库的细化分类，有助于社工更全面、更清楚地掌握所在社区的志愿服务资源类型，同时也能提升志愿服务“供需匹配”的效率。

（二）志愿资源共享平台建设

志愿资源共享平台建立在已有的网络平台上，以 DNL 街道为例，服务配送机制加载于区政府开发的“静安区新时代文明实践中心智慧云平台”，志愿者积分兑换机制加载于微信公众号。

1. 服务配送机制建设

服务配送机制的核心是“供单、点单、派单、接单、评单”的“五单管理”，每一项功能的具体操作如下：

（1）如何供单。志愿中心工作人员将搜集整理好的志愿服务信息，包括具体的每一项志愿服务、三种类型资源分类上传至资源共享平台的服务配送功能模块。凡是点击进入服务展示区域者，均可以看到分类服务和每一类的服务细目。

（2）如何点单。辖区居民有志愿服务需求的时候，可由居委志愿服务站点社区工作者在“服务配送功能”选择所需要的服务，选中后提交“点单”服务，例如，A社区在“服务配送功能”上填写需要一次小家电维修的志愿服务并成功提交，就完成了一次志愿服务的“点单”。

（3）如何派单。志愿中心工作人员收到填写的“点单”信息后，在已建立的资源库中寻找同类型的资源，并根据服务时间、服务区域等因素，择优选出1—3个备选志愿服务资源，同时进行“派单”操作。例如，在接到A社区需要一次小家电维修的志愿服务需求点单后，志愿服务中心项目社工或工作人员可在人力资源-家电维修中搜索离居住点最近的、最符合条件的3名志愿者进行任务派单操作。

（4）如何接单。志愿服务中心在“派单”后，项目社工选择3位备选志愿者，将志愿服务形式、服务对象、服务人次、服务频次、服务场地等最符合服务条件的志愿者或团队作为备选者，然后与备选者取得联系，就志愿服务形式、服务对象、服务人次、服务频次、服务场地等内容进行细致沟通，最终确定最适合的作为服务提供者，就此完成“接单”。例如，项目社工与3名小家电维修的志愿者沟通后发现，第一位志愿者张老师因身体不适暂时无法提供志愿服务，第二位志愿者刘老师在外地无法赶回社区，而第三位志愿者王老师有时间且愿意提供志愿服务。于是王老师就成功接下了这单任务，完成“接单”。

（5）如何评单。为了保障志愿服务的质量，在完成志愿服务以后，中心需要让“点单”的社区对“接单”的志愿者进行评价。社区工作者征询被服务居民对服务的满意度，然后将评价输入系统。例如，王老师在约定为A社区提供小家电的志愿服务的当天迟到了，导致本来约定的3小时的服务时间缩短为2小时，居民对此次志愿服务表示不满意。“点单”的A社区志愿服务站工作人员可以在“服务配送功能”上对王老师的志愿服务进行满意度打分。需要注意的是，志愿中心工作人员除了做好资源共享平台的服务配送“五单”管理以外，还需要做好服务双方的沟通、协调和跟进工作。例如，志愿服务当天需要的耗材、场地的安排与协调等。此外，志愿服务结束后，中心工作人员应当表达对服务提供方的感谢，及时为志愿者录入服务时长，做好服务数据的统计工作。

2. 建立志愿服务积分兑换机制

志愿者在为社区提供志愿服务后，可将志愿者的服务时长转化为积分，让志愿者根据积分兑换相应的物资/服务，享受相应“志愿者礼遇”，这种积分兑换的激励方式，可以更广泛地覆盖到几乎所有的志愿者群体。志愿积分兑换机制将兑换的主动权交给志愿者，志愿者可以根据自己的志愿服务时间积分，选择自己想要的回馈，此举更有助于调动志愿者积极性。同时，不同物资/服务的价值有所不同，这也需要用不同的积分数量兑换，因而也体现了志愿积分兑换的公平性。去兑换自己想要的物资/服务，会成为志愿者持续不断地投入志愿服务的动力来源之一，从而对志愿者产生激励效果。志愿者积分与积分兑换的循环示意图如图 3-2：

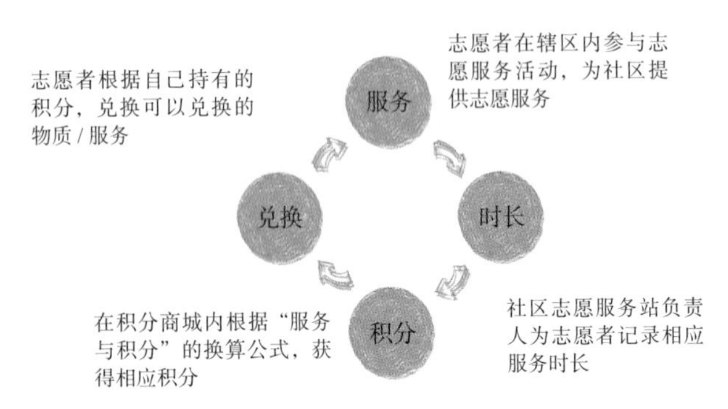

图 3-2　志愿积分与兑换体系

志愿服务积分兑换的基本流程按照从建立机制、搭建平台、平台试运营到日常运维，主要内容如图 3-3：

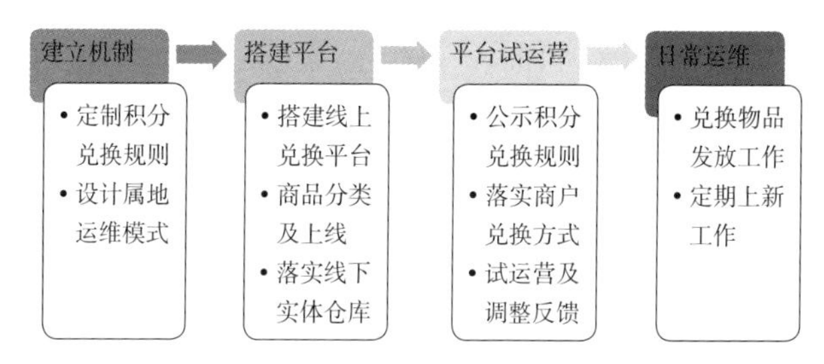

图 3-3　志愿积分兑换的工作流程

（1）建立积分与兑换机制。构建积分兑换机制是将志愿者的服务时间转化为志愿服务积分，志愿者则根据自己的积分在积分兑换平台上兑换相应的物品或服务。

① 制定积分及兑换规则。志愿中心可根据实际情况制定志愿者积分制度及积分规则，从而对“志愿服务时长”的定义、积分的统一标准以及积分兑换的流程等内容做出规定。项目社工应根据属地社区的具体情况，结合过往经验，在估算的基础上拟定一个时长与积分的转化比例，将志愿服务的时长按照一定比例转化为积分，如一小时志愿服务时长等于 10 积分。需要注意的是，志愿服务时长与积分的转化比例并没有一个固定统一的数值，不同街

镇可以采用不同的转换比例。但只要是在同一辖区，就应采用同一个转换比例。

② 设计属地化的运维模式。中心的运营和日常维护模式是兑换系统具体的运作方式，在规划设计当地积分兑换模式的时候，要充分考虑到参与整个积分兑换过程中所涉及的方方面面，需要规划由谁来承担积分统计的工作、谁来协调商户与平台的公益合作关系、兑换如何落实、哪里是适合兑换的地点等。由于积分兑换平台上的物资和服务牵涉到社区志愿服务团队、企事业单位、商户等不同单位，而每个社区的行政功能、基层管理能力也各不相同，所以中心项目社工在规划设计时，必须考虑到社区自身的资源情况、能力情况等各种因素，为社区建立独一无二的、属地化的志愿服务积分兑换运维模式。

（2）搭建平台。借助微信小程序建立服务积分兑换平台和线上商城。

① 开发小程序，搭建兑换平台。以 DNL 街道为例，委托小程序开发商，开发名为“志愿者权益包”的小程序。社工需与小程序开发商沟通小程序的设想和期望呈现的风格，明确提出需建立的可兑换“商品”分类模块，以及所需要的功能模块，如注册信息、服务时长与积分转换、积分核销、数据统计等模块要求。

② 在小程序上建立“线上商城”。首先，进行商品分类。将属地化的资源，如可兑换的物品、服

务等按照“商品”属性进行分类。例如，生活用品类（餐巾纸、洗手液、洗洁精、口罩等），文化娱乐类（电影票、书籍、邮票等），学习教育类（书法、国画及歌唱等培训课程），餐饮服务类（饮品、食品、餐饮套餐等），健康服务类（洗牙服务、健康评估、健康咨询等），生活服务类（美容美发服务，空调、洗衣机、油烟机等清洗服务）。其次，准备上线“商品”图片。请专业人员将“商品”拍照并编辑成可上线的图片，根据属地化的积分兑换规则，为每件“商品”标注适合的可兑换积分。最后，将图片上传至小程序，完成“商品”上线。

③ 落实线下实体仓库。为了便于志愿者线下兑换，志愿中心需要在线下建立一个实体兑换仓库，用于收纳摆放线上的“商品”实物。这里的仓库与普通“电商平台”的仓库类似，不同在于“电商平台”下单后由仓库发货，经过快递送达消费者手中。而志愿中心的实体仓库，经中心平台工作人员核销后，由志愿者到中心自提货物。线下仓库的物资数量可以与线上“商品”的库存一致，也可多于线上“商品”的库存量。仓库物资需要做好出入库记录，“商品”兑换后需要及时做好商品的兑换签收，仓库里的商品被兑换后需要及时补充。

（3）平台试运营。在平台正式公开上线运行之前，先在小范围内进行试运营，发布平台使用指南，并邀请部分志愿者尝试操作，以获得使用体验反馈和发现问题，从而及时修改完善。

① 公示积分兑换规则。开展宣传和培训工作，为兑换平台正式上线做准备。

一是做好“积分商城”的科普推广。构建好积分兑换平台后，需要进一步在社区内做好“积分商城”的推广宣传。首先，中心工作人员可针对社区中的志愿者开展集中性宣讲，如召开“线上发布会”，让广大志愿者了解“积分兑换”的启动。其次，中心工作人员可结合“线下”的各种活动 / 服务，向更多的社区活动参与者宣传“积分商城”，扩大“积分商城”的社区知晓度，鼓励更多人参与社区志愿服务。

二是做好“积分商城”的操作培训。为了普及“积分商城”的使用方法，中心工作人员可下沉到居民区，具体介绍积分的规则、操作方法、兑换流程等内容，让更多志愿者学会操作方法，为后期参与“积分兑换”打好基础。另外，由于志愿者的时长需要社区工作者或办公楼宇对接人统一统计，所以中心工作人员需要为社区内负责统计志愿者服务时长的相关人员进行培训，明确“志愿服务时长”的统计、服务时长的收集时间等统一标准。

以上海市静安区 DNL 街道“志愿者权益包”的积分商城兑换平台为例，兑换流程如表 3-1。

表 3-1 “志愿者权益包”的积分商城兑换流程

流程	操作内容	示意图
步骤一	打开微信，搜索公众号在左下角【宁聚荟】中，点击【志愿者权益包】即可进入积分兑换商城。	 11:23 活力大宁 宁的战疫先锋 宁聚荟 志愿者权益包
步骤二	进入【志愿者权益包】首页后，根据商品的类目，查看想兑换的商品。	 11:46 志愿者权益包 抗疫有你 护防有我 大宁限定 生活服务 LIFE SERVICE
步骤三	选择想兑换的商品，如兑换一杯咖啡，可以点击拿铁，选择【立即兑换】，并点击【确认】后，留下联系方式就完成了（只要志愿者所持有的积分足够兑换该商品所需的积分，即可兑换）。	 14:58 拿铁 拿铁 26积分 志愿者权益包 26 拿铁

② 落实“兑换”商户的合作方式。在平台上线“商品”后，中心工作人员需要再一次与提供“商品”的公益合作伙伴确认兑换形式、可兑换数量、结算方式等全部细节。兑换的“商品”会发生变化，这就要求工作人员定期跟进公益合作伙伴，确定每一期商品的“可兑换数量”，并在商城平台上根据“可兑换数量”及时调整库存商品数量。此举是为了确保所有兑换“商品”的人都能及时兑换到相应的物资或服务。

③ 试运营及调整反馈。

一是试运营的准备工作。“积分商城”的试运营可将本社区的志愿者骨干作为主要试用对象，定向招募试用者。在“积分商城”试运营前，项目社工可以先进行线上试运营预告会，邀请兑换系统试用者、数据统计者、公益合作伙伴等兑换系统各环节运营的参与者一起参加试运营预告会。预告会内容包括预告试运营的时间，介绍兑换系统如何运营，并留有问答环节尽量让参与者对平台运作流程有一个全方位的了解。

二是设定试运营的期限。试运营的期限可根据实际情况拟定，一般建议时间不少于2个月，第一个月用于积分和统计，第二个月用于兑换物资和获得服务体验。这样的做法可以让积分兑换流程中的各个参与者通过具体操作，尝试“服务—积分—

兑换—体验”的全流程，从而能及时发现“兑换缺陷”，并寻求解决的方案，确保积分平台正式启用后能有效且顺利运营。

三是试运营后的反馈与调整。中心工作人员在试运营期间，及时将积分信息导入商城平台后台，为志愿者更新积分。导入积分数据后，中心工作人员需要与试用者核对小程序上显示的志愿者积分，如发现差错，及时查找原因，解决问题。

除了积分数据的核对外，中心工作人员应采用问卷或访谈等形式向试用者了解“用户体验”，了解试用“积分兑换”系统整个流程中的感受，以改善流程或修改不合理的兑换制度等。然而，试运营只能尽可能地去弥补一些明显的缺陷或重大的疏漏，所有的流程和制度都需在实践中不断地完善。

（4）积分兑换系统日常运营。志愿者积分兑换系统正式运营后，需要做好积分兑换和商品上新等系统运营维护工作。

① 兑换与物品发放工作。由于积分商城的兑换终端是志愿者个人，兑换的时间相对分散。为了提高工作效率，建议采用随时兑换、定期集中领取的方式。即，志愿者随时可以在线上商城兑换自己想要的物资或服务，但线下的实物领取时间则相对固定。例如，每个月 10 日、20 日是实物领取的日子，志愿者可去实体仓库领取在线上已兑换的物品。每

月到指定的领取物品日期时，志愿中心工作人员需根据“订单”准备好相应物资，等待志愿者来现场领取。志愿者领取物品时，中心工作人员应给予其所兑换的“商品”，同时做好领取签收和记录，并且及时在小程序后台核销志愿者已使用的积分。

② 定期上新工作。平台正式运营后，志愿中心的工作人员需根据不同季节、节日等，上新适合的“商品”，制作相关的“banner（标语）”主图，在商城首页进行推送。同时，通过社区公众号等平台及时推送兑换商城的最新“商品”，使志愿者能及时了解商城平台的最新动态。

（三）关系维护与资源更新

项目社工需要定期与公益合作伙伴联系和沟通，向他们汇报平台运作的情况、近期的志愿活动计划，并了解他们的具体参与意愿。平台商城的资源也需要定期补充，因此需定期向合作伙伴征集。

1. 合作关系的维护

公益合作伙伴与志愿服务中心是相互合作的关系，志愿服务中心为公益合作伙伴提供志愿服务的实践机会，公益合作伙伴以各种不同的形式为社区提供志愿服务资源，志愿中心以各种形式组织志愿者和各公益合作伙伴开展社区志愿服务活动。为了能维持长期和稳定的合作关系，志愿服务中心工作人员要通过各种形式维护与公益伙伴的合作关系。

（1）日常微信沟通。组建公益伙伴微信群，把不同的公益伙伴凝聚到一起。通过线上“小组”的方式促进相互沟通和了解，做好日常的伙伴关系维护，保持与公益伙伴良好的互动性。

（2）定期走访。志愿服务中心工作人员定期走访公益合作伙伴，至少每季度一次，走访中可向公益合作伙伴介绍社区志愿服务开展的情况或一些新的想法，并听取他们的意见和建议。与此同时，通过面对面的沟通增进相互之间的熟悉度，可以提升对方的合作意愿。

（3）协助合作方完成积分。公益合作伙伴提供的物资、服务、优惠等捐赠也视作志愿服务，应与合作方商定积分的原则，并且根据其付出及时给予积分。从而让他们在为社区提供服务的同时，自己也能享受到社区的“志愿者礼遇”，这是增加公益合作伙伴黏性最直接的方法之一。

2. 资源的更新

所有资源和信息都可能随时间发生变化，例如，企业可能搬离、志愿服务团队负责人发生变更、新的合作伙伴出现等，因而，志愿服务的信息资源库应及时更新。

（1）志愿服务信息的更新。需要持续跟进志愿服务信息资源库信息的有效性，定期检视并及时更新。例如，志愿服务团队是否还持续开展服务、志愿服务团队负责人是否有变化、可提供服务的时间是否有变动等，应将相关信息及时更新，以保持资源共享平台上信息的准确性。

（2）志愿服务积分兑换平台的更新。公益伙伴所提供的物品种类和数量会发生变化，所以中心工作人员每个月都需要提前与合作伙伴沟通，以确定下个月可兑换的物品种类及数量，并及时在平台上更新相关信息。从而确保积分兑换平台上架的物资/服务都是有效的，可以兑换的。

3. 资源的拓展

随着时代的发展，社区结构是在不断发生变化的，社区的资源也一直发生着改变。同时，随着社区居民生活的日新月异，他们的需求也发生着变化。为了满足居民不同时期对社区志愿服务的需求，志愿中心需要不断拓展社区的志愿服务资源。通常，可采用以下几种方式拓展志愿服务资源。

（1）扩容同类型志愿服务资源。这是针对已有的资源类型，扩充新的公益合作伙伴，让资源库内同类型的公益合作伙伴数量增加，使同类型资源变得丰富和更多样化，让资源库内可调用资源变得更充盈。

（2）开拓新类型的志愿服务资源。志愿服务中心工作人员需要有敏锐的触角，当遇见或发现新的资源类型时应及时跟进，发展新的公益合作伙伴，不断丰富资源库内的资源类型，以满足居民的需求。

第四章

志愿团队能力建设子项目实施指引

志愿者是社区建设和发展的重要力量，无论是社区治理、环境卫生，还是文娱体育、社区文明等各方面工作，都离不开在社区默默奉献的志愿者。在社区志愿服务中，志愿团队是社区志愿服务的重要组成部分，促进志愿团队发展壮大和能力提升也成为在运营管理志愿服务中心工作中的重要任务之一。上海乐群社工服务社致力于通过志愿者的团队培育和能力建设，使社区志愿服务资源更为丰厚和优化，与此同时，推进社区志愿服务的可持续发展。

本章以BZ街道志愿中心为例，按照项目实施的步骤，呈现社区志愿团队培育和能力建设方面的实务工作。

一、团队现状调研

志愿团队培育和能力建设要从了解当前社区志愿者团队现状入手。虽然在社区调研中已经收集到一些关于社区志愿者团队现状的资料，但还需要通过调研进一步深入了解志愿团队的具体情况，为其量身定制服务方案。

（一）调研准备

对志愿团队的调研通常采用深度访谈和问卷的方式进行。因而确定调研内容后，需根据调研内容准备访谈提纲和问卷，还要确定资料的来源，并拟定调研计划。

1. 确定调研内容

通常，社工需要了解以下几个方面信息。

（1）志愿团队基础信息。掌握团队的基础信息有助于对一个志愿团队有较全面的认识。需要补充了解的志愿团队基础信息包括：团队成立时间、团队规模、团队的性别比例和年龄结构、团队成员的志愿者注册时间和志愿服务经历、成员在社区内的分布等。

（2）志愿团队管理与团队凝聚力。需了解志愿团队的运作与管理状况，如组织架构和规章制度、志愿团队招募志愿者的方法和渠道、志愿团队日常管理的流程、志愿团队面临的困难、团队对自身发展的意愿和需要的支持。凝聚力是一个团队得以维持和发挥效率的重要因素，而志愿团队领袖是带领团队共同实现志愿服务目标的核心人物，两者都是志愿团队可持续且有效地提供志愿服务的关键性要素。因而，需要进一步深入地了解团队内部的动态状况，例如，谁是团队的领袖、怎么成为团队领袖的、团队成员之间如何沟通和互动、大家如何做决定、团队如何行动、成员之间怎样配合、有意见分歧时如何解决等，此外，还要了解团队成员的归属感和成员之间的信任状况。

（3）志愿团队特长与服务状况。每一支志愿团队都有自己的独特性，所开展的志愿服务也不尽相同。一方面，需要进一步了解团队成员拥有的个人专业技能特长、团队的整体服务能力，以及团队的志愿服务理念；另一方面，需了解志愿团队目前所提供的志愿服务内容与形式、服务频率和服务范围。

（4）志愿团队需要的支持。开展志愿服务，除了需要团队成员运用自身的专业技术和能力，还需要借助外部资源，如服务场地、服务所需工具或与服务相关的物资、开展志愿服务的经费等。因此，也要了解志愿团队需要哪些支持。

2. 选择资料来源

了解志愿团队现状，可以将团队内部成员和团队外部了解志愿团队情况的人员作为调研对象（即受访者），从他们那里获取所需的志愿团队信息。一般情况下，如果团队规模较小，可以将所有成员作为调研对象；如果团体规模较大，可采用抽样的方法选取部分有代表性的成员作为调研对象。团队的骨干和核心成员都应成为受访对象。通常，团队外部较了解志愿团队和志愿服务的相关人员有街镇文明办、居委负责志愿工作条线的工作人员，以及其他相关社区工作者等，因此可以将他们作为调研对象，向他们了解志愿团队的情况。在确定调研对象之后，逐一将名单列出。

3. 选择调研方式

根据调研内容、受访者的特点和数量选择收集资料的方式。上述的调研内容中，团队互动和凝聚力等方面的信息，适合采用有较强互动性的深度访谈的方式收集资料。在访谈的互动中，调研人员可采用追问、澄清等技术邀请受访者具体描述细节，从而深入了解事情的经过和受访者的感受等信息。而针对团队基础信息、志愿服务种类、志愿服务内容等情况，既可采用访谈形式，也可采用问卷形式收集资料。

如果团队人数较多，而我们需要了解每一位成员情况和想法，可以采用问卷的方式。如果无需向每一位成员了解情况，则可以采用抽样的方式选取部分成员作为调研对象进行访谈。如果团队成员人数不多，也可以全部采用访谈或焦点小组的方式收集资料。无论团队人数多少，团队领袖和核心成员均宜采用深度访谈的方式收集资料。

4. 准备调研工具

无论采用访谈还是问卷调查收集资料，都需要准备调研工具。

（1）准备问题大纲。将所有想要了解的事项内容逐条罗列出来，形成问题大纲。例如，志愿者们的年龄构成是怎样的、志愿团队的服务情况是怎样的、志愿团队的规模如何等。然后，将问题大纲里的疑问句改写成提问，例如，“志愿团队的规模如何？”可以改写成“您所在的志愿团队一共有多少人？”

（2）访谈提纲。根据问题大纲，将面向志愿者的提问汇总成志愿者访谈提纲。汇总后的访谈提纲需要根据提问的内在逻辑，合理地调整提问顺序。例如，访谈志愿者时，可以先询问其个人参与志愿服务的情况，如“成为志愿者多长时间”“参与过哪些志愿服务”，然后询问其所在志愿团队的情况，如“其属于哪个志愿团队”“团队提供什么服务”“团队人数和团队内部如何互动”等。顺着某个逻辑一一提问，避免跳跃式提问，打乱受访者的思路。

（3）问卷。问卷由卷首语、指导语、提问主体和感谢语等部分组成。卷首语中应首先自我介绍，说明自己的社工身份以及承接志愿中心运行管理的身份；其次要介绍问卷的调研目的；最后对受访者表示邀请和感谢。指导语中要明确如何填写问卷，应由谁填写以及具体的填写方法。问卷的主体是提问部分，可以根据问题大纲制定。问卷的提问一般有两种形式：开放式提问和封闭式提问。通常，对于客观存在的事实和有多种限定性的假定答案问题，可以用开放式提问，如志愿者年龄、性别、受教育程度、志愿团队具备的能力种类、团队开展志愿服务所需的资源等。开放式提问不限定回答的答案，由受访者自行填写或回答内容。通常，对于无限定性答案且需要志愿者主观描述的问题，可采用开放式的提问。例如，志愿者对志愿服务的想法、对团队建设的建议等问题宜采用开放式提问。此外，志愿团队的规模、志愿服务率和次数、志愿服时长等问题，虽然可以设置选项，但也可采用开放式提问，请受访者填写具体数字。封闭式提问则是提供标准化的回答选项，由受访者在其中选择，因而要为封闭式提问设置回答选项。例如，受教育程度的选项可以是“研究生”“本科”“大专”“高中”“初中”“小学”和“文盲”。但是，有时答案选项无法穷尽所有的选项，因此可以在选项中设置“其他”，让受访者自行填写具体内容。

为了了解更多信息，问卷可以由开放式提问和封闭式提问组合而成，即使是采用封闭式提问，也可以在提供一些已知答案作为选项供选择的同时，设置开放式的“其他”选项供受访者自行填写实际情况。或是在问卷的最后，设置一道开放式提问，供受访者自行填写具体内容。

问卷的最后部分，应再次感谢受访者的合作。

（4）辅助用品。有时，还需要准备一些调研辅助用品，如录音笔、笔记本、笔、机构介绍、机构宣传品、小礼品等。

5. 拟定调研计划

如果采用访谈形式，社工需先确定受访者名单，然后逐一与受访者通过电话联系，预约走访时间，最后形成一份走访安排表。如果采用问卷的方法，则需要确定问卷的发放范围；决定发放和回收问卷将采用线下形式还是线上的形式，抑或两种形式相结合；计划具体的发放和回收的时间。

（二）开展资料收集工作

首先，社工向相关部门和各居委负责志愿条线的工作人员进行访谈，根据访谈资料梳理出有团队培育和增能需要的志愿团队名单，在了解各团队的联系方式后，通过电话与团队负责人联系，约定具体时间召开各志愿团队负责人的座谈会，并进行深度访谈。

1. 走访居委会以了解社区现有志愿团队情况

一般在项目的社区调研时已经访谈过志愿服务中心所在的居委会，但一个志愿服务团队的志愿服务范围可能覆盖若干个居委会，因此，需要面向尚未访谈过的居委会相关工作人员了解当地志愿服务团队的情况。

通常采取一对一的深度访谈收集资料，若想将访谈内容录音，应在访谈开始前向受访者提出录音的想法，介绍录音是为了在整理和分析时，能准确地还原并把握受访者原意，并且录音仅用于本项目，继而征求受访者的意见。若征得受访者同意，可录音访谈内容。若受访者不同意录音，则须做好访谈记录。

在访谈时，可先从该居委会的整体志愿服务情况入手，了解所辖小区志愿团队的数量、服务的内容或类型、志愿团队在小区中发挥的作用、社区为志愿团队所提供资源等，然后再将提问聚焦到那些有团队培育和建设需求的志愿服务团队，根据访谈提纲，进一步深入了解这些团队的具体情况。

2. 向志愿团队了解团队情况与需求

经向居委会相关人员了解情况，社工对该社区志愿服务团队的情况有了较全面的了解，随后，需与志愿团队直接接触，以进一步了解团队内部的情况以及团队的需求。

（1）焦点小组。如果想要普遍了解各支团队的情况，除了深度访谈每一位团队负责人外，还可采用焦点小组的形式收集资料。在志愿团队的调研过程中，焦点小组是以类似座谈会的形式，将若干志愿团队的负责人或核心志愿者聚在一起，由社工按照调研内容提纲向参与者提问，请参与者做出回答。提问与回答的形式可灵活多样，可以是对一个提问由参与者轮流发言的形式，也可以是抛出一个话题请参与者讨论的形式，社工在参与者的互动中收集资料。

首先，社工与各志愿团队负责人联系，进行自我介绍，介绍座谈会的内容和目的，并征询可以参会的时间。在选定大家都能参与的时间后，再通知各位参与者座谈会具体的时间和地点。

座谈会正式开始前，应先自我介绍，并再次介绍本次座谈会的目的和主要内容。就录音事宜征询参与者的意见。座谈会上可提出但不限于如志愿团队的组织架构、规章制度、志愿团队招募志愿者的方法和渠道、志愿团队日常管理、志愿团队开展的志愿服务概况，以及志愿团队面临的困难和需要哪些支持等内容的提问。座谈会上应鼓励参与者发言，结束前，应对各志愿团队的志愿精神和付出给予肯定和鼓励，并对大家的参与表示感谢。

（2）深度访谈。如果需要进一步了解志愿团队内部互动情况、凝聚力、志愿者感受等情况，则建议采用深度访谈的方式收集资料。通常，建议访谈志愿团队中具有代表性的成员，如团队负责人、团队核心成员。在选定受访者后，与受访者取得联系，约定访谈的时间和地点。访谈前，应熟悉访谈提纲，必要时对访谈提纲做出修改。

访谈正式开始前，先就录音事宜征求受访者意见。若未能被同意录音，则需要在访谈时做好记录。访谈时，可参照事前拟定的访谈提纲进行，并鼓励受访者深入表达。可根据受访者回答的内容通过澄清或追问内容细节、内容的含义、当时的感受等方法，将访谈推向深入。访谈结束前，应对受访者表示感谢。

（三）调研结果

调研资料收集后，需对资料进行整理、分析、研究，将结果以报告的形式呈现出来，归纳、总结出志愿团队状况数据以及需求情况。以乐群承接托管的 BZ 街道为例，主要有以下调研结果。

1. 团队数量与规模

调研发现志愿团队数量与志愿者总数相差较大，

团队规模普遍较小。BZ 街道辖区内，在志愿中心登记注册的志愿者有 6 900 人，志愿者年龄在 60 周岁以上的占 31.33%，45—60 周岁的占 20.13%。登记在册的志愿团队仅有 36 支，共 1 465 人，占志愿者总数的 21.23%。其中，志愿团队规模在 100 人以上的有 5 支，规模在 50—100 人的有 4 支，规模在 10—50 人的有 12 支，10 人以下有 15 支。

2. 服务内容与服务能力

志愿团队的服务内容呈现多元化，服务中的主动性较低，服务能力有待提升。问卷数据显示，辖区内志愿团队所提供的志愿服务主要有助老助困、文艺体育、亲子公益、精神文明等方面，但在服务中运用专业技能的团队较少。大部分志愿者对参与志愿服务持“居委安排我做什么，我就做什么”的心态，自主参与服务的意识较低，志愿团队也没有明确定位和发展规划。

3. 服务频次

不同服务类型的团队服务频次各不相同，但志愿团队的服务频次与社区志愿服务需求相匹配。助老助困类的志愿团队服务频率较高，大多数是结对关爱的形式，需要及时了解结对关爱对象的动态情况，多的每天一次，少的每周一次。精神文明类的志愿团队，通常根据街道文明办、平安办等部门的要求，定期开展志愿服务，比如道路交通安全志愿团队每天安排志愿者轮岗在马路口执勤；市民巡访团每月在社区各个角落检查；文艺体育类的志愿团队以自娱自乐为主，基本每周开展一次文艺体育活动，不定期地在社区开展慰问演出或健康宣传；亲子公益类的志愿服务，基本每月开展一次，用于吸引社区和楼宇青年。

4. 团队凝聚力

志愿团队的凝聚力与团队成立时间、团队规模成正比，整体团队凝聚力有待提升。调研资料显示，辖区内志愿团队中，人数规模较大、成立时间较长的志愿团队相对比较成熟，团队的组织架构完善，规章制度齐全，团队成员之间、团队成员与团队负责人之间彼此信任，关系紧密，团队整体凝聚力较强。相对而言，人数规模较小、成立时间较短的志愿团队，团队凝聚力还需要进一步提升。

5. 团队负责人的领导力

一般而言，辖区内志愿团队的负责人都是志愿团队的发起人，他们在团队成立初期发挥了重要作用，在团队内有一定的影响力和号召力。但是，在调研中也发现，有个别志愿团队对现有团队负责人的能力提出质疑，还有的志愿团队没有固定的团队负责人。志愿团队负责人的能力参差不齐，领导力有待提升。

6. 团队的资源与支持

志愿团队获取资源的渠道单一，需提供更多支持。在深度访谈和焦点小组中了解到，大部分志愿团队在开展志愿服务的时候，相关部门或居委会会提供一定的支持，主要是提供服务场地。除了场地的支持，志愿者团队也希望得到其他方面的支持，比如提供志愿服务的工具、志愿者开展服务的活动经费等。大部分志愿团队的需求集中在团队发展、能力提升和资源链接三个方面。

综合调研的结果，社工结合相关部门、居委会和志愿团队需求，可以筛选出一些志愿团队作为服务中心团队培育的重点。

二、服务方案设计

为了使社区志愿团队拥有更好的服务意识和能力，社工为该子项目设计了志愿团队组建、团队凝聚力建设、志愿团队培育和志愿团队支持四项服务内容。

（一）服务理念

志愿者团队建设和培育运用赋权理论开展。赋权是指个人或团体获得权力、资源和掌握自己生活的过程。赋权的目标在于通过削弱影响个体决定权、行动权的社会性或个别性障碍，增强个体运用权力的能力与自信，或者从环境中向个体注入一定的权力等方式，去帮助人们获得对自己生活的决定权和行动权，从而实现个人的抱负和幸福。

社工服务机构要运用“赋权理论”，依托志愿中心，通过培育志愿团队，挖掘志愿者自身的潜力，赋予志愿者从事志愿服务的能力；并通过培育志愿者服务团队，发挥其自身优势，协助志愿者实现自我管理并具有自身发展能力，使他们有社区参与的能力和服务居民的能力，激励他们去积极主动地、可持续地为居民提供服务。

（二）服务目标

1. 团队培育

组建或充实团队力量以扩大团队规模，通过制度建设，提升团队规范化管理，使志愿团队实现有效管理和可持续发展。

2. 凝聚力建设

通过团建活动，增强团队成员的信任、团结与合作，以提升团队凝聚力。

3. 团队能力建设

采用知识讲座、参访学习等形式，为志愿团队赋权增能，以提升团队的整体服务能力以及团队负责人的管理能力。

4. 团队支持

通过整合社区各类资源，为志愿团队提供支持，促进志愿团队开展志愿服务并体现成效。

（三）服务内容

1. 志愿团队培育

无论是已有的志愿团队，还是需要建立新的志愿团队，项目社工可以协助志愿团队招募新成员，为已有志愿团队充实力量，或协助新团队的组建。同时，协助志愿团队建立组织架构，完善规章制度，以促进志愿团队管理的规范性，厘清服务定位，明确发展方向。

2. 志愿团队凝聚力建设

开展团建活动，协助团队成员在互动体验中加深彼此的了解、增强信任，在协同行动中形成良好的互动模式，使成员对团队产生归属感和责任感，从而提升团队凝聚力。

3. 志愿团队能力建设

安排增能培训、工作坊、参访学习等一系列活动，以提升团队成员的志愿服务意识和服务能力，同时提升团队领袖的团队管理能力。

4. 志愿团队支持

社工整合社区资源，从场地、物资、经费和专业等方面为有需求的志愿团队提供支持，帮助他们提升服务成效。

三、服务方案执行

志愿者团队建设通常参照以下几个步骤进行。

（一）志愿团队建设

组建一支新志愿团队通常经过以下步骤：招募和筛选团队成员；建立组织架构，选拔团队核心成员作为团队管理者预备人员；与核心成员商讨并拟定团队规则和管理制度讨论稿，供团队成立大会讨论通过；召开团队成立大会，选举团队管理者，讨论通过团队规章制度。

1. 成员招募

志愿团队成员招募通常有两种情况，一种是已经成立的志愿团队，需要补充新鲜“血液”，进一步扩大团队规模和服务受众面；另一种是组建新的志愿团队，需要吸引和招募志同道合的志愿者，共同服务社区和居民。这两种情况的招募方法有相同点，也有不同点，相同的方法是发布“招募令”和电话定向招募，不同的方法是已成立的志愿团队还可以通过内部推荐的方式招募成员。

（1）公开招募。发布“招募令”，通过线上、线下的方式招募志愿者。

① 准备工作。发布“招募令”应先做好准备工作：准备报名表、设计和印制招募海报，以及编写招募推文。

报名表应包括志愿者基本信息：姓名、出生年月、联系地址和电话、个人特长、能提供志愿服务的时间，以及服务承诺确认。

招募海报应包含以下内容：志愿服务的内容和要求、服务地点和范围、服务时间和频次；在海报上留有社工的联系方式，以便有意向者电话咨询；并设置报名登记的二维码，链接志愿团队报名申请表。社工可以与街道宣传部门联系，了解辖区范围内社区宣传栏的数量，印制相应数量的招募海报。招募推文通常用微信应用程序编写，主要内容为招募海报。

② 发布招募信息。通常采用微信、张贴海报和发放宣传单页等方式发布志愿者招募信息。

通过网络发布招募信息。在社区微信公众号上发布志愿招募推文，动员居委志愿条线工作人员转发至朋友圈和社区微信群，让更多居民看到招募信息，吸引有意愿的志愿者填写申请表。与此同时，还可以在各地志愿者网的平台发布招募信息，面向辖区外的居民进行招募。

在社区张贴海报发布招募信息。海报制作完成后，社工可以通过微信工作群，以志愿服务中心运营管理者的名义，请各居委志愿服务条线工作人员协助张贴海报的工作。请各位工作人员到志愿中心领取海报，张贴到各小区宣传栏，并请他们在张贴完成后拍照发到微信群，便于社工了解各居委张贴海报的情况。

发放招募宣传单页。可在社区设摊发放印刷的志愿者招募宣传单页。通常，可以将摊点设置在人流较多且醒目的地方，如小区广场、居委门口等，以吸引更多居民驻足停留，注意到志愿者招募的信息；还可以借助各居委的便民服务日在各小区轮流设摊。设摊发放招募单页时，不能强行塞到居民手中，社工需试探性地将宣传单页伸向居民，如他们伸手接，则可以向其进一步做详细介绍，如他们拒绝，也要表示感谢，再转向其他居民。

（2）定向招募。通过“志愿云”等系统档案记录，打电话给已注册的志愿者，进行定向招募。

以乐群为例，在志愿中心的“志愿云”系统中，有全部在辖区内登记注册的志愿者名单和基本信息，社工可以根据所需招募成员的志愿团队的服务内容，在信息库中检索与之相匹配的志愿者，通过打电话的方式定向招募。

① 自我介绍，说明来意。社工在拨通志愿者电话后，需先进行自我介绍，可以说：“您好，请问是张阿姨吗？我是 BZ 街道志愿中心的工作人员。”在取得对方肯定回答后，说明致电的意图：“我在志愿云平台看到您注册了志愿者，想问一下您是否愿意加入街道的摄影队，参与社区志愿服务？”

② 详细介绍，填写表格。如对方对加入志愿团队表示出明显的兴趣，社工可以进一步向志愿者介绍志愿中心和所需招募成员的志愿团队，包含志愿中心目前开展的志愿服务有哪些，所需招募成员的志愿团队的服务内容和要求、服务地点和范围、服

务时间和频次等。邀请对方前往志愿服务中心填写报名申请表，或添加微信好友，填写线上登记表。

③ 明确拒绝，礼貌致歉。如对方明确表示不愿意，社工应礼貌地表示歉意："不好意思，张阿姨，打扰您了，如果您今后想参与街道志愿服务团队，欢迎随时联系，可以到BZ志愿中心，也可以拨打这个电话号码联系我。"

（3）通过志愿团队成员内部推荐的方式招募。对已经成立的志愿团队，除了发布"招募令"外，还可以通过志愿团队内部推荐的方式招募成员。志愿团队成员可面向自己的亲人、邻居或者朋友，推荐合适且有意愿参与的志愿者或居民，填写报名申请表，向志愿团队提出加入申请。

2. 报名筛选及确认

项目社工通过多种招募方式，协助一些有意愿参与的志愿者或居民完成报名申请表的填写。社工收集报名申请表后，需进行报名筛选和确认工作，可以通过电话或面谈的方式与报名者沟通，进一步了解情况并确认该报名者是否符合加入志愿团队的条件。通常，由社工和已有的志愿团队负责人一起完成该项工作。

（1）与申请者沟通。首先，要确认志愿者的基本情况：遵纪守法，热心公益事业，具有奉献精神，同时又具有从事社区志愿服务所要求的身体条件和服务能力。其次，确认申请者是在了解志愿团队的前提下自愿报名。最后，确认申请者是否符合志愿团队的要求。双方应通过问与答的形式充分沟通交流。在此过程中，社工应鼓励申请者向社工或团队负责人提出问题，鼓励其表达自己对团队的期待和展望，从而促使双方形成共识。

（2）填写信息表，正式加入志愿团队。无论是已有的志愿团队还是新成立的团队，待双方确认后，志愿者需填写《志愿团队成员信息表》，社工通过“志愿云”等平台将其添加至所加入的志愿团队，并将其拉进团队微信群，完成招募工作。

3. 团队组织架构与核心人物选拔

（1）团队组织架构。通常，一个志愿团队需要有几位骨干成为团队的管理者，如团队负责人、财务管理员、宣传员和组织员等。管理者的数量与团队的规模有关，团队管理者相互之间是一种分工合作关系，他们在完成各自角色任务的情况下，共同带领团队开展志愿服务活动。

团队负责人主要对志愿团队的日常事务做决定，对整个团队负责。其具体工作有：① 全面统筹安排好各项活动，带领团队成员开展每次活动；② 做好联系各方的交流沟通工作；③ 定期召开例会；④ 做好团队成员的思想工作，调动大家的工作积极性；⑤ 做好工作报告总结等。

财务管理员主要负责登记志愿服务团队的物品和资金，确保物资支出和收入明细化。其具体工作有：① 保管志愿团队备用金；② 根据街道资金使用规章制度，做好经费登记和报销。

宣传员主要负责每次活动的宣传工作。其具体工作有：① 做好宣传报道工作，及时向居委提供活动信息；② 参加每次活动，组织素材，随时做好宣传；③ 做好活动的摄像、拍照、录音等工作；④ 每次活动后对宣传材料及时整理。

组织员主要负责团队内部协调和团队活动资料的整理归档工作。其具体工作有：① 做好每次例会的签到；② 做好会议记录；③ 提早通知成员开会的时间、地点，确保通知到位；④ 做好志愿服务资料的整理归档工作。

志愿团队的规章制度一般包含组织制度和活动制度，如团队管理制度、服务规范和流程、台账制度和财务管理制度等。

（2）团队核心人物选拔。通常在确定团队名单后，从名单中选拔若干志愿者成为团队的核心人物，且作为未来团队管理者的候选人。

① 候选人名单筛选。项目社工根据《志愿团队成员信息表》的填报信息，结合志愿者的工作单位

（包含退休前）、工作职务、参与志愿服务的年限、获得志愿服务的荣誉等情况，筛选出候选人名单。在筛选过程中，也可以向志愿者所在居委或者工作单位沟通志愿者参与志愿服务的情况，对其进行全面了解。② 与候选人面谈。确定候选人名单后，社工需要和志愿者本人面谈，征求他的意愿。社工与志愿者候选人的面谈，首先向志愿者表达选择他成为团队核心成员的考虑因素，肯定他对志愿服务做出的贡献。然后向志愿者介绍团队组织架构和岗位职责，对志愿者提出的问题进行解答。最后，和志愿者沟通希望他承担的岗位和期待。③ 拟定核心成员名单，报街镇文明办通过。通过面谈，获得志愿者本人同意后，将其纳入拟定团队核心成员名单。确定团队负责人、财务管理员、宣传员和组织员等名单后，社工呈报街镇文明办审核。

4. 组织团队核心成员讨论团队管理制度

经街镇文明办通过后，社工组织团队核心成员召开讨论会，共同商定团队架构和制度、核心服务对象和服务内容。

（1）核心成员互相认识。会议开始前，社工带领核心成员依次做自我介绍，向其他人介绍自己的姓名、年龄、所在居委或工作单位、所获志愿服务荣誉、在志愿团队中承担的岗位以及对团队的期待。

（2）社工提出讨论议题。会议由社工带领成员一起讨论，社工提出讨论议题并在PPT上呈现，围绕志愿团队的服务对象、服务内容和服务频次，以及团队管理的组织架构和管理制度逐一开展讨论。

（3）核心成员发表个人意见，开展讨论。社工抛出讨论议题后，核心成员需要每人都发表意见。发表意见需要先对前面发言者的内容做出表态，若不能认同则需要说明理由，并再补充自己的意见。各项议题逐一讨论，最终形成统一意见。

（4）社工将讨论内容组织归纳，形成文件。社工对大家的讨论内容，在海报纸上做好记录，并张贴墙上进行展示。最后，社工对海报纸上记录的内容进行组织归纳，达成统一意见，形成文件。该文件将作为团队成立大会上的讨论稿，由全体成员讨论、修改后成为正式的团队规章制度。

5. 志愿团队成立大会

志愿团队成立大会是团队成立的重要环节。该环节既是团队成立的仪式，也是全体成员选举团队管理人员和制定团队规章制度的必经程序。成立大会意味着志愿团队已正式成立。

（1）成立大会筹备工作。为了使团队成立大会顺利召开，大会之前有大量细致的准备工作需要完成。

① 确定时间和场地。提前确定召开全员大会的时间，社工可以初步拟定2—3个会议时间，在团队微信群里让团队成员通过接龙的方式选择可以参加的时间，将选择数量最多的时间作为全员大会的时间。时间确定后，社工通过街镇相关部门，借用符合团队成员人数的会议场地，完成场地预订。

② 发布会议通知。社工拟定会议通知，会议通知内容包含：会议时间和地点、会议背景和目的，以及会议议程。拟定会议通知后，报街镇文明办审核，并申请公章的使用。打印会议通知、盖章后扫描，形成扫描件图片，发放到志愿团队微信群，正式发布会议通知。此外，可以邀请街镇志愿中心负责人，或街镇文明办相关领导出席会议或发言。

③ 会议准备和场地布置。会议前应做好以下准备工作：采购会议所需的物资，如饮用水、笔和纸等；打印会议签到表、会议议程；根据出席会议嘉宾的名单制作席卡。在会议召开前一天，布置场地，摆放桌椅。通常在门口设立签到台，会议室的最前方设置一排主席台，供嘉宾和主持人就坐。其他座位依次排列。提前一天调试电脑、投影和音响设备，确保会议当天一切准备就绪。

④ 准备会议所需文件。会议上将推选团队管理人员和讨论团队规章制度，此时，需将相关的岗位描述文本打印，若采用无记名投票的方式推举，可

准备好推举表。《志愿团队管理制度（草案）》及其他所需资源一并打印装订，在开会当天签到时发放给与会人员。

（2）召开团队成立大会。通常，团队成立大会有以下程序和内容。

① 宣布团队正式成立。该环节包括大会开场、宣布志愿团队正式成立、领导讲话和成员介绍等内容。A. 主持人开场。会议主持人一般由社工担任，开场应介绍本次大会的背景和目的、出席嘉宾和会议流程。B. 领导致辞。如果志愿团队全员大会邀请到相关部门的领导或志愿中心负责人，可邀请领导致辞，表达对志愿者的感谢，以及对志愿团队成立的支持。C. 介绍团队成员。新成立的团队，社工介绍每一位成员，也可以邀请每位成员做简要的自我介绍。已有的团队，社工介绍新成员，原来的成员可做自我介绍。

② 选举团队管理者。通常在第一次全体大会上选举团队负责人、财务等管理者。A. 介绍组织架构和分工职责。社工可以借助 PPT，向志愿团队成员介绍组织架构，团队的管理人员由团队负责人（1 名）、财务管理员（1 名）、宣传员和组织员（1—2 名）组成。社工向团队成员发放管理人员的岗位描述，解释相关内容，解答提问。B. 选举志愿团队管理人员。社工鼓励志愿团队成员通过自荐或推荐

的方式提名团队负责人。如只有一人被提名，则进行举手表决，超过2/3的成员举手表决同意后，该成员正式被选举成为志愿团队负责人。如有两人或两人以上被提名，则通过选票的方式进行选举，得票最多的人则被选举成为志愿团队负责人。其他工作人员的产生办法可参照团队负责人。C. 当选人发表获选感言。新选举产生的团队负责人和其他管理人员需要上台发表感言，可表达带领志愿团队发展的愿望和想法，若有所准备，也可畅谈规划和设想。

③ 商议团队管理规章制度。该环节为团队全体成员共同讨论规章制度草案，并由团队成员通过后成为正式团队管理制度。A. 宣读和解释规章制度。大会安排一名工作人员上台宣读《志愿团队管理制度（草案）》的全部内容，并对各项制度加以说明和解释。B. 提问和解答。宣读完毕后，与会志愿者可举手示意提问，获得工作人员同意后向大会提出问题，工作人员现场解答，直至与会人员无人举手示意。C. 确认与会人员表决人数。提问解答完毕后，进行现场举手表决。工作人员向大会汇报实到人数和应到人数，确认超过2/3与会人员，方可进行表决。D. 对规章制度举手表决。工作人员首先询问："关于《志愿团队管理制度（草案）》，同意的请举手。"清点人数后现场公布。工作人员再次询问："关于《志愿团队管理制度（草案）》，不同意

的请举手。”清点人数后现场公布。工作人员最后询问：“关于《志愿团队管理制度（草案）》，弃权的请举手。”清点人数后现场公布。E. 宣布结果。工作人员在表决环节现场公布结果，如“同意”的人超过与会人员数量一半以上的，则视为通过《志愿团队管理制度（草案）》，工作人员请与会人员将“草案”两字划去。

④ 宣布大会结束。社工对本次大会进行总结，并宣布大会结束。

（二）志愿团队凝聚力建设

志愿团队凝聚力建设是为了帮助团队成员建立归属感，凝聚向心力，形成团队共识，明确行动方向，最终提供更优质的志愿服务。

1. 团建活动准备

社工为各支志愿团队量身定制团建活动计划，并定期开展团建活动，组织团队成员通过参与活动密切关系，增强团队归属感，帮助志愿者团队提升团体凝聚力。

（1）制定团建方案。根据每支志愿团队的人数、年龄和特点，策划团建活动的方案，制定活动预算。以凝聚力建设为目的的团建活动，通常采用有助于增强成员相互信任的活动，需要合作完成的任务，以及有助于促进成员互动与合作的活动或游戏。团建计划可以分成若干次实施，可以递进式地将团体凝聚力的活动主题引向深入。一般而言，人数较多的团队可以在活动设计中设置分组完成团建任务，人数较少的团队可以所有成员共同完成。面向青年志愿团队，活动设计以户外运动为主，面向中老年志愿团队，活动设计以室内为主，不宜剧烈运动。可以采用团建活动计划表的形式制定团建计划，团建方案参考如下（参见表 4-1）。

表 4-1　团建方案参考

活动主题	目的	内容	时间 / 场地
相互了解	促进相互了解	1. 破冰游戏，如“阿水的故事”“五角一元”等； 2. 制订小组契约； 3. 团队成员自我介绍，互相认识	60 分钟，室内
相互信任	建立互相信任	1. 团队信任游戏，如：“盲人看世界”“信任之旅”等； 2. 团队成员分享参与体验	60 分钟，室内、室外均可
团队合作	增进团队协作能力和凝聚力	1. 团队协作游戏，如“乒乓球接力”“合力吹气球”等； 2. 团队成员分享参与体验	60 分钟，室内、室外均可
团队任务	明确团队任务	1. 设置团队志愿服务任务，分组讨论如何完成； 2. 分组完成团队志愿服务任务； 3. 交流分享	分为两天，室内和志愿服务场所
总结分享	总结提炼经验	回顾和总结团建活动	60 分钟，室内

（2）活动前准备。在开展团建活动前，社工根据团建方案的内容进行准备工作，包括场地踩点、物资准备、活动通知和场地布置。

① 场地踩点。社工需要提前两周的时间，前往团建活动场地进行现场踩点，查看活动场地的大小和桌椅数量、投影和音响设备、附近公交线路等。

② 物资准备。根据团建方案，再结合场地现有设备，社工列出物资清单，提前一周完成物资采购和准备工作。物资采购需要进行比价，收到货品要及时核对确认。

③ 活动通知。社工需提前一周，通过微信群或电话的方式，通知团队成员，告知具体的活动时间、地点和周边交通，跟进报名情况，提前三天汇总参与团建的反馈名单。

④ 场地布置。团建活动前一天，社工根据团建方案的内容，布置签到台和桌椅，摆放席卡，调试PPT，悬挂会标。

2. 团建活动实施

通常，由社工带领进行团建活动。在团建过程中，应按照计划书内容逐步执行，鼓励和促进团队成员全身心参与活动，并注重活动后的反思和分享，引导成员分享交流，使成员认识到团队凝聚力的重要性。

（1）团建活动开始阶段。

第一次团建活动，团队成员之间互不相识，可以通过破冰游戏打破陌生、尬尴或冷场的局面。“破冰”游戏根据志愿者年龄进行选择，年长的志愿团队尽量选择运动量小的游戏，如“阿水的故事”“不管三七二十一”等；年轻的志愿团队可以选择运动量相对大一点的游戏，如“进化论游戏”“五角一元”等。

破冰游戏过后，社工带领团队成员建立团队的小组契约。可采用“头脑风暴”的形式邀请团队成员分享对小组规范的想法，充分记录所有想到的规范，经整理后可通过可视化的、书面的形式将大家的想法张贴于活动区域明显位置，有不同意见的及时处理，使大家形成共识，最后整理总结成文，让团队成员签名。

团队成员通过自我介绍、相互介绍等方式相互认识。社工在带领过程中，需要先做自我介绍，给所有成员起到示范作用，从而引导组员介绍自己。为了避免团队成员的紧张，社工也要考虑首先从哪位组员开始，建议可以从志愿团队的核心成员开始。在这个环节中，需要注意社工不能逼迫成员做自我介绍，应尊重其意愿。

（2）团建活动中期阶段。

后续的团建活动开展时，社工可以设置不同的小游戏，如“猜猜他是谁”“大风吹”等小游戏，帮助团队成员加深彼此的印象和熟悉度。社工可以将成员第一次自我介绍的个人特征、兴趣爱好、年龄、志愿服务荣誉等作为游戏的“关键词”，让其他成员寻找与之匹配的人。

社工在帮助团队建立团队信任、提升成员协作能力和凝聚力的时候，需根据志愿者年龄选择活动场地和游戏。年长的志愿团队尽量选择室内场地和运动量较小的游戏，如“合力吹气球”“盲人看世界”等；年轻的志愿团队可以选择户外场所和运动量相对大一点的游戏，如“板凳多米诺”“运动接力”等。

在带领小组的过程中，社工应积极倾听每位成员的感受，以热情的状态、专业的社工理念带领整个团建活动。组织互动游戏时，让大家踊跃参加（需遵循自愿原则，尊重每位成员）。在带领活动时，在注重培育团队凝聚力的同时，既要发展团队成员之间的情感支持和互助合作关系，也要带领团队向既定的团建活动目标推进。

应关注团队成员之间的互动和团体动力状况，促进团队成员相互支持，推动团队成员关系紧密化。若发现出现次团体现象，团队成员之间发生矛盾、冲突，甚至对抗等问题，社工需要及时地协调和处理他们之间的竞争及各种可能的冲突，引导形成团队内部的良性竞争，培育团队成员以开放、接纳和包容的态度面对其他成员观点的差异，学会妥善处理不同意见和矛盾。

社工要促进成员沟通，适当放权，培育志愿团队负责人的领导力。在团建活动过程中，社工可以通过一些活动帮助团队负责人树立威信和增强其领导能力，例如安排他/她承担一些活动的带领工作，协助其学习并锻炼团队沟通、协调和带领的方法与技巧，发挥其在团队中的领导和积极正向作用。在凝聚团队其他成员的同时，提升他在团队内的价值感、领导力和管理团队的信心。

（3）团建活动后期与结束阶段。

在团建活动的后期，可安排志愿团队参与志愿服务实践，使志愿者通过亲身实践获得真实感受。在志愿服务实践之前，团队成员分组讨论实施方案，以促进他们彼此信任和实践过程中的合作与默契。志愿服务实践过程中，强调团队成员在协作中分工配合，团队共同完成任务。实践活动之后，社工应带领团队成员回顾和分享志愿活动以及团建活动的经过与感受，发现获得的经验和学到的技能，并鼓励他们能将所学运用到今后的志愿服务之中，以此巩固团建活动成果和强化团队成员经验。

（三）志愿团队能力建设

在志愿团队建设的基础上，团队的能力培育也是志愿服务中心的重要任务之一。在 BZ 街道志愿中心项目实施中，乐群社工将团队服务能力提升、团队领导能力的培养作为志愿团队能力培育的重点。

1. 志愿团队服务能力提升

作为志愿服务的提供者，需要具备一定的服务能力，才能更好地服务于有需要的人。提升志愿团队的服务能力，是社工的重要任务之一。可以通过三种形式提升志愿团队的志愿精神、服务意识和服务能力。

（1）增能培训。

社工通过增能培训，以知识学习为主，在认知层面普遍提升志愿团队成员对服务相关知识的掌握，以及对志愿精神进一步的理解。在志愿团队需求调研中发现，志愿团队能力提升的需求可分为两个方面：共性需求和个性需求。共性需求是大多数团队普遍需要的，主要包括成员对志愿精神、服务理念、团队目标、发展方向等方面的共识，以及对志愿服务条例的了解和准确理解。个性需求是团队个性化发展的需求。社工多维度地回应志愿团队的不同需要，针对共性需求邀请专家为全部团队开展增能讲座，如邀请上海市志愿者协会讲师解读《上海市志愿服务条例》，传递志愿服务理念和精神。针对团队个性化发展需求，根据志愿者团队发展个性化特色的需要，招募相关专业的老师，给团队开展增能培训。例如，苏河光影摄影队需要提升摄影技巧，社工邀请到上海市摄影家协会的老师每月为他们进行培训。此外，社工还通过讲座、工作坊等形式开展服务技能和项目管理等服务能力培训。志愿者团队培训菜单详见表 4-2。

表 4-2　志愿者培训菜单

培训主题	具体内容
志愿服务基础知识	1. 志愿者服务的理念和精神； 2. 志愿服务条列解读； 3. 志愿者工作技巧培训
服务项目运作基本知识	1. 服务项目策划基本知识； 2. 服务项目实施基本知识； 3. 服务项目评估基本知识； 4. 服务项目的宣传和总结
志愿团队领导力	1. 社区志愿团队的管理； 2. 社区资源的挖掘； 3. 社区志愿服务需求的挖掘； 4. 掌握沟通协调的方法
其他	根据各志愿团队特色，开展服务专业个别化培训

（2）服务见习。

这也是服务学习，可以使志愿者在具体的服务实践中学习具体的方法。在现实的服务过程和服务场景中，社工带领志愿团队及其成员经历从服务方案设计、服务实施到服务总结的整个过程。一方面，通过社工示范，使他们了解服务的整个过程，并看到讲座中学到的知识如何运用于实践；另一方面，通过服务见习，使他们身临其境地体验志愿服务，从而获得真实感受。

服务示范与见习是针对有服务示范需求的团队，这种团队大多为新成立的志愿团队。社工带领志愿团队从一次服务的策划开始，一步一步地带领团队成员去完成这次志愿服务。通常，社工带领志愿团队一起组织一次志愿服务，从服务策划到服务实施，借助整个过程起到示范的作用，志愿团队边观摩边实践，从而获得服务经验。

在整个过程中，应注意以下事项：第一，社工应注重示范服务的每一个具体步骤，带领志愿团队一步一步地完成服务任务。第二，需将重点放在方法的传授，若团队遇到问题，社工答疑解惑，提供建议，并带领团队一起商讨解决问题的方法，而不能替志愿团队做决定。第三，整个过程中，社工应关注团队成员之间的沟通和互动方式。团队在工作中既能体现凝聚力，也创造增强凝聚力的机会，若发现问题，应及时反馈给团队并加以解决。

① 选定服务活动，策划方案。社工与志愿团队

负责人沟通，选定一场志愿服务活动。组织团队成员共同制定服务方案，社工带领志愿团队一起，就服务对象、服务需求、服务内容与形式、服务时间、服务流程、突发事件预案等内容逐一商定，完成制定服务方案的任务。

② 服务准备。根据服务方案，社工向团队负责人介绍如何制定岗位分工表，协助其完成此项工作。社工协助团队负责人招募参与服务的成员，完成招募工作后，协助团队负责人确定和安排志愿服务岗位，以及进行服务前的培训。社工协助团队负责人准备志愿服务需要的物资，与团队负责人预习开展志愿服务的流程安排，并重温突发事件的预案。

③ 开展服务。服务当天，根据服务方案，社工示范、带教和协助志愿者开展志愿服务。在志愿团队开展服务的过程中，社工全程观察，在需要协助的时候给予帮助。例如，当志愿者对发生的情况不知如何处理时，社工可以先示范，然后协助其一起处理；当发现志愿者的某些工作方式不妥时，社工可以及时提醒，示范并带教志愿者以适当的方式开展服务。

④ 经验反思，活动总结。志愿服务结束后，社工带领团队成员对本次志愿服务进行回顾、分享和总结。从服务策划、前期准备到服务实施，邀请成员针对自己参与的每个环节回顾并陈述自己做了什

么、哪些方面值得肯定、哪些方面需要进一步提升。社工对成员的分享给予适当的回应，对努力和好的方面给予表扬，对需要改善的方面，引导团队成员一起讨论改善的方法，社工也可以给予具体的建议。最后，社工对本次服务见习进行归纳总结，帮助成员将服务感受和体验转化成服务经验和能力。

（3）参访学习。

参访其他街镇的志愿中心有助于志愿者团队开拓眼界，与其他志愿团队互相交流学习。社工每年组织各志愿团队骨干参观学习，与其他优秀志愿者团队相互分享服务体会，交流和学习服务经验，了解和学习其他街镇志愿者团队的志愿服务理念、服务经验和服务成效，从而提升服务意识和服务能力。

① 确定参访单位。社工可以依托与其他社会组织之间的关系，整合资源，选择参访单位。可以先选取 2—3 个其他街道或镇的志愿中心作为备选的实地参访单位，了解该志愿服务中心的概况并形成情况简报。然后，将情况简报呈交街镇文明办或志愿服务中心负责人，他们从中选定参访单位后，由社工跟进，与参访单位对接并落实参访事宜。

② 制定方案，协调沟通。确定参访单位后，社工制定参访学习方案和经费预算。一般情况下，一次参访活动至少包含两个内容：一是参观志愿服务

中心；二是志愿者座谈。参观志愿服务中心时，可以安排在现场观摩由社工或志愿者举办的活动，也可以请对方安排参访者在中心进行活动体验。参观结束后，以座谈会的形式为双方志愿者创造沟通交流的机会。

通常，参访活动需要由街镇层面相关部门发出公对公的“参访函”至对方街镇相关部门，并与参访单位约定具体参访时间。社工在此过程中，可以协助相关部门工作人员起草“参访函”并协调双方以确定适合的参访时间。与参访单位接洽并安排妥当参访事宜后，社工与各志愿团队负责人联系并发布活动通知。参访活动通知应包含参访当天的集合时间和地点、征集报名信息，并说明报名截止日期。报名时间截止后，统计参访人数并预订车辆，并在参访前安排当天停车事宜。

③ 实地参访，学习交流。参访当天，社工在出发集合地点接应参访者，发车前需要清点人数，确保人都到齐后发车。途中，社工再次介绍一天的参访内容及安排，并大致讲解参访志愿服务中心的工作特色和亮点。在车辆达到前 10 分钟，电话联系对方，告知到达时间，以便对方做好迎接准备。

参观过程中，社工全程参与，并适时促进参访者与接待方志愿者之间的交流，特别是在座谈会上。座谈会通常安排在参观后，双方志愿者相互分享各自的志愿服务经验和体会，分享服务理念和活动设计思路，还可以通过提问交流各自的想法和做法，相互学习，共同进步。整个过程中，社工也需注意处理突发情况，以确保整个参访过程安全顺利。

④ 分享参访体会。参访结束后，在回程途中，社工可以引导参访的志愿者分享参访的体会、得到的启发，以及未来团队建设和发展的想法。

2. 志愿团队领导力培养

能有效地带好一个团队并提供志愿服务，团队负责人需要有责任感和使命感，有良好的组织能力、沟通协调能力、服务执行力，以及在团队中有影响力和号召力。为提升志愿团队负责人的团队管理能力，社工可以设计领导力培养计划，运用小组工作和个案工作等形式提供服务。小组工作面向所有志愿团队负责人，各志愿团队负责人可自愿参与。小组工作旨在通过赋权增能，帮助各志愿团队负责人学习团队带领技巧，提升领导力和团队管理能力。通常，根据团队的实际需要确定主题，常用的主题有团队凝聚力、志愿团队管理、沟通协调能力、服务能力、领导力和资源整合能力等。个案工作主要面向个别内部有不同意见或有冲突的团队，常见的是团队中有成员特别是核心成员与负责人有不同意见，团队在做决定时难以达成共识。社工通过个案服务，协助团队负责人正确看待志愿团队里不同的声音，接纳并尊重他人的意见，通过团队章程处理分歧，借此也有针对性地为有需要的团队负责人提升协调人际关系的能力。

以 BZ 街道为例，辖区内志愿团队的负责人基本都是志愿团队的发起人，在团队成立初期发挥了重要作用。社工经观察发现，志愿团队负责人普遍年龄较大，他们中大部分人积极参与社区志愿服务，富有热情，在团队内有一定的影响力和号召力。在领导团队方面，这些负责人的能力参差不齐，还有些志愿团队没有固定的团队负责人。因此，为提升志愿团队负责人的团队管理能力，社工设计了领导力培养计划，分为理论学习和服务实践两个部分。

（1）理论学习。理论学习是通过增能培训、工作坊和专家讲座等形式，使志愿者团队负责人掌握志愿服务的理念和知识。

① 增能培训。志愿团队负责人是志愿者团队的核心，能够长期持续投身志愿服务，一名合格的团队负责人需要有责任、有担当，能整合各类资源，调动团队成员开展志愿服务，团结队伍并且带领团队完成共同的志愿服务目标。社工通过增能培训，以知识学习为主，在认知层面提升志愿团队负责人

对团队管理相关知识的掌握，以及对团队负责人角色进一步的理解。团队管理相关知识见表 4-3。

表 4-3　管理能力培训

主题	具体内容	工作方法
责任和使命	志愿者服务的理念和精神 明确使命，提升责任心	专家讲座
沟通协调能力	掌握沟通协调的方法	工作坊、专家讲座
需求评估能力	学会挖掘社区志愿服务需求	工作坊、专家讲座
组织策划能力	服务项目策划基本知识 服务项目实施基本知识	专家讲座
资源整合能力	学会挖掘并整合社区资源	工作坊

② 增能工作坊。社工为团队负责人开展团队领导力和服务管理能力的赋能工作坊活动，在互动中，通过模拟尝试等环节提升各项能力。A. 量身定制。开展工作坊的学习和讨论，首先要明确主题。社工在服务预告和通知的时候，需提前告知参与工作坊的团队负责人，向其征集相关的案例，收集其参与工作坊的期待和目的。在工作坊开始前，社工需要将收集的期待和目的汇总，张贴在培训地点的墙上。B. 知识传授。工作坊的学习模式通常是理论与模拟相结合，社工根据每次工作坊的主题，整理相关知识，制作成 PPT，传授给团队负责人；或者邀请专家，为大家讲解和分析理论知识。C. 情景模拟。社工在征集的案例中，选择 1—2 个案例，结合理论知

识的学习，带领团队负责人进行情景模拟。根据社工对每位团队负责人能力的评估，在模拟的过程中，社工要有意识地安排角色和分工，指定某位团队负责人扮演某个角色，帮助其提升缺失的能力。D. 分享交流。完成情景模拟后，社工带领所有成员进行分享，分享的原则是真诚表达、耐心倾听和积极沟通。社工先从表演者开始，分享在情景模拟中的真实感受和想法，再让其他成员从旁观的角度提出意见和想法。E. 回顾总结。社工带领全体成员回顾本次培训的所有内容，巩固所学的理论知识和实践经验。最后，邀请提出期待和目的的成员发言，了解是否达到他们的预期。

③ 专家讲座。社工还可以邀请专家为团队负责人举办领导力知识讲座。A. 邀请专家。社工根据培训主题，拟定培训专家候选人，通过电话的方式邀请专家参与讲座，并与专家确认具体日期和时间、培训时长、培训设备的要求、培训费和出行工具。B. 开办讲座。讲座当天，社工提前布置场地，摆放桌椅，调试设备。讲座开始前，社工作为主持人开场，介绍培训专家的简历。专家讲课结束后，需要安排提问环节，邀请对本次讲座有问题的成员举手示意，获得专家同意后提出问题，专家进行解答。C. 总结强化。讲座最后，社工根据培训当天的内容梳理成知识点，带领全体成员回顾和总结，以加深

印象并牢固掌握。

（2）服务实践。志愿团队负责人通过工作坊学习或参与专家讲座，掌握团队领导力的理论基础后，需要通过服务实践将知识进行转化。

① 设计团队任务。社工根据志愿团队负责人理论知识学习的情况，有针对性地设计和安排团队任务，如组织开展一场志愿服务活动。在服务实践前，社工为团队负责人提供答疑解惑，让团队负责人能清晰地把握任务目标和要求。

② 团队负责人带领服务实践。团队负责人接受任务后，运用讲座中学到的知识发挥领导力，带领团队成员一起策划服务，安排岗位分工，协调社区资源。团队负责人还要关注团队成员之间的互动关系，增强团队凝聚力。对于突发事件，及时做出响应，确保志愿服务有效开展。

③ 社工观察评估。社工在服务实践的整个过程中，观察评估团队负责人理论知识的运用，并做好评估记录。如在组织团队成员讨论服务方案、安排岗位分工时，是否运用所学习的沟通协调和组织策划的知识；在需要决策时，团队负责人是否有责任担当的意识，勇于承担后果。志愿服务结束后，社工反馈评估记录，带领团队负责人对本次志愿服务进行回顾、分享和总结，进一步提升和改进。

（四）志愿团队支持

志愿团队开展志愿服务需要志愿中心给予场地、物资、经费和专业等方面的支持。

1. 场地支持

志愿团队开展服务需要场地，街镇或居委通常可以提供，如街镇文化中心、街镇党群服务站、居委活动室等。当志愿团队需要场地支持时，可向志愿服务中心提出，社工应协助联系街镇相关部门或居委会以链接和整合资源，使志愿团队获得场地支持。

2. 物资支持

志愿团队在提供服务时常还需要物资保障。志愿服务中心应为所有志愿团队成员提供统一服装，春秋季和冬季志愿服务马甲，马甲上可印制志愿服务的Logo，以及“奉献、友爱、互助、进步”等字样的志愿服务精神。根据志愿团队的个性化需求，志愿服务中心可通过采购、募集等方式提供保障。例如，BZ街道的清清护河队的志愿服务是维护苏州河两岸的整洁，需要手套、火钳等工具，志愿服务中心采购后发放给志愿团队。

3. 经费支持

志愿服务中心应为志愿团队提供项目经费以支持志愿团队的发展和开展服务。志愿服务中心可以每年资助若干项目，需要经费支持的志愿团队通过提交志愿服务项目方案和预算申请经费，经志愿服务中心审批，部分志愿团队的项目可获得经费支持。

4. 专业支持

专业支持主要是给予志愿团队服务专业的指导和帮助，即志愿团队有个性化需求时，社工给予支持和帮助。例如，团队在提供志愿服务时需要学习专业技巧，社工为团队组织专业培训；团队在服务中遇到困难和问题时，社工提供专业指导，协助团队解决问题等。此外，志愿团队的资源渠道相对单一，有些专业老师他们无法联系，社工应整合社区资源，邀请需要的专家，为他们培训，从而提升服务的专业性。例如，根据摄影志愿团队的专业要求，社工联系到上海市摄影家协会的老师每月为志愿者讲课。

第五章

项目管理

本章将从制度化管理和项目评估两个方面介绍乐群如何管理志愿中心托管项目，以帮助社工了解如何做好项目档案管理、沟通管理和宣传管理，如何有序推进项目服务，并通过项目评估保障服务品质和呈现项目成效。

一、项目制度化管理

为了有序推进项目服务，建立以下管理制度，从而保障服务进度。

（一）项目档案管理制度

根据机构的档案管理规范和要求，对项目档案提出以下管理要求：

1. 服务记录完整

服务记录包括服务方案、活动通知、活动记录表、签到表、照片、授课 PPT、师资介绍、通讯稿、变更表等，所有服务记录应做到完整。项目台账归档应根据项目书的内容进行有序梳理，文件夹标明项目名称，由项目社工负责统一收集和整理，及时归档，并上传至机构OA系统。

2. 及时自查

项目负责人每个季度进行项目内台账自查，根据项目要求查漏补缺。及时查看项目台账资料是否同步录入机构档案管理系统，确保档案资料齐全、完整、系统。若发现疏漏，应通知项目社工及时补充和完善。

3. 保密及销毁

凡涉及服务对象资料、志愿者信息资料或项目相关信息，只能在项目内部使用，不得外泄信息，文档应进行加密处理。纸质版信息资料需要注意保密，可放在带锁的抽屉内，或者在使用完毕后，及时用碎纸机进行销毁。

（二）项目沟通管理制度

为了持续、有效地推进项目工作，需建立常态化工作沟通机制。

1. 项目汇报与沟通

与委托方定期召开项目进度会议，汇报、沟通项目进度及工作成果，面对面交流至少要一个季度一次，书面或电话形式汇报需要每月一次，从而确保委托方了解志愿中心运行情况及项目开展情况。如有重点服务或活动开展，应提前与委托方共同确认活动方案，争取获得必要的社区支持以确保服务推进。如有突发事项应及时沟通。

2. 项目组内部沟通

项目组成员定期召开项目推进工作沟通会议，一般为一个月一次。项目负责人与项目社工必须参会，项目督导及其他协同人员也需参会。会议上，项目负责人要陈述目前项目开展的情况、遇到的问题及解决方案、需要内部支持的内容等，项目社工可以予以补充说明。针对需要解决的问题，与会人员可以进行沟通讨论，最终形成行动方案，可在下一次沟通会议上反馈执行情况。项目沟通会议应做好会议记录，会后发给所有与会人员。

（三）项目宣传管理制度

由项目社工与机构宣传部门工作人员共同负责媒体宣传和公关管理，应做到以下管理要求：

1. 建立与媒体的合作关系

应与媒体建立良好的合作关系，并有效整合媒体资源，通过多种形式的宣传渠道进行项目与服务宣传，以提升项目影响力及社会效应。在项目实施过程中应加强公关管理，特别是社区关系的管理，积极与落地方街镇及各媒体单位建立良好的关系，对项目中的突出事件进行宣传报道。

2. 确保宣传报道的时效性

项目社工在开展项目活动之后，及时写好相关的通讯稿，确保在活动当天或第二天能够发布在街镇的公众号和乐群的公众号平台上，做到及时宣传。对于需要阶段性进行宣传报道的活动，需要及时做好时间规划，及时通过各类媒体进行宣传。

3. 做好宣传物品的规范性

项目社工在项目执行过程中对外宣传活动、宣传报道及宣传物品等，应该标明主办方是委托方的全称，承办方是机构的全称。制作印刷品时，应该做到各资源方的名称和 LOGO 准确无误、清晰明了。

（四）工作人员管理制度

为了更好地运行志愿服务项目，项目社工除开展项目服务外，还要运行志愿服务中心日常工作。

乐群派遣的社工代表的是机构形象和专业形象，应注意遵守以下几条工作人员规范。

第一条　上班时着装得体，坐姿端正、行为得当，树立良好的单位形象和个人形象。

第二条　社工要确保志愿服务中心卫生环境干净整洁。

第三条　志愿服务中心内严禁大声喧哗、吵闹，工作时间严禁闲聊，营造良好的工作环境。

第四条　接待志愿服务中心来访人员应态度友善、温和，积极回应来访者的需求。

第五条　中心工作人员在工作中或在接听电话中应使用礼貌用语和规范语言，禁止讲粗口。

第六条　办公室传真机、复印机应由专人负责，出现问题应及时通知专业人员维修。

第七条　中心工作人员要树立服务意识，要在项目各方之间的沟通起到桥梁作用。

第八条　工作电脑应由专人使用，并执行保密措施。上班时间不得使用电脑玩游戏、上网浏览与工作无关的内容。

第九条　需购置物品时，必须填写请购单，经分管领导审批后，方可购买。

第十条　做好保密工作，遵守规章制度。

第十一条　下班时随手整理自己的办公桌，关闭空调，关好门窗，切断电源。

二、项目评估

在完成整个志愿服务中心运行与管理项目后，需要对中心运行管理以及相关服务实施情况进行梳理、总结和反思。根据乐群对项目总结和评估的要求，项目负责人和项目社工需从多个维度对志愿中心托管项目进行总结和自评，项目督导也要对项目结果做出评价。团队自我总结与自评通常分为以下步骤进行。

（一）整理梳理项目实施过程

首先，由项目社工整理所有项目记录及相关材料，并将资料分类归档。其次，依据项目主体实施和两个子项目实施的时间脉络梳理项目执行的过程，并摘要出重要的时间节点。

（二）统计归纳机构投入与项目输出

项目输出指在项目实施期间，机构做出的各种努力。机构的努力通过项目工作者完成的工作量体现，其中可包括以下内容。

1. 机构的投入

（1）人员投入。包括：1 个项目督导的项目工作天数和/或时间，1个驻志愿中心的全职社工工作天数和/或时间，1个项目督导工作天数和/或时间，机构派出的其他人员支持，或邀请专家给予的支持。

（2）物资投入。机构提供的物资等支持。

（3）经费投入。机构给予的配套资金或提供的资金支持金额。

2. 服务及工作量

服务和工作量指在项目实施期间，各类工作量和提供服务的数量。可以包括以下内容。

（1）网上信息登录工作，为多少志愿者完成注册登记、星级申请、服务时间录入、保险理赔等。

（2）志愿者招募工作，开展多少次志愿者招募专场等。

（3）志愿者激励工作，开展各种志愿者激励工作的数量。

（4）志愿团队能力建设子项目，为多少支志愿团队提供各种类型的服务，开展团队组建、团建活动、增能讲座、工作坊等的次数，开展服务见习的次数等。

（5）资源拓展与维护工作，拜访过单位的数量，成为公益合作伙伴的单位数量等。

（6）资源共享平台建设子项目，使用配送机制的数量，完成服务对接与配送的数量，积分线下兑换的次数和兑换的物品数量等。

（7）窗口服务，接待咨询的次数，提供便民服务的次数等。

（8）组织志愿服务和组织社区志愿者服务的场次等。

（9）宣传倡导和社区宣传次数，微信公众号的宣传篇数，媒体报道篇数等。

3. 检视目标达成情况

根据志愿中心托管项目的每一项具体目标，对照项目具体开展情况，逐一检查是否完成服务目标，在检查过程中既要观察实际运行情况指标，也要查看制度和台账的落实情况。

（1）中心建设与运营管理。

① 中心运营与管理目标完成情况。A. 总结检视志愿服务中心的组织架构是否完整，管理团队人员是否到位，对岗位职责是否明确，是否按照要求承担并完成志愿中心各项管理工作。B. 检视制度建设和制度执行情况，对志愿中心运行的各个部分资料进行阶段性整理，对相关制度及表格进行整理回顾，检视管理制度是否落实。

② 志愿者服务与管理目标完成情况。A. 总结并审视协助志愿者完成网上注册、星级申请、服务时间录入等信息登录工作，志愿者招募工作，优秀志

愿者培训、宣传等志愿者激励工作，志愿团队的组建、团建活动、增能讲座、工作坊等工作的目标完成情况。B. 总结并检视志愿服务项目网上管理、志愿服务项目优化等工作是否按照既定目标开展并完成。对志愿资源共享平台和志愿服务对接和配送做出完成程度的评价，具体内容的评估将在子项目评估中进行。C. 检视窗口服务的情况，总结志愿中心是否有专人接待，专职人员对于政策的了解程度，是否对志愿者招募工作有明确的咨询指导，以及提供各项便民服务的内容是否丰富，设施是否可以正常使用。

③ 宣传倡导工作目标完成情况。A. 总结检视各项宣传布置的内容是否符合要求，宣传版面是否及时更换。B. 总结检视开展社区宣传活动的情况，判断宣传倡导工作是否完成目标。

（2）志愿服务资源共享平台建设子项目。

① 服务配送的“五单管理”机制建设和运营的目标完成情况。总结评价“供单、点单、派单、接单、评单”的“五单管理”模式的建立，以及在操作过程中的各项环节是否顺畅，是否实现精准、快速地提供志愿服务的“供需对接”，居民需求是否能通过共享平台顺利地匹配到适合的志愿服务资源。

② 志愿者积分兑换机制的建立与运作的目标完成情况。审视是否建立了志愿者积分与积分兑换机

制，该机制运营是否顺畅等。平台维护情况是否达成目标，平台是否得到维护，供兑换的物品等是否及时补充，发现问题是否能及时解决。

（3）志愿团队能力建设子项目。

志愿团队能力建设和能力培育的整个过程分为不同阶段，不同阶段均有服务目标。需逐一对照项目设计中的总体目标和具体目标，检查目标的总体达成情况和具体达成的程度。

① 志愿团队培育的目标完成情况。志愿团队组建或扩大，志愿团队负责人选举过程、组织架构是否规范，规章制度是否有效落实和执行。

② 志愿团队能力建设的目标完成情况。是否完成评估专家培训、服务示范和参访学习目标任务，社工带领志愿者开展服务的流程是否规范，参访学习的地点选择与参访流程安排是否合理。

③ 志愿团队支持的目标完成情况。是否按项目目标对志愿团队开展服务提供专业、物资和场地等支持。

4. 检视项目实施效果

项目效果指本项目实施后所产生的效果，通常以正向改变的形式体现。志愿中心托管项目的效果可从志愿中心的功能，社区志愿服务量增加和服务覆盖面扩大，志愿者和志愿团队数量增加，志愿团队的领导力、凝聚力和服务能力等提升，志愿服务资源（参与服务的单位）数量增加，项目的影响力等方面体现。效果指标应当在策划项目时制定，制定时可参照项目目标思考项目可产生的效果。

（1）中心运营与管理的效果。志愿中心的管理架构和制度对中心运营管理产生作用，中心的管理与服务功能增加和产生正向促进效果。中心的志愿者管理工作及新的激励机制实施产生的效果，如志愿者和团队数量增加，志愿者的服务频次增加，志愿服务积极性增加，服务时间增加。志愿服务中心的工作使得志愿服务供需对接效率提升，志愿服务的品质提升，特色服务品牌增加并得到好评等。宣传倡导工作使居民对社区志愿服务的关注度提升。

（2）志愿服务资源共享平台建设子项目的效果。评价志愿服务资源共享平台的效果，应分为配送机制和积分兑换机制两个部分评价。配送机制的效果可以参照资源拓展工作的情况，例如，参与志愿服务的公益合作伙伴增加，参与的积极性提高，资源流失情况减少。从“资源库的数量”“志愿服务供需匹配数量”“五单管理情况”等不同维度进行评估。例如，服务配送机制的使用量，成功对接并配送的服务数量和百分比，使用服务后的评单数量，使用者对该机制的评价也可作为效果。积分兑换机制的效果，包括志愿者的参与情况，成功使用积分完成兑换的情况，使用者对该机制的评价等。

（3）志愿团队能力建设子项目的效果。新组建志愿团队的数量、团队成员人数的增加、团队负责人领导力的提升、团队凝聚力的提升、团队成员服务能力的提升、团队服务覆盖面的扩大、团队获得的荣誉和表彰、团队服务影响力，以及服务使用者对服务的评价等，都可以作为项目效果的体现。此外，志愿服务使用者的满意度也可作为项目效果的指标。可通过问卷和访谈的形式，邀请委托方、社区工作者、社区志愿者等不同服务对象从不同视角对项目的成效进行满意度评估，以了解各相关方对志愿中心托管项目的反馈。

5. 反思和总结

从项目设计、执行计划、实施方法、项目效果等角度，总结项目实施过程中亮点，如好的设计、好的准备、好的做法、好的配合、好的效果等优势之处，回顾得到的支持、遇到的困难、如何应对和应对的效果。志愿中心日常也需要接受市区两级的检查，上级的检查结果、意见和建议也应作为反思和总结志愿中心委托项目实施的内容之一。最终，还需审视并发现项目在设计、准备、执行、合作等各方面存在的不足之处，提出改进建议，形成项目自评总结报告。

（三）督导评估

根据乐群项目管理制度的要求，项目督导也需对志愿中心托管项目进行全面评估，以提升服务的专业性。督导评估通常按照以下流程进行。

1. 审阅项目总结自评报告

督导对社工的总结自评应认真阅读，结合项目计划书，对照项目服务方案的总体目标、具体目标、项目工作量等，审视项目服务量完成情况和项目成效，逐项审核项目的执行情况，从而评估项目的整体完成情况。

2. 现场查阅项目台账资料

督导到志愿中心查阅工作记录、工作表单、服务计划、服务记录、财务记录等相关文件，以了解项目的管理等情况。

3. 分享与引导

邀请社工结合自评报告回顾项目的实际执行情况，分享感受和心得，运用提问等方式，引导项目团队成员共同思考项目执行中的“不足”与“收获”，协助社工总结经验。

4. 分析与点评

督导从专业理念在项目服务运作中的运用、服务对象的改变情况，以及人、事、经费等角度，对项目实施进行分析和点评。督导评估既是对项目的评估，更是对社工专业能力的指导，通过“项目的完成情况”指导项目负责人的统筹执行能力，通过“遇到的挑战与解决方法”引导社工的个人成长，从“理论在项目中的运用”提升社工的专业能力。

5. 了解服务对象反馈

通过服务对象的访谈等形式，了解服务对象的感受、感想等信息回馈，并将服务对象的反馈向项目团队进行督导反馈，给予意见和建议。

图书在版编目(CIP)数据

社区志愿服务中心托管项目实务手册/沙卫主编;殷茹媛副主编. —上海: 复旦大学出版社, 2023. 12
(社会工作实务操作手册 / 沙卫主编;4)
ISBN 978-7-309-17071-9

Ⅰ. ①社… Ⅱ. ①沙…②殷… Ⅲ. ①社区管理-志愿-社会服务-中国-手册 Ⅳ. ①D669. 3-62

中国国家版本馆 CIP 数据核字(2023)第 224132 号

社会工作实务操作手册/社区志愿服务中心托管项目实务手册
沙　卫　主　编
殷茹媛　副主编
责任编辑/宋启立

复旦大学出版社有限公司出版发行
上海市国权路 579 号　邮编: 200433
网址: fupnet@fudanpress. com　http://www. fudanpress. com
门市零售: 86-21-65102580　团体订购: 86-21-65104505
出版部电话: 86-21-65642845
上海盛通时代印刷有限公司

开本 787 毫米×1092 毫米　1/32　印张 18. 375　字数 310 千字
2023 年 12 月第 1 版
2023 年 12 月第 1 版第 1 次印刷

ISBN 978-7-309-17071-9/D · 1176
定价: 98. 00 元(全五册)

社会工作实务

操作手册

沙 卫 主 编　　殷茹媛 副主编

家庭社会工作项目实务手册

参与编写 殷茹媛 张 亦 金若逸 朱 蓓 张妍文
夏 卉 刘颖红 陶 真 李 钧

复旦大学出版社

社会工作实务操作手册
编委会名单

主　编　沙卫

副主编　殷茹媛

编　委　陆坚松　鲁　梅　赵雅萍　张　超　张　亦
　　　　张晟晔　冯佩华　金若逸　朱　蓓　陈晓珏

《个人与家庭需求评估实务指南》

参与编写　沙　卫　殷茹媛　刘颖红　赵雅萍

《社区大型活动实务指南》

参与编写　殷茹媛　张　超　金若逸　张妍文

《儿童托管服务实务手册》

参与编写　张晟晔　张　雨　殷茹媛

《社区志愿服务中心托管项目实务手册》

参与编写　赵雅萍　冯佩华　张　超　殷茹媛　顾　昉
　　　　　刘梦婷　王　艳

《家庭社会工作项目实务手册》

参与编写　殷茹媛　张　亦　金若逸　朱　蓓　张妍文
　　　　　夏　卉　刘颖红　陶　真　李　钧

目　录

第一章

项 目 介 绍

家庭社会工作是以家庭为中心而进行的社会工作介入及所提供的家庭服务，其目的在于协助解决家庭问题，改善日常家庭生活，提升家庭自身解决问题的能力，促进家庭关系的和谐及家庭功能的正常发挥。

上海乐群社工服务社（以下简称“乐群”）自2015年起在上海浦东新区11个街镇开展家庭社会工作服务项目。本章将以乐群为案例，对该项目的缘起、主要服务对象、目标与任务、运作模式、理论基础和成效等内容进行概要性介绍。

一、项目缘起

家庭是社会的基本单位，随着社会变迁和快速发展，家庭也发生了许多改变，如隔代家庭、单亲家庭、离异家庭、再婚家庭、新居民家庭和贫困家庭等类型的增多，使家庭结构与成员关系的复杂性增加，家庭面临问题的风险增大，易出现家庭成员关系紧张、家庭成员沟通障碍、赡养和抚养缺失、家庭暴力、家庭经济纠纷等问题，甚至引发恶性事件。然而，有些家庭在风险增加的同时，抵御风险的能力却在减弱，从而导致家庭问题恶化。因此，高风险家庭需要社会各方给予支持和协助，以维护家庭正常功能的发挥，从而防范家庭问题的恶化。

为贯彻落实《中共中央关于加强和改进党的群团工作的意见》中“要创新基层组织设置和活动方式，通过创造性工作增强发展活力、赢得群众信任”的要求，以浦东新区新一轮开发、开放为契机，以“十三五”规划为主线，从2015年起，浦东新区妇女联合会（以下简称“新区妇联”）基于群团改革和浦东先行先试的要求，从以服务回应妇女儿童需求、加强家庭建设出发，在全区范围内选择已建立社区家庭文明建设指导中心并运作成熟的6个街镇作为家庭社会工作服务项目的试点区域，积极探索“政府出资、妇联实施、社工运作、社会参与”的服务模式。家庭社会工作项目承担了教育妇女、指导家庭、服务社区的责任，已成为服务社区家庭的有效平台。到2020年，家庭社会工作服务项目已经全面覆盖浦东新区的36个街镇，为广大浦东新区家庭提供就近、便捷、专业的家庭需求回应、家庭教育指导、家庭功能矫正与恢复等家庭服务。

乐群是上海最早与新区妇联合作开展家庭社会工作服务的试点机构，目前已承接了 WFXC 街道等 11 个街镇的家庭社会工作项目服务。家庭社会工作项目的服务内容主要有家庭走访、个案服务、联动社区活动、社区自治团队培育、妇女工作者增能培训等，每项服务均有相应的服务数量要求。

二、主要服务对象

家庭社会工作项目面向浦东新区辖区内的所有需要社工服务的家庭，在服务过程中，乐群的家庭社工关注一些特殊的高风险家庭并为其提供服务，通过服务减少其风险因素的影响，从而缓解此类家庭的困境，或预防其出现较严重的家庭问题。

经过实践经验的积累与对服务对象家庭的研究分析，乐群家庭社工发现家暴家庭、重症患者家庭、困境儿童家庭、危机家庭、信访家庭和残疾家庭易受到风险因素的影响而陷入困境。因此，乐群的家庭社工在服务普通有需要家庭的同时，将上述六类特殊家庭作为家庭社工的重点服务对象。

三、目标与任务

浦东新区妇联对家庭社会工作项目的工作目标

和具体任务作出以下规定。

（一）项目工作目标

1. 回应家庭需求

为所服务街镇的需求家庭提供家庭走访、个案跟进、资源链接等个性化服务，筛选风险家庭，评估家庭关系等情况，为有需求的家庭提供及时的介入服务，提升家庭抗逆力。

2. 促进妇工增能

以社区为平台，建立健全“社工、妇工、义工”的互动机制，为妇女社会工作者提供专业能力、实务能力、通用能力提升等方面的培训，加强在社区工作中的实践应用，增强其为家庭和社区的服务能力。

3. 参与社会治理

家庭社工的服务还与党政中心工作相结合，组织各类家庭通过各种形式参与社会治理工作。可以通过培育社区自治、共治团队和开展各类社区家庭活动，促进社区家庭文明建设。

（二）家庭社工的工作任务

根据浦东新区妇联购买的服务内容，每个街镇的家庭社工在项目周期（1年）内需完成以下任务。

1. 开展家庭走访服务

通过对潜在服务对象名单的前期筛选，将家暴家庭、重症患者家庭、困境儿童家庭、危机家庭、信访家庭和残疾家庭等有需求的家庭作为走访对象，开展家庭走访工作，与服务对象建立关系，了解家庭需求，排摸需要重点跟进的服务对象。

每月至少为有服务需求的家庭提供15次家庭走访服务，家庭社工每周的区域服务时间不低于32小时。

2. 提供个案服务

通过走访挖掘重点服务家庭，以个人或家庭为服务对象，运用社会工作专业知识和技巧，通过专业关系的建立，针对个人、家庭的特殊情况和需要，了解个人内在的心理特性和需求，激发个人潜能，协助其改变态度，调整其社会关系，并运用社会资源改善或恢复其社会功能，以解决他们的问题，增强和发展个人或家庭的社会适应能力。在项目周期内，每个街镇的家庭社工需完成5个个案，个案干预过程需全程记录并撰写案例。

3. 开展社区活动

协助街镇“家中心”的日常管理和项目工作，

并为社区家庭提供多样化的活动。联动社区资源，结合家庭的共性需求，设计有针对性的、与服务街镇实际情况相适应的各类社区家庭活动和社区活动，此类活动在项目周期内不得少于10次。

4. 开展妇女工作者增能培训

在项目期内，开展妇女工作者的增能培训。在了解居村妇女干部增能需求的基础上，联合街镇妇联设计并开展提升妇女工作者能力的相关培训和参访学习等活动，培养社区妇女干部专业工作理念和方法技巧等。

5. 培育自治团队

组织各类家庭参与社区治理，培育社区自治、共治团队。结合社区的实际需求，挖掘社区中有潜能的社区居民，包括老人、妇女、儿童等群体，通过增能培训、凝聚力建设、自治沙龙等方法，建立社区自治团队，帮助团队完善管理，建立运作机制，提升团队凝聚力，培养服务意识，开展自治服务，提升居民的自治能力。

6. 做好项目管理

做好项目工作的服务记录，定期递交工作计划总结、调研报告、个案案例等。

四、服务设计与运作模式

上海乐群社工服务社承接了浦东新区11个街镇的家庭社会工作项目服务，各街镇各有特点，基本情况也有较大的差异。为了使家庭社会工作项目在每个服务区域“服水土”“有效果”，乐群根据各街镇的实际情况，将家庭社会工作项目与区域资源相结合，形成了专业团队、服务设计、操作模式的“3+”型项目运行模式。

（一）标准化专业团队：区域化管理+驻街镇社工+专业支持

按照浦东新区妇联要求，乐群为每个街镇配备了一名家庭社工，开展专业化的家庭社会工作服务。为了加强家庭社工在服务区域的专业力量，乐群在11个街镇都专门成立了家庭社会工作项目组，即这11个街镇中区域化管理的社工与家庭社工形成了支持团队。因为每个街镇目前只有一位家庭社工，但需要服务的家庭有很多，各街镇的家庭社工在开展服务，尤其是开展社区活动时，需要服务于该社区的社工团队给予支持和配合。在此基础上，乐群为家庭社会工作项目配备了由专业督导、心理咨询师、律师、医生等专业人士组成的顾问团队，为家庭社会工作项目提供技术性支持，以保障项目的品质。

（二）定制式服务设计：项目模块+特色服务+多样化形式

为了更好地回应项目实施街镇的需求，乐群的服务内容设计采用了“项目模块+特色服务+多样化形式”相结合的方式。“项目模块”指浦东新区妇联要求家庭社工必须要完成的工作任务，包括社区走访、个案服务、联动社区活动、妇女干部增能、自治团队培育。“特色服务”指家庭社工结合各街镇的服务需求，根据每个街镇的具体情况，量身定制适合的特色服务，如 CSX 镇的重症妇女互助服务、HT 镇的妇女议事会服务、ZP 镇的困境儿童家庭支持服务等。“多样化形式”指为不同服务人群设计适合的服务形式，如社区自治团队的培育采用议事会的形式、有学习困难的困境儿童采用辅导的服务形式、有多重需要的困境家庭则采用个案管理的服务形式等。“项目模块”是标准化的、规范化的服务，所回应的是普遍性的需求；“特色服务”是根据当地具体特点设计的、个别化的和定制的特殊服务；“多样化服务形式”是根据各个服务对象群体的实际情况，采用个别化的、恰当的服务形式开展服务。三者的结合，不仅使家庭服务有了标准化和规范化的内容与形式，而且避免了“一刀切”，出现各街镇的特殊需求得不到回应的情况。此举使各街镇的特殊需求能得到回应，使各服务人群接受的服务形式能适合他们的特点。

（三）规范化操作模式：立足社区+资源整合+专业服务

乐群一贯秉承“立足社区、回应实际需求”为导向的服务理念。“立足社区”指家庭社工以社区工作为工作抓手，以了解社区居民需求为工作基础，通过每月的走访排摸，筛选重点服务对象，提供更贴合社区需求的综合性家庭服务。“整合资源”指家庭社工充分了解和挖掘社区里的各类资源，掌握各类政策信息，形成社区服务资源清单。与街镇妇联密切配合，凝聚社区力量，整合社区资源。在服务于家庭的过程中，做到链接资源，供需对接，如婚姻纠纷方面的法律资源、中风家庭的医疗康复资源、失业人员的招聘培训资源等。“专业服务”即家庭社工遵循社会工作伦理守则，运用社会工作学、社会学、心理学等理论，综合运用社会工作的专业工作方法，为家庭提供个案、小组、社区等专业化服务。

五、理论基础

为了回应服务对象多种需求，并为有需要的家庭提供个性化和多元化的服务，家庭社工根据服务对象的实际情况，运用专业理论并以适当干预模式提供服务，微观视角如短期焦点解决模式、优势视角理论、赋权增能理论，中观视角如家庭系统理论、结构式家庭治疗、家庭生命周期理论，宏观视角如生态系统理论、社区照顾模式、社区发展模式等。以下重点介绍几个常用的理论模式。

（一）生态系统理论

为家庭提供服务不能忽略家庭所处的情境对家庭的影响，以及家庭与环境交互作用下产生的改变与调适。布朗芬布伦纳的生态理论架构指出，个人与家庭的行为样貌与问题特质都受到外在多重环境的影响，而这样的多重环境根据个人及家庭的空间与社会距离，分成一层套一层的多重系统，每一个较内层系统存在于另一个较外层的系统之中。下面我们以儿童作为家庭的切入点来解读生态系统理论下的家庭。

1. 微观系统

微观系统（或称微系统）是孩子与周围环境的关系和互动，这些微系统包括家庭、学校、邻居或儿童保育环境。关系的影响是双向的，如父母的信仰和行为会影响孩子，孩子也会对父母的信仰和行为带来影响。层内结构的相互作用和层间结构的相互作用是这一理论的关键。在微观系统级别，双向影响最强，对儿童的影响也最大。然而，外层的相互作用也会影响内层结构。

2. 中介系统

中介系统指孩子的微观系统结构之间的联系，比如孩子学校微系统中的老师与其家庭微系统中父母之间的联系，孩子的微系统与其邻居微系统之间的联系。

3. 外部系统

外部系统是个人未直接参与的系统。该系统对个体发展的影响是通过其与个体微观系统中的元素之间的互动而产生，对个体有直接或间接的影响。对一个孩子而言，其外部系统包括父母的职业场域、社区组织的服务、大众传播媒体、社会福利系统等。

4. 宏观系统

宏观系统由文化价值观、习俗和法律组成。例如，如果某种文化认为父母应该独自抚养孩子，那么这种文化就不太可能提供帮助父母抚养孩子的相关资源。反过来，这又会影响父母抚养孩子的分工。

在孩子的微系统中，父母受到宏观系统影响所导致的结果，也会影响他们是否有能力履行对孩子的责任。

5. 时间系统

针对儿童的发展及问题的产生，生态系统理论聚焦于儿童所处环境的质量及背景，从各个系统之间的关系与互动的视角，分析儿童所受的影响及问题产生的原因，并试图回答围绕着孩子的世界是如何帮助或阻碍孩子继续发展这个问题。该理论认为，儿童需要与重要他人进行持续的相互作用，这是儿童发展所必需的，如果儿童没有与重要他人进行持续的相互关系，就会出现问题。而随着儿童的发展，他的生理和认知结构越来越成熟，他与环境的互动也会越来越复杂。孩子们会寻找应该出现在孩子与父母或孩子与其他重要他人关系中的肯定，若无法获得这样的肯定，就可能在不合适的地方寻找关注。这些不足在青少年时期表现为反社会行为、缺乏自律和无法自我指导。根据布朗芬布伦纳的观点，家庭生活的不稳定性和不可预测性是对孩子发展最具破坏性的力量，而这却是其生活的环境造成的。而当儿童家庭破裂，教育系统并不能完全弥补这些不足。布朗芬布伦纳认为对于个体而言的重要关系，需要能够提供给个体持续被关怀的感觉，这种关系必须要在对孩子有直接影响的一个或几个人中培养，学校和老师只是扮演着重要的次要角色，但却不能给儿童提供重要他人所能给的复杂互动。

家庭社会工作项目中社工针对各类家庭，都会以生态系统理论为指引，认识到所有家庭都与其所处的情境息息相关，家庭的问题是家庭与环境交互作用下产生的改变与调适，因此家庭服务需要从微观、中观、宏观多方面分析和介入，不仅仅要调整个人或家庭这个微观系统，还需要从社区、社会等视角，多方面调整家庭与环境的关系，调动相关的系统协助家庭解决问题。

（二）社区照顾理论[1]

社区照顾指社会工作者通过动员社区资源，运用非正规支援网络，联合正规服务机构提供支援服务与设施等活动，从而使有需要的人士在家里或社区中得到照顾，能够在社区中正常生活。

1. 协助服务对象正常地融入社区

服务对象生活的社区是其正常的生活环境，这里有他们熟悉的人群，有与他人进行社会交往的机

[1] 徐永祥、孙莹：《社区工作》，高等教育出版社2004年版，第138—141页。

会，也有进行正常社会生活的条件，这对服务对象是十分有利的。

2. 强调社区责任

在社区提供服务需要政府、营利机构、非营利性机构、志愿者组织、社区、家庭、个人等多方面共同承担服务责任。社区内各类组织和普通居民有责任为有需要的人士提供照顾，力求在社区环境中改善居民的生活质量。

3. 非正式照顾是重要因素

社区内存在着许多人际关系网络，这些关系网络对社区成员的生活有很大的影响，它可以为人们提供重要的精神、物质、服务方面的支援，如由家庭、亲朋好友、邻居提供的关照便是非正式照顾的表现。

4. 提倡建立相互关怀的社区

社区照顾模式强调动员家人、社区居民与志愿者开展服务，以在社区中建立互助互爱的关系。从这些特点可以看出，志愿者是非正式支持网络中重要的支援力量，能够更好地助推社区照顾的开展。

家庭社会工作项目中社工服务多类特殊家庭，这些家庭因为各种原因导致家庭成员缺失或家庭角色功能的缺失，从而使家庭功能不能很好地发挥。

这些家庭的社会支持系统往往也比较薄弱，因此需要社工提供服务，帮助他们建立社区非正式社会支持系统。例如，为重症妇女家庭提供的服务中，家庭社工通过小组工作的方法把确诊患重症的妇女们聚集在一起，她们报团取暖，相互支持，共同度过生病期这个艰难的阶段，形成了相互支持的互助网络。在她们康复后，家庭社工引导她们转变为服务重症妇女家庭的社区志愿者，鼓励她们把自己的成功经验传递给刚确诊的重症患者，给予她们关心、信心和希望，通过志愿服务帮助更多的重症妇女家庭走出困境。

（三）家庭生命周期理论

家庭生命周期指家庭发展所经历的阶段历程。家庭最早始于一男一女在婚姻中结合，形成婚姻关系。之后经过新婚（没有子女）阶段，第一个孩子出生，子女童年、青少年期，子女陆续离家、空巢期，直到婚姻末期，因配偶死亡丧居，婚姻关系告一段落。而子女结婚又将开启另一个家庭生命周期的起点。社工常会听到一些家长的抱怨，这孩子原先很乖，现在却变得非常执拗；抑或埋怨配偶，原先都好端端的，现在却变得什么都不可商量。其实，随着时间的推移、环境的变动，家人之间的关系自然也会演变。

家庭社会工作项目中社工要面对形形色色的家庭，每个家庭都有不同的经历和故事，但是都会经历类似的家庭生命周期。在这个过程中，每个阶段都有不同的任务和目标，需要家庭成员在经历中适应，但当家庭出现一些变故时，这些任务可能就无法顺利完成。社工需要协助和陪同这些家庭看到不同阶段的家庭任务，直面和应对生活中的变故和困难，并不断走向成熟。比如，当家庭处于有青春期孩子的阶段，家庭的主要任务是通过适当调整界限来处理青春期孩子对独立的需求，需要重新设定个人边界，有适当的规则改变、设限和角色妥协能力。因此，需要引导处于这个阶段的家庭关注这些任务，调整以往的教养模式和家庭沟通互动模式，防止出现家庭矛盾，影响家庭关系。

六、项目成效

家庭社会工作项目实施以来，在家庭、社区和社会不同层面都取得了一定的成效。

（一）家庭层面

在为有需要家庭提供个别化服务，协助家庭解决问题、摆脱困境的同时，加强了家庭的能力建设，为家庭建立了社区支持，从而使服务对象家庭能更好地适应社区生活。

1. 主动发现需求并及时回应，使家庭问题得到及时处理

家庭社工通过走访调研，收集资料，主动了解和发现服务对象面临的困难和问题，评估服务对象的需求，并根据需求开展个案、小组和社区活动，及时帮助各类家庭处理当前遇到的问题和困扰，引导家庭成员寻找更多的解决方法，整合社区资源，帮助他们度过困难或危机时刻。

2. 联动家庭支持网络，促进家庭功能正常发挥

家庭社工是社区家庭之间的桥梁和纽带，在服务过程中，家庭社工搭建平台以促进家庭与家庭之间的交流和互助，发挥家庭各自的优势，为家庭建立社区支持网络。另外，通过个案服务及家庭辅导，促进家庭成员间的沟通交流，改善家庭关系，使每个家庭成员都能在合适的角色和位置上发挥作用，提升家庭处理问题的能力，促进家庭功能的正常发挥。

（二）社区层面

家庭社会工作项目不仅使有需要的家庭因服务

而发生积极改变，而且还整合社区资源，为社区建立了社工服务网络，丰富了社区服务的多样性，从而能更好地回应家庭的需求。

1. 搭建家庭社工服务网络，增加居民求助渠道

家庭社工通过与社区各方力量合作，开展形式多样的社区活动，联动了社区妇联、团委、民政、企业等资源，形成了社工服务网络。同时，增加了服务对象的求助渠道，并使社区家庭了解家庭社工的服务内容，从而使社区中有需求的家庭能更快地找到家庭社工。

2. 整合社区资源，更好地回应社区家庭深层次需求

家庭社工一方面关注社区家庭的深层次需求，另外一方面通过整合社区资源，使深层次需求能更好地得到回应。为此，要逐步打造社区品牌服务项目，使服务对象能够得到更多类型、更持续的帮助和服务。

3. 通过社区增能，使社区管理能力和水平有所提升

着力妇女干部增能和社区家庭增能，搭建社

区民主议事平台，打破居民、家庭与社区的隔阂，不仅联结居民区内部的资源，还根据不同利益诉求，对接不同的支持资源和社区力量，逐步建立起上传下达的沟通机制。同时，将基层“妇女之家”的作用升级，在真正意义上发挥群团凝聚人心的功能，使社区自治管理能力和管理水平得以提升。

（三）社会层面

在服务于有需要家庭的同时，本项目注重政府政策的社区倡导、宣传推广，并协助政策在社区落地，产生了一定的社会影响。

1. 满足家庭需求的同时，倡导全社会共同关爱弱势群体

通过需求调查、专业服务、项目运作等方式，家庭社工深入挖掘社区家庭的共性需求，为服务对象发声，如针对重症妇女家庭，了解到她们特别需要得到平等尊重和对待，希望别人看到自身的正能量和价值，而不希望有人对她们“指指点点”。因此，社工创造机会、搭建平台，使康复的重症妇女有机会展示自己的精神风貌，借此，一方面倡导大家给予她们更多的关心和尊重，另一方面告诉大家疾病并不可怕，可以治疗和康复。

2. 协助政府政策落地，预防家庭危机的发生

由于社会环境和经济的快速发展，社区家庭面临很多潜在家庭危机。由于家庭的抗逆力各不相同，家庭社工在协助政府具体落实各项政策制度的过程中，注重预防各类家庭危机的发生。例如，2016 年国家颁布《反家庭暴力法》，家庭社工结合社区宣传及入户走访，向社区家庭普及《反家庭暴力法》内容，协助家庭成员识别家庭暴力行为，预防家庭暴力的发生。

第二章

家庭社会工作项目实施步骤

本章基于项目具体工作内容和专业服务实务经验的总结，以项目实施过程为脉络，介绍家庭社会工作项目的具体实施步骤和操作流程，内容包括如何与社区建立关系、如何了解街镇服务情况、如何设计服务方案、如何开展各模块的服务工作等具体操作方法。

一、建立与社区的合作关系

当家庭社工进入一个将要实施项目的场域，在开展专业服务前需要与实施区域的街镇妇联、居村委妇联、妇联执委和社区志愿者等建立合作关系。与各合作方在充分沟通的基础上达成项目合作共识，是开展项目工作的前提。家庭社工可以根据当时的实际情况，将建立合作关系作为首要任务，亦可以与此同时了解社区基本情况。本小节将介绍如何与社区建立合作关系。

（一）与街镇妇联沟通与合作

街镇妇联是家庭社会工作项目的重要合作伙伴，项目的实施应符合街镇妇联对项目的需求和期待，因而，应与街镇妇联积极沟通，从而形成合作关系。

1. 会面沟通项目事宜

通常，由项目负责人或项目督导带领家庭社工前去街镇妇联拜访相关工作人员，就家庭社会工作项目的项目指标、工作安排、注意事项、街镇特色服务等内容进行沟通。了解街镇妇联对项目的需求和具体要求等想法，为制订该街镇的项目实施方案做准备。

2. 服务方案的制订与确认

家庭社工根据与街镇妇联沟通的结果撰写本街镇项目实施方案，完成后交给项目督导，经审阅通过后，将服务方案交给街镇妇联确认。

3. 定期汇报制度

家庭社工应定期向街镇妇联汇报项目实施情况。一般情况下，在建立关系阶段即项目实施初期的两个月，需每周一次主动与街镇妇联汇报工作，并保持平时的微信联系。在项目实施期间，至少每月一次向街镇妇联汇报本月工作情况，包括本月工作总结及下月工作计划。

4. 工作沟通制度

除了定期汇报外，每次开展活动前需与街镇妇联沟通活动的方案和细节，内容应包括活动名称、时间、地点、人数、人群特点、招募方法、经费、活动方案、人员分工、出席领导、领导发言、通讯出稿时间等。活动结束后 3 天内，向街镇妇联递交本次活动的总结报告。

5. 保持日常沟通

家庭社工应与各合作方互加微信，平时保持联系，多沟通、多问候。

（二）与居村委妇联的沟通与合作

居村委妇联是家庭社会工作项目的基层合作者，与居村委妇联的沟通与合作至关重要。因为她们是最了解服务对象的人，部分服务对象来自她们的转介。

1. 参与妇联例会

社工应定期参与居村委妇联例会，向居村委妇联主席汇报和介绍项目工作，让基层充分了解家庭社工的工作情况。

2. 定期拜访交流

项目初期应拜访每个居村委，做好自我介绍，留下联系方式、办公地址和项目介绍等信息，以便在有需要时，居村委工作人员可以快速直接地联系到社工。此外，应适当介绍家庭社会工作项目情况，为促进双方的交流与合作寻找机会和创造条件。在项目实施期间，也应定期拜访或联系居村委和妇联干部。

3. 适当参与活动

建议家庭社工适当参与或协助居村委开展的基层妇联活动，以便促进交流与合作。

4. 保持日常沟通

建议社工与重点合作的居村委妇联主席互加微信，或加入居村委妇联工作群，以便双方能及时了解相关工作情况。平时，社工应与居村委妇联干部多沟通、多问候。

（三）与妇联执委的沟通与合作

“妇联执委”是妇联执行委员会的简称，在街镇层面和居村层面都有妇联执委，妇联执委的成员大多为辖区内企事业单位中优秀女性的代表，通常她们拥有一定的社区服务资源。妇联执委既可以是家庭社工的服务对象，也可以是家庭社工的合作伙伴。家庭社工可以为她们提供增能培训等服务，也可以整合其所拥有的服务资源，为辖区内的家庭提供服务。

1. 定期登门拜访

定期拜访妇联执委，了解她们的特长和资源，适当介绍家庭社工及工作情况，为促进双方的交流与合作创造条件和寻找机会。

2. 参与活动

主动参与妇联执委开展的活动，通过活动与沟通促进相互了解。

3. 保持日常沟通

建议社工与妇联执委互加微信，或加入妇联执委交流群，保持多沟通、多问候。

（四）与社区志愿者合作

家庭社工在社区开展服务通常需要与社区志愿者配合，他们中有社区“知心大嫂”、社区自治团队成员、楼组长、“邻家妈妈”等。社工在开展社区大型活动或社区动员时，社区志愿者往往是骨干力量。

1. 定期登门拜访

定期拜访骨干志愿者，保持工作沟通和联络，多倾听志愿者的想法和建议。适当介绍家庭社工的情况，为促进双方的交流与合作寻找机会、创造条件。

2. 活动参与

邀请志愿者参与社工组织的活动，或社工参与志愿者组织的活动，通过参与活动进行沟通交流，促进相互的联系与合作。

3. 保持日常沟通

建议社工与志愿者团队负责人互加微信，或加入志愿者团队交流群，保持多沟通、多问候。

二、了解社区基本情况

在与项目实施区域建立合作关系的同时，社工需要熟悉所服务的街镇场域，包括地域范围、行政设置、社区分布、人口结构、公共设施分布、街镇资源、街镇特色等情况，并了解该街镇对家庭社会工作项目具体实施的要求。本小节将介绍如何了解社区基本情况。

（一）街镇概况与行政设置

街镇概况与行政设置主要包括地域范围、社区及居村数量、政府行政部门等。

1. 街镇辖区范围与面积

了解街镇辖区的地域范围、边界和区域面积等情况，如LJZ街道东起源深路，南界张杨路，西、北临黄浦江，面积约6.89平方千米。

2. 社区与居村委数量

了解街镇的分社区、街镇的居村委数目，有些街镇分为若干个分社区，如HM街道下设6大社区，辖区内共有59个居委会、168个小区。

3. 党政部门设置

了解街镇的党政部门与相关机构，如街道或镇党政及相关部门，包括平安办、自治办等部门，街道办事处、社区事务服务中心以及社区群团组织等。

（二）街镇人口与家庭状况

需了解街镇的人口数量与结构以及家庭的基本数据。

1. 街镇人口数量

了解街镇的人口数量，如YJ街道共有户籍人口约11.14万人，实有人口约15.66万人。

2. 人口构成状况

了解街镇人口的性别比例、年龄结构、就学人士、就业人士、退休人士、失业人口、残疾人士等数量，如该街镇人口的性别比例，儿童、老年人口等各类人士的占比等。

3. 人口属性及比重

了解该街镇的人口属性及所占比重，如社会新阶层、外来人口、新上海人、上海本地人、涉外人士等。

4. 家庭情况

了解该街镇的家庭户数以及各类家庭的数量，如该街镇共有多少户家庭，儿童及青少年家庭、单亲家庭、独居老人或隔代家庭等各类家庭有多少户，各类家庭的占比多少。

（三）街镇资源

需了解街镇所拥有的公共资源、特色资源、社会服务和经济状况等各类资源情况。

1. 社区公共资源

了解社区公共资源，如学校、社区学校、医院、养老院、艺术馆、公园等。如 HM 街道有世纪公园、科技馆；NHXC 镇有滴水湖、航海博物馆、天文馆、临港大学城等。

2. 社区特色资源

了解该街镇所包含的特色资源，如 ZJ 镇有高新科技园区，CSX 镇有迪士尼乐园，ZQ 镇有国产大飞机基地等。

3. 社会服务资源

了解街镇现有的社会组织、社区组织、街镇志愿者团队、居民区内的草根志愿者团队等。另外，需要了解乐群在该街镇开展的其他服务项目，如特殊人群服务、儿童服务、楼组建设等服务，掌握乐群在当地的服务和人力资源。

4. 经济状况

了解街镇经济状况，如是否有企业、镇支柱产业等。与此同时，需了解街镇妇联的资金状况，以及该街镇各条线的社会服务情况和资金支持情况。

三、设计街镇服务方案

机构承接某街镇的家庭社会工作项目后，通常要在街镇调研和需求评估的基础上，与街镇妇联共商本街镇的项目服务计划书，即街镇项目书。

制定街镇项目书的一般流程如图 2-1 所示：

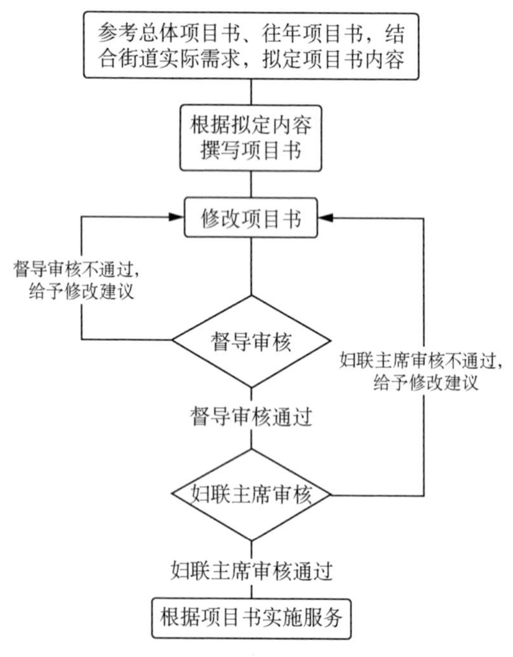

图 2-1　制定街镇项目书的一般流程

（一）回顾服务经验，准确把握项目要求

1. 准确把握家庭社会工作项目的含义

负责家庭社会工作项目的社工应仔细阅读并充分理解乐群家庭社会工作项目的整体项目书，准确理解和把握家庭社会工作项目的意义、项目背景、理念方针、服务内容、各类项目细则和要求。

2. 查阅资料了解服务经验

（1）查阅街镇以往的项目书及工作记录，进行纵向比较，作为撰写现项目书的参考。

（2）与曾经服务于本街镇的同事和督导沟通，了解本街镇以往的服务经验、工作成效与工作反思，作为撰写现项目书的参考。

（二）确定各街镇的服务重点和服务内容

为制定街镇项目书，家庭社工需与督导一起去拜访街镇妇联主席，与之沟通本街镇的服务重点人群和服务内容。双方将家庭社会工作项目总体项目书作为依据，根据各街镇实际情况，共同拟定街镇项目计划书的具体要求和服务内容。

1. 确定家庭走访及个案服务计划

（1）确定重点走访人群。与街镇妇联商讨并决定谁是家庭走访的重点人群，如重症妇女、外来媳妇、困境儿童等。

（2）请各居村委协助。对重点人群进行排摸，填写《入户家庭情况表》。如有潜在个案，可转介给家庭社工。

（3）安排工作计划。根据排摸情况，制定每月走访计划及个案服务计划。

（4）申请走访物资。与街镇沟通家庭走访时所需的物资，确定是否由街镇或居村委提供。

2. 确定社区活动

（1）了解街镇或居村委已有的常规活动。

（2）根据街镇需求定制活动或项目（类型、落地方、资金、对接人员等）。

3. 确定自治团队培育方向

（1）明确培育现有团队或是新团队。

（2）沟通团队培育计划，如目标人群、培育目标、具体内容等。

4. 确定妇女工作增能培训方向

（1）了解街镇现有常规培训的主题、内容和形式。

（2）了解街镇对培训的具体需求。

（3）根据街镇实际需求，定制培训计划，包括培训的时间、主题和形式。

（4）可以将乐群的培训菜单提供给街镇妇联主席，由其从中挑选。

（三）撰写街镇年度项目书与具体执行方案

每个街镇的家庭社工应根据与街镇妇联主席沟通的服务方向和内容等要求，结合项目的服务内容模块，撰写本街镇的街镇项目书和具体执行方案。街镇项目书是本街镇的项目服务计划书，项目执行方案是一整年的服务执行计划，是将服务内容分解落实到每个月，可以采用项目具体执行时间任务表的形式呈现。街镇项目书与执行方案应包括以下内容。

1. 项目目标

在街镇项目书和执行方案中，应对项目总目标和分目标进行清晰的阐述。总目标即在家庭社会工作项目总体目标的指引下，结合街镇的实际情况制定的年度重点服务目标。分目标是总目标得以实现的若干维度或具体途径，例如将“提升社区妇女干部服务能力”作为总目标，那么“提升社区妇女工作者服务家庭的能力”和“提升社区妇女工作者服务社区的能力”可以作为总目标下的分目标。有时可以将服务模块作为制定分目标的依据，为每一项服务制定目标。

2. 服务内容

可以在确定具体服务形式的基础上形成服务的子项目，并明确各服务子项目的服务内容和具体要求。可以采用表格的形式呈现，简明扼要地说明各子项目的内容、任务要求等（参见表2-1）。

表2-1　项目服务内容及要求

序号	服务子项目	服务内容简介	任务要求	服务对象
1	家庭关爱走访	走访街镇内困境儿童和困境妇女家庭，了解困境情况，预估其面临的困境和问题，为有需求的儿童及妇女提供个性化服务，如心理疏导、资源链接等	在项目期内走访180户家庭，每月走访15户	困境家庭
2	家庭个案服务	运用个案专业手法为有需求家庭开展服务，及时干预重点家庭的危机事件，改善家庭关系，提升家庭处理问题的能力，提升家庭抗逆力	项目期内每个街镇至少完成5个成功个案	困境家庭

（续表）

序号	服务子项目	服务内容简介	任务要求	服务对象
3	社区妇女工作者增能培训	结合社区妇女干部工作中的问题与需求，开展增能服务，增强社区妇女工作者为家庭和社区的服务能力	项目期内每个街镇至少完成2场增能培训	社区妇女干部
4	社区活动	利用社区资源及机构资源，通过社区平台向居民开展各类社区活动，丰富社区居民的文化生活	项目期内每个街镇至少完成10场活动	社区居民
5	自治团队	通过小组工作方法，指导社区自治团队制定团队自治理念、团队议事规则以及团队自治框架，打造一支自治团队	项目期内每个街镇打造一支自治团队	社区自治团队
其他服务子项目，如儿童议事会、“家中心”项目等，可根据各街镇的需求具体安排				

3. 项目执行的时间任务表和阶段性任务目标

将年度项目书中所有的项目工作和服务子项目应完成的工作，作为阶段性任务分配到每一个执行周期，执行周期可以是一个月、两个月或一个季度，据此形成一份本街镇家庭社会工作项目的任务执行时间表。与此同时，要根据项目执行计划确定每个执行周期的具体目标，具体目标即项目执行的阶段性任务目标，有时也称之为过程目标。最终，社工将制成一份家庭社会工作项目的项目执行时间任务表，该表可让社工清晰地知道自己每个月有哪几个子项目需要执行，具体有哪些任务需要完成，每项任务的目标是什么。

（四）与街镇妇联沟通，确定年度项目书

在完成街镇家庭社会工作服务年度项目书和执行方案后，家庭社工应先请督导审阅，经督导审核无误后，将年度项目书递交给街镇妇联主席，街镇妇联主席对项目书内容审核并通过后，社工则按照项目书开展服务。

四、开展项目服务

家庭社会工作服务是根据服务对象的实际需要，结合项目的规定并以适合服务对象的形式开展，因此具体的服务形式多种多样。其中，有一些是项目购买合同中规定的服务形式，如家庭走访、妇女干部增能、大型社区活动等；有一些是根据服务对象的需要而采用的形式，如个案管理、小组工作等。下文将介绍各种服务形式的实务操作过程。

（一）家庭走访

家庭走访是家庭社会工作项目的一项基本服务，家庭社工每月需要完成15户家庭的走访任务。家庭走访前应做好充分的准备工作，家庭走访时也应注意相关事项。

1. 获取重点走访名单，并拟定走访顺序

（1）确定重点走访对象名单。在项目初期，一般分两种情况，一种是社工没有重点走访家庭的名单，另一种是已经拿到走访名单。如果没有名单，社工可以向街镇妇联主席说明情况，请其协助从民政处调取资料，然后从中筛选名单。家庭社会工作项目通常将重症妇女、困境儿童、独居老人等弱势群体作为走访对象。因此，在获得相关名单后，应对名单进行初步筛选，可以对比浦东家庭社会工作服务系统里近一年的社工走访记录，把已经走访且不需要跟进的人员从名单中排除。如果在走访前已经有确定的名单，就可以按照名单进行家庭走访。

（2）根据名单拟定走访顺序。可以根据当下的工作重点，安排名单的走访优先顺序。若遇到紧急情况，如上访人员、转介人员和危机人群等，社工应在第一时间进行走访和处理。

2. 取得居村妇女干部的协助

（1）提前了解情况，避免敏感话题。初次与服务对象访谈时，不建议问一些敏感或涉及隐私的话题。为避免这种情况，建议在走访前要对服务对象的基本情况和家庭背景有所了解。社工可以从服务对象所在居村委妇女干部或民政条线的相关工作人员处，了解服务对象的家庭背景、人物关系、忌讳话题等信息。根据服务对象的特点，初步拟定走访需要达成的目标，即上门需要了解哪些信息或向服务对象传达什么信息。

（2）邀请妇联干部陪同走访。上门的时间可以自己与服务对象联系，也可以由居村委工作人员代为预约。建议社工主动邀请妇女干部或其他当地的居村委工作人员陪同走访，这样有利于让服务对象确信社工的身份。如果是农村地区，由于村民居住地较分散，门牌号分布较杂乱而较难找到，因而最好有当地工作人员陪同前往。

3. 拟定访谈提纲

虽然入户走访看似是在与服务对象聊家常，但实际上是在进行需求评估。因此，需要根据服务对象的具体情况和特征，事先制定适当和有针对性的访谈提纲。面对不同类型的服务对象，需要了解的信息各有侧重，表 2-2 所列的是在家庭走访中，需要了解的各类重点服务对象的重要信息。在整个走访过程中，社工应将下表所列出信息作为重点，将信息逐步补全。访谈提纲的具体内容详见第三章重点家庭服务指南。

表 2-2 各类重点服务对象信息收集表

重症妇女	姓名、年龄、住址、电话、病史、目前康复/身体状况、目前就医情况、每月医疗花费情况、就业状况/收入来源、家庭照顾情况、情绪状况、兴趣和爱好、家庭社会支持（亲属、邻里关系、居委）、其他需求、后续服务参与意愿、是否需要个案跟进
独居老人	姓名、年龄、住址、电话、健康状况、生活起居状况、家庭照顾情况、家庭社会支持（亲属、邻里关系、居委）、其他需求、后续服务参与意愿、是否需要个案跟进
困境儿童	姓名、年龄、住址、监护人姓名/电话、就读学校、就读年级、家庭成员（称呼即可，不用全名）、家庭经济情况（经济来源、生活成本、教育开支等）、申请低保的原因、居住环境（总体面积、几口人、是否有独立的房间或学习空间、卫生情况等）、家庭成员关系（家庭分工、成员沟通等）、身体健康状况（有无病史、是否正在治疗、是否影响日常生活）、心理与精神健康状况（情绪起伏、个性、睡眠情况等）、兴趣和特长（感兴趣、花时间比较多的事情或活动）、学习状况（学习时长、擅长与不擅长的科目、学习效果）、学校行为表现、朋辈关系（同学、朋友、学习以外的生活等）、家庭社会支持（亲属、邻里关系、居委支持等）、家庭的社区参与情况、其他需求（如家长是否需要就业协助等）、后续服务参与意愿、是否需要个案跟进

4. 做好走访安排与准备工作

（1）时间安排。安排走访日期最好避免节假日和雨雪天气，上门时间段应避免吃饭或休息时间。上门走访的具体日期和时间，应安排在服务对象方便的时候，一般提前1—2天与服务对象联系具体的上门时间。约定好时间以后，查询交通路线，如果是早晚高峰，建议提前出发，避免因堵车而迟到。建议提前10分钟左右到达目的地，一方面可避免迟到，另一方面可观察服务对象住处周围的环境。

（2）物资准备。如果走访时需要携带物资，应根据当日走访的人数准备，并备好物资签收表格和水笔，所发放的物资都要请服务对象签收。

（3）社工个人准备。在入户走访之前，社工需做好以下准备：

① 个人着装。社工应着装得体，穿着大方，如有工作服则建议穿工作服。尽量减少佩戴影响工作的饰物，不宜喷浓郁的香水。尽量穿运动鞋或低跟鞋，方便走路。社工应佩戴工作牌和识别身份的证件，以证明自己的社工身份，让服务对象知道你是谁、从哪里来、要做什么。

② 心理准备。根据前期了解到的服务对象情况，如果服务对象有精神病史、听力残疾、语言障

碍或情绪容易大起大落的情况，社工需要有心理准备，可以预设走访场景，提前思考可能会遇到哪些困难和克服困难的预案。例如，如果服务对象存在沟通方面的障碍，可借助其家庭成员的帮助进行沟通；如果服务对象存在情绪和精神层面的问题，应在谈话时避开敏感话题；如遇到冲突或危机情况，也应事先想好一两个对策，避免当场出现慌乱和手足无措的情况。在走访具有攻击性的家庭时，建议社工坐在或站在靠门口的位置，保持大门敞开，一旦出现危险情况，可以第一时间撤离。

5. 开展走访服务

家庭走访是社工服务的开端，既要做需求评估，也要与走访家庭建立专业关系，良好的专业关系有利于服务的开展。家庭走访时，既要尽可能地理解和掌握服务对象及其家庭的基本信息，也应给对方留下良好的初步印象，从而为后续与服务对象深入接触打好基础。进入服务对象家庭环境，应如何与服务对象沟通和互动，根据乐群家庭社工的实务经验，给予以下建议。

（1）自我介绍，拉近距离。进入服务对象家庭时，首先应介绍自己，例如，“张爷爷/李奶奶/朱阿姨/刘姐好，我是某街镇的家庭社工小王，今天主要是来看看您。您最近身体怎么样呢？”应在让服务对象认识自己的同时，也能感受到被尊重、被关心的温暖。在与服务对象沟通时，社工要充分运用尊重和接纳等技巧。如果初次接触时“无话可说”，则可以从最近的天气、服务对象的身体情况、平时做些什么等话题开始聊，慢慢展开话题。

（2）找到切入口，逐步打开话匣子。社工进入家庭环境后，可环顾家里的布局、摆设，这些都可以成为沟通交流的切入点，可以尝试从服务对象感兴趣的事物引出话题。提问时最好用开放式问题，方便对方打开话匣，不断引出新的话题，有助于社工获得更多的信息。沟通时可按照事前准备的走访提纲，慢慢引导对方表达，从而收集想要的信息。

（3）多听少说，尊重同理。在与服务对象沟通时，社工要鼓励对方充分表达，多倾听并给予适当的回应。倾听服务对象表达时，要有眼神交流。自己说话时应语速适中，方便服务对象理解。服务对象说话时若有思考或停顿，社工要耐心等待，不要着急催促。

（4）沟通时应避免一问一答。一问一答易让人产生生硬和被调查之感，建议进行聊家常式的交谈，在轻松和随意的聊天中了解情况。

（5）运用非语言信息，给予适当回应。沟通时还应注意肢体语言的运用，例如面向对方，上身前倾，双手放开而不是抱住双肩，眼睛不要四处张望，要有良好的视线接触，不要抖腿等。这些肢体语言都可以表达出对服务对象的礼貌和尊重。在交流时，不仅要认真倾听，还要给予对方适当的回应，如适当点头等。

(6) 把握时间，适度披露。初次走访时间不宜过长，以半小时左右为宜。如果是独居老人或重症妇女等体弱者，长时间交谈容易令其感到疲惫。初次见面时，彼此之间的信任关系还没有建立，服务对象也不会披露太多信息。

(7) 坦诚沟通，及时反馈。有时，在家庭走访时邀请服务对象参与某个活动，则应详细介绍活动的时间、地点、要求和注意事项。如果走访中服务对象提出某个需求或问题，社工当时无法解决，或暂时无法回答，则应坦诚地告知服务对象，自己会将有关信息或情况转告相关部门，并会在第一时间或某一时间点前给予其反馈结果。

(8) 委婉拒绝，以礼相待。走访时若遇到服务对象邀请吃饭、吃点心等情况，拒绝时应首先感谢对方的好意和热情，并说明自己后面还有走访的工作安排，不再打扰，礼貌地道别后离开。建议社工上门时自带水壶或饮用水，如果对方热心地要给社工倒水，可以礼貌地推辞，表明自己已经带水了。

(9) 留下联系方式，以便持续跟进。社工应初步判断是否跟进该个案，留下自己或对方的联系方式。若根据家庭走访所了解的情况，社工判断目前暂时不能提供服务，则可以主动将自己的联系方式留给服务对象，告知其如果遇到问题可以联系社工。有特殊情况或需进一步走访的对象，社工可以将对方的联系方式存入手机，当对方来电时，第一时间就能叫出对方的名字，让对方知道社工对自己的关注，此举有助于促使服务对象对社工产生信任感，并有助于建立信任的专业关系。

6. 整理走访记录

家庭走访工作结束后，应及时整理走访记录，归纳梳理所获得的信息，填写《走访家庭服务表》。服务对象的信息通常有以下几个来源：一是走访名单里的档案资料；二是走访前从居村委处提前了解的家庭背景等信息；三是家庭走访时与服务对象的沟通中获得的信息；四是在家庭走访时，通过观察家庭环境和成员互动等情况而获得的信息和判断。从各渠道获得的信息可相互补充或相互印证，因而在整理走访记录时，可以将这些信息有逻辑地拼接成较完整的图案，从而使社工对服务对象的实际情况有较立体和完整的把握。此外，应将尚未掌握且需要了解的信息和存在的疑问逐一列出，以便在后续服务中了解。

（二）个案服务

家庭社工关注服务对象的独特需求并为其量身定制个别化的服务方案，依据专业的标准化服务流程，为有需要的家庭提供个案服务。

个案服务的一般流程如图 2-2 所示：

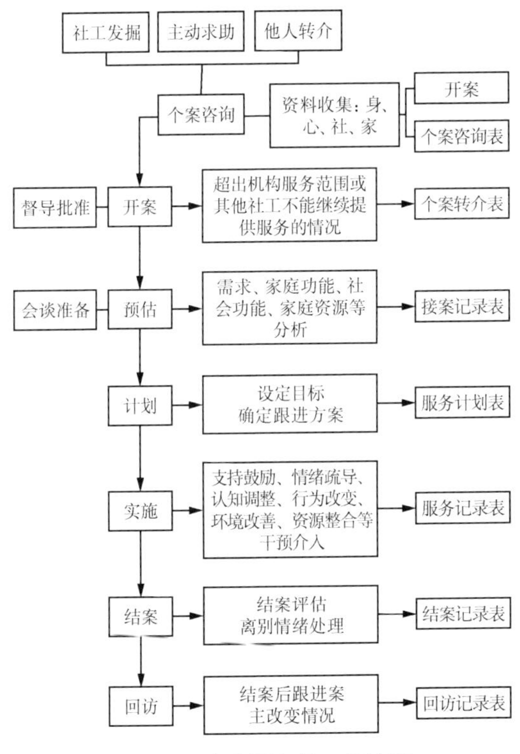

图 2-2　个案服务的一般流程

1. 收集信息与服务预估

（1）提前了解背景资料。通过入户走访、面谈接待、电话访谈等形式，与服务对象及相关人员进行沟通交流，以搜集服务对象的个人基本情况（包括年龄、职业、身心健康状况等）、家庭情况和社交情况等信息资料。

（2）与服务对象预约面谈。与服务对象约定适合的面谈时间和地点，面谈场所应是相对独立的空间，环境较为安静，以避免谈话被打扰。

（3）面谈沟通，收集信息。在与服务对象交谈时，社工要注意避免生硬的问答形式，运用倾听、鼓励、同理、澄清、对焦、摘要等技巧，通过动作及语言，引导服务对象表达。

（4）预估问题与需求。面谈结束后应及时整理和分析收集到的资料，初步预估服务对象遇到的问题与需要，并填写《个案接案基本信息登记表》。资料分析的具体操作可参见《个人与家庭需求评估实务指南》。

2. 确定接案与转介

（1）评估危急情况。根据服务对象具体情况判断该家庭是否为危急个案，如有危机情况，应立即接案并进入危机干预程序。如是非危急个案，则进入下一步。

（2）判断是否接案。对于非危急个案，社工需要根据初步的预估情况，结合服务对象的意愿，判断服务对象的求助内容是否符合机构服务范畴，权衡社工个人能力是否能够提供相关服务，如上述条件均符合，则确定接案，否则应转介。如果社工自行判断有困难，可与督导一起商量。

（3）需要转介的情况。一般情况下，遇到人户分离情况，服务对象并非居住在本街镇，超出社工服务地域，可以转介给其居住地街镇所在的家庭社工。作出转介决定并征得服务对象同意后，社工应联系服务对象居住地街镇的家庭社工或相关服务机构，告知服务对象基本情况，征询对方的意见，若对方接受，则填写《个案转介表》。

3. 与督导商议并初拟个案服务计划

根据乐群的服务规定，督导应协助家庭社工制定个案服务计划。

（1）发送资料给督导。将个案前期所涉及的咨询接待记录、走访过程记录、个案基本情况等资料整理后发送给督导，并与督导约定个案督导时间。

（2）与督导共商个案服务计划。社工就服务对象需求的初步预估及个案的服务设想等与督导沟通，督导与社工一起探讨具体的服务计划，对服务计划给予指导和建议。

（3）完成个案服务计划的初稿。根据与督导的讨论，结合督导的建议等反馈，社工完成个案服务计划的初稿，并填写《个案服务计划表》。

4. 与服务对象沟通服务目标及计划

（1）与服务对象沟通个案服务计划（初稿）。社工通过面谈，与服务对象探讨个案服务计划的初稿，介绍具体服务目标、内容、时间、形式、频率等内容，并征询服务对象的意见，明确社工与服务对象双方的角色与职责，逐项确定以上内容。

（2）完成最终的个案服务计划。根据与服务对象的沟通情况，对个案计划（初稿）修改后，完成最终的个案服务计划。个案服务计划需发送给督导审阅。

5. 个案服务实施过程中定期接受督导

（1）做好个案服务记录，填写《个案服务记录表》。社工在开展个案服务的过程中，应及时做好每一次的个案服务记录，并对当次服务进行反思和总结。

（2）定期接受督导。在个案服务过程中，社工应定期接受督导，向督导汇报个案服务的实施情况，分享工作体会和反思。在授受督导过程中，社工可主动与督导探讨个案服务中的难点及困惑等，以寻求帮助和支持。督导可通过情景重现、对话还原等形式，启发和协助社工发现自己在服务工作中的长处和不足。如有需要，在征得服务对象同意后，可邀请督导到个案服务的现场进行督导。督导观察社工如何工作，如何与服务对象互动，从而为社工提供具体的专业指导。

6. 评估与结案

当个案服务计划即将完成，要进行个案评估并结案。

（1）评估目标达成情况。与服务对象一起回顾个案服务所涉及的议题，做过的尝试和改变，总结服务成效，评估个案目标达成情况。

（2）处理离别情绪。应提前向服务对象告知结案事宜，让服务对象有心理准备，及时恰当地处理好服务对象的离别情绪。有时，社工也需要处理自身的情绪。

（3）巩固成效。确定结案时间后应逐步减少服务频率。观察服务对象的积极改变，鼓励其保持这些改变和积极面对生活，提醒其自立和相信自己。如果需要，社工应为他们链接有用的资源和支持网络，并做好对接工作。在结案后，需填写《个案结案报告》。

7. 服务跟进

个案结案前应制定跟进计划。通过电话、会面等形式，跟进并了解服务对象的近况：一方面，为了了解个案服务是否真正有效；另一方面，要使服务对象感受到社工的关心，并增强服务对象继续改变的动机和信心。有需要的情况下，社工可根据实际情况为服务对象提供必要的支持。

8. 整理个案资料

结案后，社工应整理个案工作计划、个案工作记录、个案总结等文字材料，并将个案服务过程书写成个案案例，交由督导点评与批复。

9. 服务案例

个案服务案例详见第三章二维码资料中的重点家庭服务案例。

（三）小组服务

小组服务是家庭社工的服务形式之一。当发现若干服务对象有相似的需求，而且小组工作可以更好地满足这些需求时，则可运用小组工作的方法提供服务。小组就像一个小型的社会，每个组员都是社会各角色的缩影，小组中每个人都像镜子，既可看到自己，也可看到别人，并可以从别人身上看到自己。经过设计的组员互动和分享，可让组员看到大家在生活中面临着类似的问题或经历着相似的遭遇，自己的困境并不是个例，相似的经历和感受会使组员们更容易产生共鸣。社工的引导和协助，促使组员们彼此理解和相互支持，在共同面对困境、探索解决问题的方法时，组员之间将产生正向的影响，他们将发生积极的改变，从而获得成长，并将这些成长带到真实的社会生活和工作之中。

1. 小组服务适用情况

小组工作方法适合服务于有相似需求的服务对象，如一些服务对象遇到类似的困难，或他们都希望解决类似的问题，且他们能在相互支持下共同面对遇到的问题，则有助于他们获得成长和克服困难。例如，家长们遇到家庭教育问题，他们希望了解如何更好地与孩子们沟通，解决孩子们在学校生活中遇到适应问题等，社工均可以运用小组工作的方法为他们提供服务。

小组工作依据服务对象需求及特点设计服务方案，因此，社工在了解服务对象共同需求后，还要了解服务对象群体的特点，并且选择适当的小组类型。小组有多种类型，不同的类型适合服务对象不同的需求。根据小组的目标、主题内容、特点及功能，家庭服务中常用以下类型的小组。

（1）支持型小组，为组员提供信息、建议、鼓励和感情上的支持。

（2）教育型小组，使组员学习新知识、新方法，或补充相关知识和信息的不足。

（3）成长型小组，主要聚焦组员的个人成长和正向改变。

（4）任务型小组，将组员们共同完成某项任务作为主要目标。

（5）治疗型小组，针对组员的某个问题进行心理、行为等方面的治疗。

社工应根据需求选择适当的小组类型，家庭社工项目常采用的小组类型参见表2-3。

表2-3 不同服务人群适用小组类型参考

服务人群	小组类型参考
重症妇女	支持型小组、教育型小组
困境青少年的监护人	教育型小组、成长型小组
社区志愿者团队	成长型小组、任务型小组
青少年	成长型小组、支持型小组
家庭暴力受害者	支持型小组、治疗型小组
有孩子的父母及长辈	教育型小组、成长型小组、支持型小组
妇女干部	任务型小组、成长型小组

2. 小组工作指南

家庭社工应学习小组工作方法，以规范地执行小组计划和熟练地掌握带领技巧。在实施过程的各个阶段应把握好重点，并注意以下事项。

（1）小组工作准备期应注意的事项。

① 设定预期目标。社工应依据服务对象的实际需求设定小组目标。目标可分为总体目标和分目标，目标的表述尽量使用正面的肯定性语言，而不是强调不该做什么事情。设定目标时应评估小组组员的实际能力，使小组目标能够恰当地回应组员的需求。分目标是总目标的具体体现，分目标之间不能相互冲突。小组目标有助于社工在执行小组计划时有明确的方向，也有助于社工思考如何带领才能达成目标。分目标应具体且可测量，也可作为目标评估和小组服务效果的指标。

② 设计小组内容。应根据目标设计小组方案，小组内容是为达成目标服务。小组内容和形式的设计应紧扣小组目标，与此同时，每个环节内容和形式的设计应符合组员的特征和组员的活动能力。

③ 组员筛选。筛选组员应遵循以下原则：第一，应遵循组员自愿的原则，不得强迫服务对象参加小组活动；第二，筛选组员时要注意组员的同质性或相似性，如组员面临相同或相似的问题，或组员有相似的需求；第三，应考虑参加小组的要求和条件，比如参与者的年龄、性别、居住地址、特征和活动能力等因素。

④ 人力配置。尽量安排两名社工带领小组：一名为主要带领者（主带），负责执行小组计划，带领小组的各个环节；另一名为辅助带领者（辅带），辅助和配合主带执行小组计划，也可协助主带处理突发事件。两名带领者既有各自的主要任务，也有协作与配合。

⑤ 经费。小组需要有适当的经费预算，经费应合理使用，且符合组员特点和需求。

（2）小组初期的主要任务。

① 环境的营造。第一次小组活动的氛围特别重要，要想办法营造温馨、舒适的环境气氛，在小组活动的场地，可适量放置鲜花、点心、饮品，安排舒适的桌椅、海报、室温等装饰或设置。小组活动时，可以借助于一些道具使活动更自然顺畅，也可舒缓组员初次参加小组的紧张和压力。例如，运用一些不同画面的引导卡片，让每位组员选择其中的一张，引导大家轮流说出自己为什么选择这张卡片，以此来分享自己的爱好、特长、想法、心情等，打开各自的心扉，营造开放接纳的小组氛围。

② 建立小组规范。与组员一起建立小组契约，例如，可采用“头脑风暴”的形式邀请组员分享对小组规范的想法，充分记录所有组员想到的规范，经整理后将大家的想法以可视化的、书面的形式张贴于明显的位置。若组员有不同意见，应及时处理，

使大家形成共识，最后整理总结成文，请组员签名。

③ 组员之间相互认识。组员之间的相互认识通常从自我介绍或相互介绍开始。可以通过很多方法让组员介绍自己，通常情况下，需要工作者自己先自我介绍，给组员起到示范的作用，然后引导组员介绍自己。为了避免组员紧张，需要考虑首先从哪位组员开始，建议邀请比较活跃的组员或善于表达的组员开始。如果工作者不了解组员，也可以邀请组员自告奋勇，或让他们自己举手告诉工作者谁愿意先进行自我介绍。如果经多次邀请，仍没有组员主动自我介绍，可运用“击鼓传花”等小游戏的形式，促进组员自我介绍。在击鼓传花时，如果是由工作者击鼓，工作者则可以控制击鼓的时间，建议先将花落到比较愿意表达的组员手里，让他们先做自我介绍，而性格比较内向或不擅长表达的组员宜晚一点轮到。这样做的好处是，一方面前面组员的自我介绍可起到示范作用，给不善表达的组员以参考，另一方面较晚轮到的组员，可以有时间较充分地准备如何介绍自己。如果工作者背对着组员击鼓，随机地将花落到组员的手上，那么，如果轮到的组员不愿意，则不能逼迫该组员做自我介绍，应尊重其意愿，让他愿意说的时候再进行自我介绍。

④ 共同为小组设计名称和口号。为了促进组员对小组目标形成共识，并对小组产生认同感和归属

感，可邀请组员一起为小组命名并设计口号。如果大家无法当场确定下来，社工可将小组名称和口号作为作业，让组员们回去继续思考，并在第二次小组活动时，邀请组员们分享自己的想法并进行讨论。

（3）小组中期关注的议题。

小组中期阶段应注重发展组员关系，促进产生团体凝聚力和小组目标的达成，从而产生预期的效果。

① 鼓励组员积极投入小组活动。在遵循自愿原则的前提下，尊重每一位组员的选择，鼓励组员全身心投入小组活动，积极倾听每位组员的分享。

② 注重培育团体凝聚力。带领者应关注组员之间的互动和团体动力，促进组员的相互接纳、理解、信任，并形成支持性关系，促使组员对小组产生归属感，形成小组的凝聚力。

③ 引导组员之间正向互动，发展有意义的支持性关系。应正面回应组员，对组员的进步及时肯定和赞扬，注重培养组员面对问题和处理问题的自信和勇气。整个小组过程中，既要发展组员之间的互助关系、情感支持，培育小组的凝聚力，也要关注推动小组向既定的目标前行。

④ 特殊情况的处理。若发现组员之间产生矛盾、冲突甚至对抗等问题，或出现次团体现象，一方面，社工应及时地协调组员关系，处理不良竞争

和冲突等问题，培育组员以开放、接纳和包容的态度面对观点的差异，处理不同的意见和矛盾。另一方面，需自我检视，查找原因，如小组活动安排或自己的带领行为中是否存在引起组员不良竞争的因素，发现原因后应及时调整，如调整活动安排或社工的带领方式。

⑤ 小组成员稳定。社工要促进成员沟通，适当放权，挖掘小组领袖。在小组过程中，社工可以通过观察和了解，发现小组成员中的领袖人物，帮助他们增能，引导他们承担小组中的一些工作，提升他们在组内的价值感，同时发挥他们的积极正向作用，凝聚团队其他成员。

⑥ 话题引导与时间规定。组员有时会谈到与小组主题无关的话题，需要在引导过程中恰当阻止组员偏题的情况。另外由于时间有限，在讨论时也需要适当设置分享讨论的时间规定。

⑦ 在组内对组员表现给予反馈。社工需关注到每一位组员，在小组过程中反馈自己的观察，肯定和鼓励投入及表现较好的组员，带领者也需要点明每节小组的意义及巩固组员的正向改变。

⑧ 每节小组活动需及时记录和总结，填写《每节小组活动评估表》。

（4）小组后期的工作重点。

① 评估小组目标的实现情况。小组后期，社工

要评估小组目标达成的情况。

② 了解并处理组员因小组结束而产生的离别情绪。小组即将结束时，组员可能会出现一些负面情绪，社工需引导他们接受小组结束和离别的事实，鼓励组员表达情绪，并且认识到小组结束的积极意义，引导组员为未来做出妥善的安排。

③ 巩固小组成果和经验。小组末期，组员会有所收获和成长，小组也在活动中走向成熟，需要进一步巩固这些改变，并将小组中获得的经验和学到的技能运用到现实生活中。可以运用模拟练习、肯定正面感受、寻求外部资源支持等方式巩固组员的成长，鼓励组员有信心地做好面对现实生活的准备。在小组结束后，社工也要做好跟进工作，了解小组结束后组员的状况，有无特殊情况发生，如果有个别组员存在服务需求，社工也可通过个案工作方法持续开展服务。

3. 小组工作评估

家庭社工应根据乐群关于项目评估的相关规定，从小组产出、组员满意度、小组目标达成和小组效果四个方面进行小组工作评估。

（1）小组产出评估。

小组产出主要包括两个方面：一是小组提供的服务量，如小组共开展活动的次数；二是多少人受益，如有多少人参与了小组的活动。在操作上，按照以下步骤归纳整理小组产出的数据。

① 先将上述相关数据整理列出。

② 进行数据统计。

③ 将统计的数据与小组计划书中任务要求的相关数据进行比较，以观察小组是否完成了计划书的既定任务。

④ 对项目产出进行自我评价。如果已完成任务要求，则可以总结经验；如果没有完成任务要求，则需要反思原因，思考对策。

（2）满意度测评。

通过对服务对象进行满意度测评，了解服务对象对小组服务的感受、想法以及是否符合他们的预期。满意度测评可以采用问卷、访谈或焦点小组的方式进行。例如，可以采用满意度调查表作为测量工具，了解学员对服务态度、服务内容、时间安排与掌控、地点安排与环境、活动器材与资源的感受与想法，了解小组是否符合他们的预期，对小组的整体满意程度等。也可以将上述内容列为访谈提纲，采用一对一访谈或焦点小组的形式了解服务对象对小组的满意度。满意度测评可以安排在小组期间、小组的结束节点或小组结束之后进行。一般的操作流程如下：

① 将需要了解的内容设计成满意度调查表，或

形成访谈提纲。

② 根据小组计划书中所规定的满意度测评时间进行测评工作。

③ 发放满意度调查表，请组员填写，填妥后当场回收；或采用线上的形式将满意度调查表发放给组员，请他们在线上填写；或按照满意度测评的提纲，逐一对组员进行面对面的访谈；或邀请几个组员一起组成焦点小组，了解组员对小组的满意度评价。

④ 将满意度调查表或访谈中收集到的信息进行整理、归纳与分析。通常采用统计分析和质性分析的方式，了解并呈现组员对小组的满意度评价，将服务对象的满意度情况用适当的形式表现出来。

（3）目标评估。

对小组目标的达成情况及程度进行评估，具体可参照以下步骤进行：

① 将小组工作的所有记录收集并归纳整理。

② 将小组的总体目标与具体目标（分目标）逐一列出。

③ 将与目标相关的资料，根据目标的表述或评估指标分类提取并呈现，进行归纳分析。

④ 将上述归纳分析与目标一一对应进行对比，观察并评价目标是否达成，多大程度上完成。

⑤ 形成目标评估总结。

（4）效果评估。

小组的效果通常是检视小组工作带给组员某个方面的积极改变，因而主要是通过观察判断组员是否发生了积极的改变，如果有积极改变，则观察改变的程度如何。可以采用问卷、量表、访谈等方法向组员本人收集评估资料，如组员自我评量及填写问答表等；也可以向组员的重要他人收集关于组员改变的资料，如儿童行为的改变，可以向儿童的家长和学校老师了解相关情况；工作者的观察和小组记录也是重要的评估资料。上述来源的资料一般采用数据或文字描述体现。

效果评估的具体操作步骤如下：

① 选择效果评估的方式。可以用问卷、访谈、焦点小组、观察等方式，一般建议采用多元的方式，如组员自我陈述、他人回馈和带领者观察相结合的方式，从而更完整地体现小组的效果。

② 根据选定的评估方式收集资料。通过问卷、访谈、记录查阅等具体的方式收集评估资料。

③ 对已收集的评估资料进行分析。找出组员在认知、态度、能力等方面发生了哪些改变，多大程度上有改变。

④ 总结并形成评估结果，填写《小组总评估表》。

4. 参考案例

"情"深一往——家长情绪支持小组

(四)社区活动

乐群就大型社区活动的操作编撰了相关手册，社区活动的开展程序和具体操作方法可详细参见《社区大型活动实务指南》。本部分将简要介绍社区活动开展前的准备工作、活动开展中的注意事项，以及活动结束后的主要工作内容。

1. 活动前准备工作

(1) 活动前主动与相关人员沟通、协商以确定活动名称、时间、参与人员、筹备时间、经费等。可在每月汇报时先大致与街镇妇联沟通相关工作，确定好时间后尽快制定活动方案，填写《单次活动计划表》。

(2) 确定服务方案后，应制订活动筹备时间表，尽快申请经费、准备活动材料、购买道具材料等。

(3) 根据活动方案，开展社区活动准备工作，如招募活动参与者和志愿者，采购和准备活动所需物资，对接所需的资源，布置活动的场地，为活动安排好人员分工。

（4）与街镇妇联沟通确认宣传品的制作终稿、会标、落款等。

（5）活动前，必须再确认好每一位工作人员当天的工作安排，如有条件可召开活动筹备会议。活动前踩点，提前运输活动物资以及布置会场。

2. 活动开展过程中的注意事项

（1）活动实施的当天，应提前到达会场，确认会场的布置是否已经完成。

（2）参与者签到。再次明确活动工作人员及协助者的职责与岗位。

（3）根据活动计划书的活动流程执行每一项活动，把控好各个环节的时间。

（4）在活动开展过程中，对各类突发情况应给予及时处理。

3. 活动结束后的收尾工作

（1）活动结束后须清理场地，将场地恢复原貌。

（2）及时完成本次社区活动的通讯稿，提前与街镇妇联确定好出稿时间，活动通讯稿经确认后及时发布。

(3) 活动负责社工应及时对活动进行总结，整理台账资料，填写《单次活动总结表》。

4. 参考案例

ZQ 镇“公益集市”社区活动

(五) 自治团队服务

该项服务需要首先了解街镇目前自治团队的情况，然后根据实际情况开展服务。街镇的自治团队通常有两种情况：一种是街镇层面或居村层面已有自治团队，社工需要先了解自治团队基本情况并进行需求评估，而后为其定制服务方案和提供服务；另一种情况是街镇和居村层面尚未建立自治团队，社工则需要在需求评估的基础上培育和建立新的自治团队。自治团队的具体工作方法亦可参考乐群的《社区志愿者服务中心托管项目实务手册》中的“志愿团队能力建设子项目”中的相关内容。

1. 了解自治团队情况

(1) 了解街镇层面自治团队的情况。需要了解街镇目前是否有自治团队，如已有，要了解目前团队的基本状况如何、开展哪些活动、有哪些优势和不足、在哪些方面需要提升和培育。

（2）了解居村层面自治团队的情况。有的街镇没有需要培育的街镇层面的团队，则需要将自治团队的培育工作落实到居村层面，与居村委书记和妇联干部进一步沟通可以培育的团队方向，商谈团队培育的计划。另外，还需要了解妇联在团队培育方面可以投入的资金、场地、人员等资源。

2. 培育新团队的工作流程

如果当地尚无自治团队，则需要先了解相关需求。

（1）确定培育计划。与街镇妇联和居村委妇联主席沟通新团队培育的工作计划、培育方向和培育内容。

（2）设计服务方案。服务方案包括服务背景、服务目标、服务内容、服务频次、招募计划、预算等模块。此外，还需要对自治团队的人员数量、年龄结构、覆盖面等作出描述。

（3）招募计划与招募程序。招募计划应明确的内容包括：招募的具体要求、招募时间、招募形式（定向或非定向招募）、是否要筛选或面试等。招募程序的第一步是采用线上、线下相结合的方式招募队员；第二步是核对报名者信息；第三步是向报名者明确参与要求；第四步是了解报名者的想法；第五步是确定自治团队成员名单。

（4）与自治团队成员共同讨论。与自治团队骨干共同讨论，制定团队框架、团队目标、团队出入制度、团队活动制度等。

（5）开展团队增能培训。制定增能方案，确定培训的目标和培训内容。培训的形式主要有专题讲座、参观学习、交流讨论等。

（6）协助自治团队为当地居民开展服务。结合团队的目标，协助团队制定服务计划，开展志愿服务。在服务的过程中，社工可以参与其中，进行观察和反馈，帮助团队更好地开展服务。

（7）协助自治团队进行服务总结。与团队成员一起回顾开展服务的历程，帮助团队成员反思服务过程中遇到的问题、收获和成长。

3. 已有团队的培育

对已有团队的增能培育工作，通常包括以下几个方面：

（1）了解原来自治团队的基本情况，如人数、目标、领导、架构、次团体、开展活动情况。同时，社工需要了解自治团队对于未来发展的需求和目标是什么。

（2）了解与社工合作的意愿。与自治团队的骨干接触，了解是否有参与合作、配合社工开展服务的意愿。向团队成员介绍社工通常如何协助团队开展服务，如制定增能计划、协助开展服务、共同总结反思等。与团队骨干共同探讨社工可以介入的具体工作内容。

（3）与自治团队骨干或所有成员一起商讨，建立规章制度，如会议制度、工作制度、加入与退出机制等。若原来的制度较为完善，可以就现有制度做进一步的明确和梳理，了解制度具体执行的情况如何、是否有需要调整的内容。

（4）与团队骨干或所有成员共同制定团队活动计划。计划可包括增能计划、团建计划及志愿服务计划等。社工可以引导团队骨干认领不同板块的统筹安排工作，同时带领其他志愿者落实计划。

（5）协助增能与服务能力的提升。社工提供一定的培训资源和学习机会，挖掘团队成员的特长和兴趣，鼓励成员们通过自己的实践去提升各项能力。

（6）完成团队的战略升级或组织服务的升级。通过社工与团队成员的合作，在一定程度上帮助自治团队提升服务理念和服务能力，更重要的是从整个体系架构上帮助团队更好地运作，实现可持续的发展。

4. 参考案例

居民自治团队——“多彩丽人志愿服务队”

(六) 妇女干部增能

妇女干部增能服务需要根据当地的实际情况，在需求评估的基础上，量身制定具体的服务方案。

1. 了解需求

(1) 与街镇妇联沟通，了解妇女干部增能培训的需求与具体要求。

(2) 设计增能活动调查问卷，发布在妇女干部群里，了解她们的实际需求与意向。

(3) 对妇联的要求与妇女干部的需求进行归纳分析，以确定增能培训的方向。

(4) 了解当地妇联之前是否开展过类似的增能活动、具体的内容与形式、反响如何等情况。

2. 确定课程主题

家庭社工可根据当地妇女干部的具体需要，将增能培训的方向细化为具体的培训主题，并可形成培训主题清单。乐群家庭社工在服务中逐渐形成了一套增能培训课程，详见表 2-4。

表 2-4　乐群增能培训课程菜单

<table>
<tr><th colspan="2">课程主题</th><th>课程名称</th></tr>
<tr><td rowspan="5">专业能力</td><td>价值伦理</td><td>（1）社会工作价值伦理</td></tr>
<tr><td>个案工作</td><td>（2）个案工作基本流程
（3）个案工作会谈技巧
（4）短期焦点治疗</td></tr>
<tr><td>小组工作</td><td>（5）小组工作</td></tr>
<tr><td>社区工作</td><td>（6）社区资源在哪里</td></tr>
<tr><td>督导工作</td><td>（7）督导工作技巧</td></tr>
<tr><td rowspan="4">实务能力</td><td>青少年服务</td><td>（8）青少年社会工作</td></tr>
<tr><td>婚姻家庭</td><td>（9）家庭社会工作项目服务经验分享</td></tr>
<tr><td>疾病残障</td><td>（10）阳光之家社工服务</td></tr>
<tr><td>社区发展</td><td>（11）如何开展好社区志愿服务
（12）如何提高社区居民的参与意识——以垃圾分类为例
（13）志愿工作技巧及团队领导力
（14）自治视角下的楼组工作
（15）自治视角下的社区工作</td></tr>
<tr><td rowspan="5">通用能力</td><td>团队管理</td><td>（16）团队管理技巧</td></tr>
<tr><td>矛盾调解</td><td>（17）调解的奥秘</td></tr>
<tr><td>宣传写作</td><td>（18）微信公众号写作技巧</td></tr>
<tr><td>游戏运用</td><td>（19）游戏的奥秘</td></tr>
<tr><td>引导技术</td><td>（20）开放空间技术的学习与运用</td></tr>
</table>

3. 盘点资源

（1）当地妇联或其他部门可以提供的资源。

（2）了解活动经费的来源。

（3）是否有专家及其他的专业资源。

4. 制定增能服务方案

（1）明确增能培训的目标。

（2）确定培训的类型和形式。

（3）确定培训老师。

（4）选择和协商培训的场地。

（5）确定培训课程时间表。

（6）进行人员分工安排。

（7）制定培训预算。

5. 实施计划

（1）为每一场培训制定预案。如培训过程的把控、突发事件的处理等。

（2）根据岗位分工，履行每个工作者的职责。如，培训讲师需要主带整个培训的过程；组织者和协助者需要组织好整场培训，维持培训秩序，协助讲师。

6. 评估服务效果

对妇女干部增能服务的效果评估主要由合作方评估（外部）和自我评估（内部）两方面构成。合作方评估通常是由浦东新区妇联对家庭社会工作项目进行评估，自我评估是机构内部进行的评估。具体来讲，效果评估主要包括以下几个方面：

（1）设计满意度问卷，了解培训对象对增能培训主题、内容、形式等方面的反馈。

（2）设计与培训主题内容相关的测试，了解培训对象对培训内容的掌握程度。

（3）社工对增能培训的过程、效果等的自我评估与反思。

（4）项目督导对增能培训的评估。

7. 整理服务资料

增能服务结束后，家庭社工需要对服务资料进行整理和归档。

（1）整理所有培训资料。资料内容包括签到表、培训课程的课件、满意度测评表、培训总结、照片、专家签收表等。

（2）将所有培训资料完善并存档。

8. 参考案例

M 镇妇女干部增能工作坊

五、完成项目评估总结

家庭社会工作项目除了需要接受第三方评估外，乐群机构内部也会对项目进行评估。项目自我评估遵循乐群项目评估制度的要求，采用资料查阅、实地观察与检查、对工作人员及服务对象访谈、工作者自我反思与总结、焦点小组等方式收集评估数据，然后运用定量与定性相结合的方法对评估数据进行统计与分析，从而对项目的执行过程和结果进行总结，最终形成评估报告。家庭社会工作项目每年进行两次自我评估，即项目实施时间过半时的中期评估和年度项目结束后的终期评估，也称总结评估。

（一）项目中期评估

根据乐群的项目管理规定，在项目执行过半时，应择日进行项目中期评估。中期评估主要关注项目的执行状况、项目的实施进度、服务对象的满意度，以及社工对项目实施的阶段性自我总结和工作反思。

1. 项目中期评估的管理流程

（1）社工自我检查。每个家庭社工应亲自确认是否已经将项目资料全部上传至家庭社会工作服务系统，如有未上传的资料应尽快上传。

（2）督导监督检查。首先，项目督导应查阅社工上传的资料，查看是否有遗漏，并给予回馈；其次，督导应确认阶段性服务指标是否已全部完成，若发现服务指标未完成，应及时跟进，了解具体情况。

（3）社工完成中期评估报告。每个家庭社工应根据乐群的项目评估要求，撰写完成《中期评估报告》。《中期评估报告》应在督导审批和指导后，交给项目负责人。

（4）准备项目中期评估汇报。首先，应根据《中期评估报告》的内容，完成项目中期评估汇报PPT；其次，进行PPT试讲，由督导给予反馈和指导；再次，根据督导建议修改PPT，然后定稿；最后，做好PPT拷贝，准备好讲稿。

（5）正式汇报。根据中期评估具体安排，向项目购买方（浦东新区妇联）进行项目中期评估汇报。汇报时应穿着正式服装。

（6）修改《中期评估报告》。根据评估方的反馈意见，对中期评估报告进行修改，并且对下阶段的服务方案进行相应的调整和修改。

（7）文件归档。中期评估完成后，应把PPT定稿发给项目负责人，与《中期评估报告》一起保留存档。

2. 中期评估的操作建议

（1）上传服务资料到系统。社工与督导都要检查并确认已经将全部资料上传到家庭社会工作服务系统。

（2）审视服务计划与实施情况。回顾年度项目书和执行方案，重温本年度重点服务方向和时间任务表。根据项目标书、具体服务指标所形成的项目执行方案，将已经完成的项目服务、项目活动等逐一列出，并对各项目标任务的完成程度给予评价描述。

（3）检视服务目标的阶段性完成情况。对照项目阶段性任务目标的要求或项目执行时间任务表，评价项目实施现阶段的目标完成情况。

（4）完成《项目产出与实施进度对比分析表》。将实际完成的数量与项目要求的数量进行数据对比，并填写《项目产出与实施进度对比分析表》。

（5）发现阶段性服务成效。服务的成效通常通过服务对象、社区和社会等层面体现。服务对象层面主要观察服务对象及家庭认知、行为、态度方面的改变等；社区层面可关注资源整合成效，包括人力、物力、财力，社区参与程度，社区品牌打造等；社会层面包括项目影响力、政策倡导、制度建设、服务模式总结等内容。

（6）对项目的执行进行反思。回顾项目执行过程的总体情况，包括哪些环节顺畅、哪些环节遇到困难、哪些设计与安排效果良好、哪些存在不足，项目执行过程中遇到哪些意料之外的情况、如何处理、处理效果如何，有哪些好的服务经验、有哪些不足之处、有哪些需要跟进弥补、有哪些原来的计划或设计需要改进、有哪些方面需要改善等。在反思的基础上对下一阶段的服务提出修正的设想和建议等。

（7）完成中期评估报告。中期评估报告内容可参照乐群的 PPT 制作模板。

3. 中期评估的汇报与 PPT 制作建议

在中期评估汇报时，建议社工采用口头汇报与 PPT 展示相结合的形式进行，两种形式所呈现的内容大体上一致，但可各有侧重。PPT 展示可将数据、表格和图表等较详细地列出，以便汇报对象能较直观、形象地看到服务的产出、数据的差异和产生的变化。口头汇报则应介绍重要数据，避免大段地读详细数据，可以介绍重要的案例或情景，甚至是重要的细节。两种形式配合使用，通过数据呈现服务的产出，通过生动的案例讲述呈现服务的效果及过程，以便汇报对象能更立体地了解项目的实施情况。

中期评估汇报的PPT通常包括以下内容：

① 项目开展情况。可参考评估报告，梳理并呈现项目背景、服务目标、服务指标等内容。

② 重点服务工作。介绍子项目的服务情况，应重点汇报有亮点及最能体现成效的部分。如联动社区服务、自治团队服务、妇工增能、小组服务等。

③ 项目成效与反思。包括社工开展的服务给服务对象带来了什么改变和影响、对街镇有什么影响，以及社工开展服务的专业反思和下阶段的计划。

（二）项目终期评估

根据乐群项目管理的规定，每个项目完成后要进行机构内部的项目终期评估。项目的终期评估也是项目的总结评估，重点评估项目目标是否达成、有哪些服务产出、项目有何成效、服务对象的满意度，以及社工对项目实施的自我总结和工作反思。

1. 项目终期评估的流程

（1）社工自我检查。每个家庭社工亲自确认是否已经将项目资料全部上传至家庭社会工作服务系统，如有未上传的资料应尽快上传。

（2）督导监督检查。首先，项目督导应查阅社工上传的资料，查看是否有遗漏，并给予回馈；其次，督导应确认阶段性服务指标是否已全部完成，若发现服务指标未完成，应及时跟进了解具体情况。

（3）社工完成个案撰写。每个家庭社工须完成五个个案的撰写，并将案例交给项目督导，由督导对每个案例进行点评。

（4）完成《终期评估报告》。社工根据乐群项目评估的要求，填写《终期评估报告》，并且经过督导审阅和指导后，交给项目负责人。

（5）准备项目总结评估汇报。

首先，应根据《终期评估报告》的内容，完成项目终期评估汇报 PPT；其次，进行 PPT 试讲，由督导给予反馈和指导；再次，根据督导建议修改 PPT，然后定稿；最后，做好 PPT 拷贝，准备好讲稿。

（6）正式汇报。根据终期评估具体安排，向项目购买方（浦东新区妇联）进行项目终期评估汇报。汇报时应穿着正式服装。

（7）修改《终期评估报告》。根据评估方的反馈意见，对终期评估报告进行修改，并且对下阶段的服务方案进行相应的调整和修改。

（8）文件归档。终期评估完成后，应把 PPT 定稿发给项目负责人，与《终期评估报告》一起保留存档。

2. 终期评估的操作

项目终期评估可参照以下步骤：

（1）上传服务资料到系统。社工与督导都要检查并确认已经将全部资料上传到家庭社会工作服务系统。

（2）审视服务计划与实施情况。回顾年度项目书和执行方案，重温本年度重点服务方向和时间任务表。根据项目标书、具体服务指标所形成的项目执行方案，将已经完成的项目服务、项目活动等逐一列出，并对各项目标任务的完成程度给予评价性描述。

（3）检视服务目标的最终完成情况。对照项目的阶段性任务目标的要求或项目执行时间任务表，评价项目实施现阶段的目标完成情况。

（4）完成《项目产出与实施进度对比分析表》。将实际完成的数量与项目要求的数量进行数据对比，并填写《项目产出与实施进度对比分析表》。

（5）发现阶段性服务成效。服务的成效通常通过服务对象、社区和社会等层面体现。服务对象层面主要观察服务对象及家庭认知、行为、态度方面的改变等；社区层面可关注资源整合成效，包括人力、物力、财力，社区参与程度，社区品牌打造等；社会层面包括项目影响力、政策倡导、制度建设、服务模式总结等内容。

（6）对项目的执行进行反思。回顾项目执行过程的总体情况，哪些环节顺畅、哪些环节遇到困难、哪些设计与安排效果良好、哪些存在不足，项目执行过程中遇到哪些意料之外的情况、如何处理、处理的效果如何，有哪些好的的服务经验、有哪些不足之处、有哪些需要跟进弥补、有哪些原来的计划或设计需要改进、有哪些方面需要改善等。在反思的基础上对下一阶段的服务提出修正的设想和建议。

（7）完成终期评估报告。终期评估报告内容可参照乐群的标准模板。

3. 终期评估的汇报与 PPT 制作建议

与中期评估汇报一样，建议社工采用口头汇报与 PPT 展示相结合的形式进行，两种形式所呈现的内容大体上一致，但可各有侧重。PPT 中可将数据、表格和图表等较详细地列出，以便听汇报者能较直观和形象地看到服务的产出、数据的差异和产生的变化。口头汇报则应介绍重要数据，避免大段地读详细数据，可以介绍重要的案例或情景，甚至是重要的细节。两种形式配合使用，通过数据呈现服务的产出，通过生动的案例讲述呈现服务的效果或场景，以便汇报对象能更立体地了解项目的实施情况。

终期评估汇报的 PPT 制作可参照中期评估的建议。

第三章

重点家庭服务指南

乐群家庭社工将重症患者家庭、困境儿童家庭、危机家庭、家暴家庭、残疾者家庭和长期信访家庭作为重点服务对象。在服务于这六类重点家庭时各有侧重，家庭社工需要在了解每一类重点服务对象家庭普遍需求的基础上，有针对性地了解服务对象家庭的特殊需求，从而为其提供适当的服务。本章将逐一介绍六类重点家庭的普遍性需求、社工在服务时应了解的注意事项、常见的服务方向以及相关的资源。

一、家暴家庭

家暴家庭主要指在家庭成员之间存在以殴打、捆绑、禁闭、残害或者其他手段对家庭成员从身体、精神、性等方面进行伤害和摧残行为的家庭。常见的形式为虐待老人、虐待子女、虐待配偶/同居情侣和性暴力等。

（一）家暴家庭的需求

1. 需要危机干预、紧急医疗与心理干预

（1）家暴程度。严重且威胁家庭成员生命安全等危机情况，需要危机干预以及时阻断暴力和伤害事件的继续发展，并且预防再次发生。

（2）需要紧急医疗服务。家庭暴力有时会造成受害者身体较严重的伤害，需要紧急送医获得救治。

（3）需要紧急心理干预。家庭暴力的受害者与目击者容易产生心理创伤，特别是目睹暴力过程的儿童易出现惊恐、焦虑、抑郁等症状，他们需要及时获得心理援助。如果施暴者存在人格障碍、精神疾患，则需要及时与精神卫生中心联系，协助其接受心理评估与治疗。

2. 需要保障安全与正常生活

（1）安全居住的需求。有些家庭暴力受害者为了保障自身的安全，需要紧急庇护，离开家庭，暂时居住到安全的住所，因而有时需要协助租房、协助寻找宾馆或酒店等能使受害者离开施暴者的安全住处。

（2）经济保障的需求。家庭暴力受害者可能会因为失去经济来源而无法离开施暴者，或因离开施暴者而失去基本生活保障。因此，有些受害者为了

离开施暴者，需要找到合适的工作。他们需要支持性就业服务、职业培训等机会。有些无经济来源或无法就业的受害者，需要协助其申请低保等救助。

3. 需要通过法律获得保障

有些家庭因矛盾发生冲突和暴力事件，在处理冲突的过程中或许涉及经济赔偿和法律相关事宜，需要社区、社工、律师等参与冲突和暴力事件的解决。因此，需要社工协助这些家庭与律师、司法及相关部门沟通。

4. 家庭成员心理需求

（1）需要恢复自信心。家暴受害者除了承受躯体上的伤害外，还可能长期承受施暴者言语上的贬低、侮辱等人身攻击，他们有可能质疑自我价值、失去自信心，甚至失去生存的信心。因此，他们需要心理辅导以恢复自信，重建自我价值。

（2）需要支持与鼓励。家暴受害者都需要给予情绪支持和陪伴服务。有些屡遭家暴的受害者，由于其他家庭成员不支持其求助而造成其不敢求助，甚至导致家暴愈发频繁和程度升级。有的受害者在面对司法程序及生活突变时，出现彷徨和恐惧。有些家庭成员因面临社区中亲友、邻居等基于传统观念的劝说、指责、流言蜚语等，心理压力较大，需要心理疏导和心理援助。

（3）需要行为矫正。施暴者需要改变行为模式，首先是需要认识到对家人施暴所产生的恶劣影响和严重后果。其次，需要掌握掌控情绪的技巧，学习以非暴力方式处理冲突。最后，需要改善家庭关系，重建良性的沟通方式。

5. 需要改善或恢复社会功能

（1）需要修复和改善家庭关系。家庭暴力造成家庭关系的破坏，成员对家庭矛盾和冲突的处理各有不同的需求。有些家庭成员希望改善家庭关系而非通过司法途径解决家庭矛盾，有些希望处理家庭成员冲突的问题，有些希望修复已经破碎的家庭关系。

（2）需要协助照顾子女。有些家庭因暴力事件的发生，导致家长无法亲自照顾子女，因而需要子女照护资源，这些资源包括正式的社会支持资源与非正式社会支持资源。

（3）需要恢复或重建支持系统。有些受害者因施暴者的恐吓、威胁等，与朋友、家人及任何可能的支持来源隔绝，处于孤立无援的状态。因此，需要协助受害者恢复正常的社会交往，修复或重建社会支持系统。

（4）需要相关资讯。家庭暴力受害者可能需要法律、就业等相关信息，使其能够尽快摆脱困境，恢复正常生活。

（二）需求评估访谈要点

1. 评估危机状况、情绪状态、身体情况

了解危机家庭发生的危机情况，评估危机等级、服务对象的情绪状态、对生活的影响程度以及身体情况等。

2. 了解是否已经报警（或有验伤记录）

了解是否已经报警，有没有验伤记录，或者是否有其他相关的证据，做好证据保留。

3. 家暴频次、家暴诱因

了解家暴发生的频次和具体原因、是什么事件导致的、以前有没有发生过、每次发生的程度如何、后果如何等。

4. 与施暴者的关系及情况

了解服务对象与施暴者的关系、平时的沟通情况和相处模式、每次发生冲突的具体情况等。

5. 其他家庭成员或朋友是否了解家暴发生

了解其他家庭成员或者身边的朋友是否了解家暴发生的情况。

6. 是否寻求帮助

了解是否已经寻求过帮助、结果如何、曾经得到过哪些帮助等。

7. 本人对家暴的认知、后续的打算

了解服务对象对家暴发生的认知情况，如何看待家暴这件事情，后面有什么期待，以及之后的一些计划和安排。

8. 充分了解服务对象个人系统、家庭系统、社会支持系统

深入了解服务对象个人、家庭和社会三方面的支持系统，分析是否有资源可以帮助到服务对象。

（三）访谈注意事项

1. 保持服务对象情绪稳定

根据服务对象的情绪状态，通过同理和倾听，给予安抚和疏导，帮助其排解情绪，保持情绪稳定。

2. 社工需遵守保密原则，告知服务对象保密条款

告知服务对象保密原则和相关的保密条款，使

其信任社工，愿意诉说内心的想法。

3. 提醒服务对象要有证据意识

受到家暴后，要在第一时间去医院就医并留下验伤报告、伤残鉴定。家暴案例中证据非常重要，因此需要提醒服务对象第一时间留下证据，万一发生家暴的时候一定要报警，保留出警记录。

4. 社工需保证个人的人身安全

社工在走访家暴家庭的时候尽量不要一个人前往，尤其不要单独和施暴者沟通，可以邀请妇联干部或其他社工陪同，注意人身安全。

5. 社工在面谈时需避免语言刺激

由于家暴案例中不管是施暴者还是受暴者情绪状态都可能不佳，处于易激动的阶段，因此社工谈话过程中语气要平和，避免言语刺激，根据对方的状态随时调整语气和话语。

6. 避免标签化

避免将服务对象定义为“问题人”，避免将服务对象标签化，避免评判对错，避免过早提出建议，避免缺乏同理心的回应，避免强迫非自愿服务对象。

（四）服务建议

参考我国台湾地区对于家庭暴力的防治和回应有三级预防的工作模式，服务可以包含三个层面：首先是初级预防。唤起社会大众反对家暴的意识，并要通过法制及教育来改善家庭互动关系，以减少家暴事件的发生。其次是次级预防。及时发现引发家暴发生的危险因子，以能及早介入，并提出应对策略，减少家庭内的负面互动与压力，防止暴力事件的恶化。最后是三级预防。暴力事件发生之后，以受害人为中心来提供整合性的服务，以修复其身心伤害，并对施暴者提供干预，以降低家暴案件重复发生的频率，并避免致死案件发生。此外，要制定防家暴紧急介入预案，建立防家暴庇护点，提供法律咨询援助，提供心理和法律支持，整合资源，建立社会支持网络。

家庭社工针对家暴受害者和施暴者所对应的不同需求，可以有不同的服务内容，详见表 3-1 中列出的服务建议。

表 3-1 家暴家庭服务方向与服务内容指引

服务对象	服务方向	服务内容指引
针对家暴受害者	安全需要	评估服务对象的人身安全是否受到威胁，有没有安全居所可以提供，是否需要申请临时庇护所，同时要提升服务对象自我保护的能力

（续表）

服务对象	服务方向	服务内容指引
针对家暴受害者	个案辅导	系统性地分析和评估案主的现状与需求，制定个案服务计划，按照社会工作标准个案流程，找到服务切入点，如经济支持、亲子教育、个人社会支持系统重建、案主认知行为治疗等，链接相关资源，提供辅助支持和陪伴等服务
	就业/学习辅导支持	服务对象若有就业需求，可以转给当地的就业援助员，或社工链接相关资源、介绍工作岗位。服务对象若存在社会经验、学历、工作能力等不足的情况，社工可以为其提供职业技能等相关培训
	经济援助	若施暴者是家庭唯一的经济来源，服务对象可能存在急需的、短期的经济援助，社工可协助服务对象通过妇联、民政等条线申请经济援助
	司法援助	若服务对象有申请保护令、财产纠纷、离婚、变更监护权等司法需求，社工可以协助其申请司法援助，寻找公益律师为其提供帮助
	行为/心理援助	为受到家庭暴力的家庭成员分别提供心理援助。特别要关注12岁以下儿童的情况，确定其是否需要危机干预辅导。社工可链接或者转介专业心理资源提供服务

（续表）

服务对象	服务方向	服务内容指引
针对施暴者	认知行为矫正	了解施暴者的心理认知及行为特点。施暴者往往会淡化或否认施暴的行为，社工可以帮助其进行“愤怒管理”“行为矫正”等方面的训练，对施暴者进行专业引导和协助，促进其形成新的行为模式
	小组辅导	针对施暴者开展团体辅导小组，社工引导组员认识家暴的本质、规律及伤害，讨论人际关系互动模式，帮助施暴者学习处理情绪和沟通

（五）服务资源

相关的政策和资源对服务于家暴家庭具有十分重要的作用。家庭社工应掌握相关政策和资源，在服务于家暴家庭时，应恰当运用相关政策，链接相关资源以满足服务对象的需要。

1. 家庭暴力案件分类

（1）民事案件。侵害受害者的人身、财产、精神等，需要通过法律的途径进行赔偿、消除危害、解除婚姻关系等。

（2）刑事案件。侵害受害者人身、财产等，构成犯罪的，比如故意伤害、虐待等。

（3）行政案件。询问服务对象是否在遭遇家暴后报警及警方处理情况。警方是否按照规定流程处理，是否有验伤，视情节严重程度以及服务对象自身意愿，提供律师及司法单位资源，协助提起行政诉讼或其他司法程序。

2. 人身损害司法鉴定程序

（1）提出要求鉴定的申请。技术鉴定分为申请鉴定和委托鉴定两种，当事人提出申请鉴定，或单位进行委托鉴定。申请必须以书面的形式进行，并提供相关的资料。

（2）缴纳鉴定费。凡要求进行鉴定的申请人或委托人，必须在提出申请的同时根据各省、自治区、直辖市规定的收费标准缴纳鉴定费。技术鉴定机构在收取鉴定费后，必须向申请人或委托人出具正式发票。申请重新鉴定时，必须再缴纳鉴定费。

（3）受理立案。当接收申请人或委托人提出的书面申请和缴纳的鉴定费后，即已受理立案，并应在受理当天起按有关规定进行鉴定的准备工作。

（4）作出鉴定结论。鉴定人作出鉴定结论。

（5）书面通知鉴定结论。鉴定结论一经形成，应在规定时限内尽快以规范的公文形式发给申请人或者委托人。

3. 信息咨询窗口

（1）各区妇女发展指导中心，可咨询法律方面的信息及就业培训信息。

（2）户籍所在地居委的民政干部，可以咨询相关低保补助的信息。

（3）社区事务受理中心，可咨询各类政策办理的信息。

（六）服务案例

家暴家庭服务案例

二、重症患者家庭

重症患者家庭主要指家庭中有家庭成员罹患癌症等危及生命安全的重大疾病。目前，乐群家庭社工服务中，以有女性成员罹患重大疾病的家庭为主要服务对象。

（一）重症患者家庭的需求

重大疾病会不同程度上导致部分脏器衰竭或功

能丧失，疾病的治疗、康复甚至复发，易引发患者的心理情绪、家庭经济、家庭照顾、家庭关系等出现问题，甚至影响家庭的日常生活。有重症患者的家庭常见以下需求：

1. 疾病治疗与康复需求

罹患重病的妇女需要专业的治疗以及较长时间的康复，她们通常需要了解相关的医疗、康复和照顾知识，需要了解和链接医疗资源。

2. 心理需求

（1）情绪疏导。重症患者知道自己罹患重病后，容易出现各种心理压力和负面情绪，比如：出现抑郁、焦虑和沮丧等情绪，对生活失去信心；担心自己的疾病拖累家庭，甚至产生轻生的念头。因此，她们需要情绪疏导，舒缓心理压力。

（2）提升自信心。一方面，重症妇女可能会遭受社区中邻居或亲友等的歧视，比如指指点点、流言蜚语，容易导致她们丧失自信，觉得自己没有价值，产生自我怀疑等。她们需要重建自信，重新点燃对生活的希望。另一方面，在接受化疗或者手术治疗的过程中，她们经历一些生理反应，如脱发、臃肿或者个别器官丧失等，导致个人形象发生变化，从而影响她们的自我认知和自信。她们需要直面自己的生理和形象上的变化，重新接纳自己，学习如何提升自我形象。

3. 自我实现需求

有些疾病的治疗过程漫长，患者常常会因此失去原本的就业岗位，身体恢复后，也很难再回到原来的工作岗位和工作状态，找不到自己的价值。但是，她们仍有很多优势和能力，包括在治疗的过程中积累了很多与疾病相关的知识和经验。她们需要更多的机会和平台，发挥自己的才能，体现自我价值，满足自我实现的需要。

4. 家庭照顾者的支持需求

（1）心理调适与解压。在长期照顾重症患者的过程中，家庭照顾者易出现身心疲惫、情绪失衡等情况，他们需要舒缓心理压力和处理负面情绪，也需要学习心理调适和处理负面情绪的技巧。

（2）提升照顾能力。患者需要细心和耐心的照顾，家庭照顾者需要了解疾病治疗和康复的相关知识，需要学习照顾患者的相关知识和技能，以提升照顾能力。

5. 改善家庭关系和恢复家庭功能的需求

在漫长、反复的疾病治疗和康复过程中，有些家庭出现关系紧张，甚至产生家庭冲突，家庭功能受到影响。因此，需要协助家庭协调和修复家庭关系，恢复正常的家庭功能，重建正常的家庭生活。

6. 社会支持需求

(1) 恢复社会交往与社会参与。疾病治疗过程使患者与亲朋好友及同事等社会关系有所疏远或断离，社会支持系统也因此被削弱。所以，重症妇女家庭常常需要恢复正常的社会交往和重建社会支持系统。

(2) 建立同伴支持。重症患者常出现孤独感，患病和治疗的痛苦经历需要倾诉和理解，尽管亲朋好友常常劝慰患者，却难以感同身受。然而，同样患重症的妇女在一起，分享经历、吐露心声，相互之间更能同理彼此的心情和感受，更能理解彼此的心路历程。因此，她们需要协助组建一个可以相互理解、支持和鼓励的同伴群体，从而形成患者互助的支持系统。

(3) 提供资讯。有些重症妇女家庭因治疗费用和因病影响收入等原因，出现家庭经济困难，出现因病致贫或因病返贫等情况。这样的家庭需要资金和物资等援助，需要帮困救助、政策支持等相关资源链接和信息的提供。

（二）需求评估访谈要点

在走访有重症患者的家庭时，要关注疾病情况、治疗经历、疾病给家庭带来的影响、家庭面临的问题和困境、家庭中每个人的需要和家庭的整体需要等。

1. 服务对象的疾病史

（1）疾病情况。包括：是什么时候发现的，患病多久，是自查发现还是体检发现，确诊后的治疗方案是怎么样的，放疗、化疗的次数等。

（2）治疗情况。包括：目前采用什么治疗，如吃的是西药还是中药，多久复查一次，现在的病情怎样，疾病是否得到控制等。

2. 服务对象的心理状态

包括：现阶段的情绪状态如何，自身是如何看待患病这件事情的，现在是否已经接受自己患病的事实。

3. 病情对服务对象的影响

（1）生理影响。包括：服务对象有没有失眠，饮食上是清淡还是需要忌口，有没有脱发的情况等。手术后是否有后遗症，如术后手臂抬不起来、没有力气等情况。

(2) 工作及经济影响。包括：工作方面是如何安排的，经济方面有哪些影响，在社会交往以及社区活动参与等方面较之前有何不同。

4. 服务对象的家庭支持系统

(1) 服务对象与家人、亲戚、子女之间的关系如何。

(2) 家中的经济状况如何。

(3) 家庭成员的情感沟通状况如何、日常的照顾情况如何等。

5. 服务对象的社会支持系统

(1) 原来的同事、朋友、同学、年龄相仿的人或者邻居之间是否有联络。

(2) 患病之后有没有参与家庭聚会，有没有参与社区的活动等。

(三) 访谈注意事项

1. 访谈的用语

有些服务对象在患病后会比较敏感，建议社工使用正向的、积极的、鼓励的话语。服务对象身体虚弱，说话声音较小时，建议社工将音量与服务对象的音量保持相对一致。

2. 访谈的时间

访谈时长应根据服务对象的身体状态适当调整，如对术后不久的服务对象不宜访谈时间过长，建议将访谈时间控制在30—60分钟，最长不超过1小时。

3. 情绪失控的处理

访谈时若服务对象出现情绪失控，建议社工先让服务对象进行情绪宣泄，同时运用同理与倾听等技巧；如服务对象哭泣，必要时社工可以进行安抚。

（四）服务建议

在服务于有重症患者的家庭时，要在“全人”的视角下，关注疾病本身以及疾病产生的影响，从患者及家庭成员的需求出发，透过身、心、社、灵四个维度为重症患者个人及其家庭提供全面的服务。表3-2中列举了常用的具体服务方向与服务内容建议。

表3-2　重症患者家庭服务方向与服务内容指引

服务方向	服务内容指引
情绪支持与鼓励	为服务对象提供一个倾诉的环境，同理服务对象的情绪和感受，并给予一定的反馈与鼓励，促使服务对象平缓情绪，重拾信心

（续表）

服务方向	服务内容指引
心理辅导	为服务对象提供心理辅导，舒缓心理压力，协助其度过艰难的阶段；链接心理咨询资源
链接补助资源	为服务对象链接社会资源以及政策资源，协助申请民政等救助和医疗费用等补助
链接医疗及照顾资源	联系、转介相关医疗及康复机构；链接照顾资源
就业及职业培训	协助已康复的服务对象寻找培训机会和资源，协助其恢复或增强职业能力，协助其重返职场
家庭成员支持	对家庭的长期照顾者给予支持和鼓励，协助他们舒缓压力；提供专业支持，如家属支持小组、照护专题讲座等
社会交往	为重症患者搭建沟通交流平台，协助他们恢复社会交往和社会支持系统，如举办重症妇女互助小组、组建重症妇女志愿者团队等，协助服务对象形成非正式支持系统

（五）服务资源

部分重症患者家庭需要经济援助以缓解治疗费用造成的家庭经济压力，以下信息为重病患者家庭的常用资源，供家庭社工参考。

1. 大病医保

根据上海市大病医保政策，大病医保的保险范围主要覆盖重大疾病的治疗而产生的高昂治疗费用，也是癌症二次报销的主要渠道（第一次报销为城乡居民、职工基本医疗保险和新农合），是在基本医疗保险的基础上再次报销的主要途径。

（1）报销条件。在一个自然年度内，合规医疗费用（自费）大于上一年度各地居民人均收入，即可报销，且参保人需要有城乡居民医疗保险和（或）职工医疗保险。

（2）报销流程。参保人员需要将下列材料送往当地定点医院（一般是各县市三级或二级公立医院）的医保科，并填写相关表格进行初审；定点医院将初审合格参保居民信息报相关城镇医疗保险机构审核；最终审核合格的参保居民由各城镇医疗保险经办机构组织发放大病医保报销款，同时也会通知参保人本人。

（3）需要准备的材料。参保人身份证、参保人的医保证或医保卡、住院费用汇总清单、出院诊断说明书、出院小结（需加盖公章）、住院病历复印件、发票等。

（4）注意事项。大病医保目前所采用的是阶梯式报销方式，自费金额越多，报销比例越高。如：自费金额在2万元到5万元的患者，可报销50%；5万元到10万元的患者，可报销60%；10万元以上的患者，可报销70%；最高报销上限为30万元。大病医保的报销年限也有一定的限制，一般在肿瘤的首次确诊或复发之日起最多两年，但中药治疗可享受五年。

2. 残疾证

有些患者因重病致残，符合条件者可以申领残疾证。根据《中华人民共和国残疾人证管理办法》申领残疾证，可参考以下程序：

(1) 向所在街镇的残联提出办证申请，如实填写申请表、评定表。

(2) 申请通过后，带着申请表等到各镇街的相关医院进行残疾标准评定，评定时带好居民身份证、户口本原件、两寸照片2张、手术记录、病理报告、出院小结，相关病例报告要一年以上才可以办理（整个流程办理下来大概一个月时间，鉴定时会收取一些检查费用）。

(3) 经审核，相关机关单位加盖公章后会电话通知领证或快递寄到服务对象家中。

3. 地方性补充医疗保险

有的城市或地区有地方性补充医疗保险，例如上海的“沪惠保”，是上海城市定制型商业补充医疗保险。2021年“沪惠保”一年的保费为115元，最高保额为230万元。只要是上海基本医保的参保人，都可使用个人医保卡历年余额缴纳保费，为自己和家人增加一份医保目录外自费医疗费用保障。投保不限年龄、不限职业、不限健康状况，无需体检。高龄老人、高危职业、既往症人群均可投保。“沪惠保”的保障内容包括特定住院自费医疗费用保险金、21种特定高额药品费用保险金和质子、重离子医疗保险金。其中，前两项最高保额均为100万元，质子、重离子医疗保险金最高保额为30万元。每年“沪惠保”的保费和保障内容会有所变化，以当年官方发布内容为准。

4. 当地志愿者

大多数街镇有志愿者组织为属地社区居民开展志愿服务，如志愿者陪伴、陪聊、上门慰问等服务形式。家庭社工应掌握当地的志愿者资源，为服务对象家庭链接对其有用的志愿服务资源。

5. 街镇政策性补助

各个街镇可能会有一些地方性救助或补助的政策，为特殊家庭及困境家庭提供经济援助。例如，浦东新区DT镇，对未满65周岁的持有残疾证的城镇户口居民，每季度提供45元车贴；在退休前，若将残疾证挂靠在当地农村合作社，可以领取每月480元的补助。但是，每个街镇的具体政策不同，社工应掌握相关资源，为有需要的服务对象链接资源。

（六）服务案例

重症家庭服务案例

三、困境儿童家庭

面向困境儿童家庭的服务主要是针对因贫困导致儿童生活、就学、就医等困难的家庭，或因儿童肢体缺陷导致康复、照料、护理和社会融入等困难的家庭，以及因家庭监护缺失或监护不当遭受虐待、遗弃、意外伤害、不法侵害等导致儿童人身安全受到威胁或侵害的家庭。该项服务对儿童的年龄界定是0—18岁，因此，0—18岁处于困境的儿童家庭均是家庭社工项目的服务对象。

（一）困境儿童家庭常见需求

困境儿童家庭的常见问题包括：家庭经济困难，父母的知识与教育水平较低，父母忙于生存，在子女教养方面投入的时间和精力较少，家庭的外部支持少，家庭结构不稳定，家庭功能缺失等。从以儿童为中心的服务视角看，困境儿童家庭通常有以下需要：

1. 儿童的安全性需要

困境家庭较多为特殊家庭，如单亲、外来儿媳（外来儿媳嫁到上海拥有上海户口后常有离异现象），有些儿童的家长吸毒或服刑等，这样的不完整家庭中，由于部分家庭角色的缺失和亲职功能不佳，常使儿童缺乏必要的照顾。有些家庭因经济困难，导致儿童缺乏基本生活保障。有的家庭还存在家暴的现象，容易使儿童缺乏安全感，变得自卑懦弱，或者产生如暴力倾向等其他偏差行为。这些儿童需要以个别化服务，以帮助家庭缓解因家庭结构所带来的问题，完善家庭功能，为儿童提供安全、有保障的生活成长环境。

2. 儿童居住环境改善需要

大部分困境家庭的儿童与家庭成员共同居住在简陋、狭小的房间，孩子没有独立的学习空间和隐私空间，不利于孩子成长。因此，需要改善儿童居住环境，使其拥有较舒适、独立、温馨的生活和学习空间。

3. 儿童低学业成就问题

困境儿童家庭的特殊家庭结构可能给儿童带来

低自尊、情绪问题、行为问题、朋辈交往问题等，孩子的成绩普遍在中下档，且缺乏其他兴趣和发展可能性。他们需要调整状态、恢复自信、改变学习习惯，获得更多的学习机会和资源，有些也需要学习能力的提升。

4. 家庭教育指导的需要

困境儿童往往存在家庭教育的不足或缺失，父母较多忽视家庭教育，或采用不合理的教养方式，从而带来不良的亲子关系和冲突性的家庭关系，甚至影响孩子的价值观。因此，困境儿童的家长需要改变不良的教养模式，提升亲职教育能力和水平，改善亲子关系。同时，也可以通过有针对性的社会服务弥补这些孩子的家庭教育缺失。

5. 人际交往与社会参与需要

困境儿童家庭通常极少参与社区各类活动或外出旅行，这些孩子没有机会像其他同学一样参与丰富的课余活动，课余生活单一，大多是在家看电视、上网、打游戏，容易沉迷网络、游戏或结交不良朋辈群体。同时，困境儿童与学校其他朋辈群体缺少相似的生活经历，缺乏共同语言，影响他们与同学之间的正常交往，进而导致其性格内向、缺乏自信，不利其健康成长。

（二）需求评估访谈要点

在了解困境儿童需求时，不仅要关注儿童的身心健康状况和学习情况，还要关注儿童所处的家庭环境情况、生活与经济状况，以及社会支持状况。

1. 家庭情况

（1）家庭结构。包括：家庭有哪些成员、家庭成员的关系状况如何、家庭如何分工、家庭成员沟通和互动情况等。

（2）居住环境。包括：家庭的居住环境如何、居住的总面积多少、几口人共同居住、卫生状况如何等。

（3）学习环境。包括：家里的学习环境如何、是否有独立的房间或学习空间，如单独的书桌、书架。

（4）经济情况。包括：家庭的经济情况如何、家庭的主要经济来源、生活成本、教育开支等情况。如果家庭享有最低生活保障，因何原因享有低保等。

2. 生活情况

（1）谁是儿童的主要照顾者，上下学由谁接送。

（2）日常生活起居如何安排，周末如何安排。

（3）家庭成员有什么兴趣爱好，经常从事的活动有哪些等。

3. 身心健康情况

（1）儿童的身体健康状况如何、有怎样的疾病史、目前是否在接受治疗、该疾病是否影响儿童的日常生活。

（2）儿童的睡眠状况如何。

（3）儿童的个性怎样、行为如何、情绪状态如何、情绪是否稳定等。

4. 兴趣爱好与学习情况

（1）儿童有什么兴趣爱好、对什么感兴趣、花时间比较多的事情或活动是什么。

（2）儿童的学习状况如何、学习时长、擅长与不擅长的科目、学习的效果如何、是否参加补课、在学校的行为表现如何等。

5. 社会交往与社会支持

（1）儿童有哪些好友和玩伴、经常参与哪些活动。

（2）该家庭是否有常来往的亲朋好友、邻里关系如何、能否获得居委和朋辈支持、家庭的社区参与情况如何等。

6. 其他需求

除上述需要重点了解的情况外，每个家庭可能还会有一些其他方面的需求，如家长需要就业协助等，因此，也需要了解其他方面的情况。对每一个正在服务或即将结束服务的家庭，应了解其对后续服务或其他服务的参与意愿，如是否愿意参加小组服务、是否愿意参加社区活动等，如果个案服务即将结束，也应了解服务对象是否需要个案跟进。

（三）访谈注意事项

由于服务对象的年龄多为 0—18 岁，年龄跨度很大，因而，在为困境儿童家庭提供服务时，对不同年龄段的服务对象，家庭社工应根据其特点和实际情况采用适当的服务方式。

1. 服务对象为低龄儿童的沟通指引

（1）刚与儿童接触时，不要直接谈论家庭经济情况和学习情况，特别是面对成绩较差的儿童时，以免引起儿童的抵触情绪。

（2）建议将儿童兴趣作为切入点，询问其兴趣和爱好，比如爱玩什么游戏、爱看什么动画片或小说、喜欢什么运动、有什么特长等。

（3）与低龄儿童交流，可以借助一些道具，如玩具、故事绘本等。

2. 服务对象为青少年的沟通指引

(1) 面对青少年，应以平等、接纳和尊重的态度接触和交流，要注意维护其自尊心。

(2) 宜从了解青少年的喜好和日常生活开始，用他们的常用语交流更容易找到能够深入下去的话题。

(3) 在取得青少年信任之后，应该多运用同理心和倾听的技巧，帮助和引导他们探索内心的需求，增强抗逆力，保持积极乐观的态度。

(四) 服务建议

家庭社工应在综合考虑服务对象年龄、特点和具体需求等因素的基础上，提供适当的服务。表3-3是具体服务方向与内容指引的建议。

表3-3 困境儿童家庭服务方向与服务内容指引

服务方向	服务内容指引
安全保护	保护服务对象，使其处于没有受到威胁，没有危险、危害和损失的环境，如提供临时庇护所
朋辈支持	搭建儿童青少年的社交平台，促进互相交流，建立朋辈支持系统，提升人际交往能力
学业辅导	整合志愿者资源，为有学习困难的儿童、青少年提供学业辅导等支持和帮助，协助其改善学习习惯和环境

（续表）

服务方向	服务内容指引
职业指导	针对面临就业的青少年，开展职业指导活动，商讨职业发展规划，协助探索或确定就业方向和目标
家长教育指导	针对困境儿童及青少年的家长，开展家长教育指导，改善教育理念和方法，如隔代教养、亲职教育等
社会参与	引导困境儿童和青少年参与社区活动和社区服务，回馈社会，如“小义工”活动、“儿童议事会”等
链接医疗资源	提供与疾病相关的医疗信息资源和康复治疗等

（五）服务资源

一些社会资源如儿童、青少年服务机构和网络资源平台可作为困境儿童和青少年服务的辅助资源。

1. 地方性青少年心理健康发展中心

如“浦东青少年健康发展中心”“上海阳光社区青少年事务中心”等服务机构。

2. 地方性心理热线

如“12355”青少年服务台（原名为“12355”上海青少年心理咨询和法律援助热线），微信小程序：“12355 青小柳”。

3. 网络平台

如“哔哩哔哩网站的加油站”，下载 Bilibili 官方 APP，点击头像进入个人界面→更多服务→联系客服，进入客服中心→找到社区互动→点击进入能量加油站，可寻求相关帮助。

（六）服务案例

困境儿童家庭服务案例

四、危机家庭

危机家庭主要指家庭成员的正常生活受到意外危险事件的破坏，如遭遇家庭破裂、创伤性事件、死亡和自然灾害等，家庭无法利用现有资源和惯常应对机制有效处理危机情境，导致家庭成员在认知、情感和行为上出现功能失调的家庭。

（一）危机家庭常见需求

1. 需要协助以度过危机

处于危机之中的家庭容易陷入一种个人身心状

态以及家庭功能失调的混乱状态，在应对困境、度过危机的过程中，由于自身能力受到限制或危机应对能力的不足，他们需要社工等专业人士及时进行危机干预以协助或帮助他们解决问题、摆脱困境、度过危机、恢复正常生活。

2. 需要安全保障

由于危机家庭成员所面临的情况比较危急，存在较高的危险性，有可能会影响服务对象的生命安全、财产安全、住所安全等，因此需要尽快协助其规避和远离危险因素，使家庭成员的安全得到保障。

3. 需要心理援助

处于危机之中的家庭成员常常受到惊吓，甚至是心理创伤，在认知、情感和精神层面受到不同程度的影响，心理上易产生负面情绪和较严重的心理障碍，甚至出现创伤后应激障碍。他们需要专业人士给予心理援助，需要获得支持和鼓励，使负面情绪得到缓解，树立面对危机和困境的信心，使他们有坚持下去和解决危机的信念和希望。

4. 需要家庭功能恢复

危机的发生可能会破坏原本稳定的家庭结构，使原来的家庭角色及家庭分工受到影响，从而导致家庭无法发挥正常的功能，甚至使家庭功能严重受损，继而出现一系列家庭问题。因此，他们需要重新进行家庭分工和制定家庭规则，使家庭能够有效运作并发挥功能。

（二）需求评估访谈要点

1. 了解及评估服务对象的具体情况

（1）服务对象及其家庭发生了什么情况。

（2）危机是何时发生的、是否具有突发性、持续了多长时间。

（3）危机发生的起因是什么。

（4）危机事件的大致经过是怎样的。

（5）家庭现在的情况是怎么样的。

2. 了解服务对象对危机事件的态度

（1）服务对象是怎么看待危机事件的。

（2）其他家庭成员是怎么看待危机事件的。

3. 了解服务对象现在的心理状态

（1）服务对象目前有何感受、情绪状态如何。

（2）应根据实际情况适当提问，如：您现在心情如何、您觉得现在心情好点了吗等。

4. 了解服务对象为解决危机事件曾经做过的努力

（1）根据危机事件发生、发展的时间脉络，了解服务对象如何处理该危机事件、采用什么方式、效果如何。

（2）服务对象以往是否经历过类似事件或危机情景，如果有，当时是如何处置的、效果如何、结果如何。

（三）访谈注意事项

应保持中立、接纳、不批判的态度。危机家庭的成员往往内心更为敏感，也更会关注他人对自己行为或想法的评价，甚至会希望他人赞同自己的行为或看法，所以社工应谨慎地应对，保持中立和接纳的态度，既不要去主观评判服务对象，也不要去刻意地讨好或偏向服务对象，要给予服务对象足够的安全感和倾诉空间。为了能快速地协助服务对象处理危机情境，在访谈初期要尽快地与其建立足够的信任关系。

（四）服务建议

1. 进行风险评估

在对危机家庭进行需求评估的同时，应敏锐地判断该家庭可能存在的风险，而且，不仅要评估服务对象自身的风险，也要评估其对他人和社会可能的潜在风险，根据风险线索，进行相应评估。

（1）评估服务对象自身的风险。

① 自残自杀风险。评估服务对象是否有或可能会有自伤、自残、自杀等高风险的极端行为。服务对象在与社工沟通时或平时流露过类似语言线索，例如，“活着没有意义”“真想结束一切”“这样活着太痛苦”“自己就是负担，不想拖累家人”“这段时间我太麻烦人了”“没有我你会过得好些”等类似的话语。

② 人身安全风险。评估服务对象是否因为危机事件导致身体受到伤害，或可能会使身体受到伤害。自杀的行为线索有：囤积药物，特别是安眠药；写遗嘱或修改遗嘱；突然开始策划葬礼；长期情绪焦灼动荡或抑郁者，突然变得安稳、平和等。

③ 环境风险。评估服务对象所处的环境对其带来或可能会带来的风险。老年人、儿童、患有严重疾病者和残疾人士是照顾和监护缺失的高风险人群。相关线索包括：个人卫生状况极差，褥疮没有得到护理和治疗，水分摄入不足，营养不良，居住条件不安全，住处脏乱不卫生，餐食用具不清洁等。例如家暴家庭，对受到家暴的儿童、妇女或老人而言就存在环境风险。

（2）评估对他人的风险。

① 对家庭的风险。评估服务对象或其家人是否会对家庭其他成员产生风险。例如，服务对象是否有家暴、虐待的行为或倾向，包括冷暴力、性暴力、打砸家具等行为。如果有类似倾向，或许会构成对其他家庭成员的伤害。

② 对周围人的风险。评估服务对象是否会对邻居、同事、同学等周围的人造成人身、心理等伤害的风险。例如，患有狂躁症的人在发病的时候，经常在门口游荡，看到人就破口大骂，这对于周围的邻居会造成较大的困扰。

（3）评估对社会的风险。

① 评估危机家庭是否会对社会造成风险。例如，某男子因家庭问题整日酗酒，醉酒后在公共场所滋事，出现越轨行为造成不良的社会影响，甚至影响公共安全。

② 评估是否有性侵、性虐待的风险。有认知问题、智力障碍或身体行动不便的老年人、儿童、女性等，成为性侵和性虐待的高风险人群。疑似线索包括：胸部或生殖器周围区域有擦伤，生殖器或肛门有异常出血，罹患无法解释原因的性传播疾病或感染等。

2. 服务方向与内容指引

危机家庭服务内容较为多元化，也涉及链接不同的资源，主要的服务方向和内容指引建议详见表3-4。

表 3-4　危机家庭服务方向与服务内容指引

服务方向	服务内容指引
安全需要	引导远离危险环境，链接相关法律资源等。如，受到家暴的妇女或受到身心虐待的孩子，可引导其寻求亲属、社区、学校等的协助，暂时远离会受到暴力的家庭环境；可以链接律师、法律援助站、维权中心等提供法律支持和法律援助
心理援助	心理疏导、心理干预，链接专业心理资源（心理医生、心理咨询师等）。如，为受到家庭暴力的家庭成员提供心理援助，为关系破裂的家庭链接心理咨询师等
家庭结构重建需要	（1）对于家庭成员关系严重破裂的家庭，可以引导他们重温亲情，回忆家庭中温暖的事，缓和矛盾； （2）对于发生严重危机事件，甚至家庭成员有自伤自杀倾向或行为的家庭，需要提供生命教育，植入希望； （3）对于有家庭成员离世而陷入悲痛的家庭，需要提供哀伤辅导； （4）对于部分危机家庭，可链接志愿者（热心邻居、社区知心大嫂）等资源

3. 链接与整合专业资源

有些家庭危机事件牵涉多个方面，危机的处理也需要调动多方资源配合。家庭社工应根据服务对象家庭的实际情况，调动和链接解决危机所需要的资源。

（1）专业心理工作者。危机家庭（如家暴家庭、关系破裂家庭、应激事件家庭等）可以邀请专业的心理工作者进行心理评估、心理咨询、心理疏导和心理干预。

（2）专业法律工作者。危机家庭（如家暴家庭、经济纠纷家庭等）往往需要律师等专业人员提供专业的法律咨询和法律援助。

（3）社会服务机构。对家庭暴力、婚姻和财产纠纷、虐待、斗殴等事件引发家庭危机的干预，常需要庇护站、法律援助中心、妇女维权中心等相关机构的支持。

（4）其他资源。需要时，可以邀请社区民警、社区医生、社区调解专家等专业人员参与到家庭危机事件的干预过程中，进行跨专业团队合作，为服务对象提供多专业整合性服务。

4. 增加服务频次

一般来说，危机事件具有意外性、突发性、破坏性、紧迫性等特点。同时，危机事件有时情况变化迅速，有时难以预估会往什么方向转变。例如，危机事件可能会引发家庭暴力，若不及时介入可能会使危机状况加剧。因此，面对危机家庭，社工对需要干预的危机事件应重点聚焦，适当地增加服务次数，与危机家庭建立良好的信任关系，对服务家庭的信息有及时且深入的了解。适量地增加服务频次有利于缓和现有的危机和预防危机的升级。

（五）服务资源

为危机家庭服务时也需要一些其他专业资源的配合，下列资源可供家庭社工的参考。

1. 各类心理量表

对于危机家庭的服务对象，社工在征求服务对象同意的前提下，可视情况运用相关的心理量表给服务对象进行心理测量。但务必注意，量表的结果需要交给专业的心理工作者进行评估。此外，服务对象在专业心理医生或心理工作者的指导下完成量表更为适宜。

常见的量表有抑郁状态量表、抑郁自评表、焦虑自评量表、自杀风险评估量表等。

2. 心理咨询电话

除了家庭社工为服务对象提供心理援助和情绪支持外，还可以链接专业的心理辅导机构或心理咨询热线等为其提供服务。

（1）上海市心理热线：962525。

（2）青少年心理咨询和法律援助热线电话：12355。微信小程序：“12355 青小聊”。

（3）浦东青少年心理健康发展中心：4008206235，24 小时热线 4008206235。

（4）妇女儿童心理热线：54892515，周一、三、五，16:30—21:00。

3. 庇护救助所

庇护救助所是为困境中的个人（如受到家暴和虐待的妇女、儿童等）提供临时安置和庇护的场所。家庭社工应了解庇护所资源，根据实际情况，为服务对象链接资源。如：

（1）上海市虹口区反家庭暴力庇护救助中心，地址：上海市虹口区水电路奎照路 411 弄小区西北侧约 90 米。

（2）徐汇区反家庭暴力庇护所，地址：上海市闵行区关港路光华绿苑西南侧。

4. 人身安全保护令

人身安全保护令是一种民事强制措施，是人民法院为了保护家庭暴力受害人及其子女和特定亲属的人身安全，确保婚姻案件诉讼程序的正常进行而作出的民事裁定。可详细阅读《中华人民共和国反家庭暴力法》中人身安全保护令的申请实施流程，协助符合条件的服务对象申请。

（六）服务案例

危机家庭服务案例

五、信访家庭

信访家庭主要指家庭中有家庭成员长期采用书信、电子邮件、传真、电话、走访等形式，向各级人民政府、县级以上人民政府工作部门反映情况，提出建议、意见或者投诉请求，并因此影响家庭正常生活的家庭。

（一）长期信访家庭的需求

1. 信访对象的身心需求

（1）需要医疗信息。有一些信访者身患重大疾病，因病致贫，他们需要医疗资源，社工可以链接一些有效的社区医疗救助资源供其参考。

（2）需要心理辅导。不少长期上访家庭存在特定的、不同程度的认知与情绪问题，如偏执、怀疑、依赖、焦虑等，容易导致极端的态度和行为，需要情绪疏导、认知调节和行为改变。

（3）需要缓解负面情绪，避免过激行为的发生。长期信访的服务对象在面对信访诉求敏感问题时，容易出现偏激冲动、过度敏感、情绪不稳定和情绪反应强烈等情况，甚至做出冲动性、非理性的举动。负面情绪的不断积累易导致发生极端性信访事件。因此，信访服务对象需要情绪抒泄、情绪支持和陪伴服务，以减少他们对信访诉求的敏感度和过激行为，他们也需要学习如何更好地舒缓和控制自己负面情绪的方法。

2. 改善或恢复家庭功能的需求

很多信访者都身处“风险家庭”，长期的信访活动使他们的家庭正常生活受到较严重的影响，出现如家庭关系紧张甚至破裂、丧失家庭成员、失业、贫困，以及失去正常的社会交往等情况。因此，家庭关系需要修复，家庭动力需要调整，正常的家庭功能需要重建。长期信访者需要获得其他家庭成员的支持与关怀，需要使内在的情感需求得到满足，也需要重塑生活信念和信心，以及恢复正常的家庭生活和社会交往。

3. 回归正常社会生活和重建社会支持系统的需求

（1）需要恢复正常社会生活。社区是个体和家庭获得社会资源、参与社会生活的重要场域。很多信访者由于长期的上访行为而被标签化，社区居民认为他们的上访行为影响了社区稳定，因此避而远之，使长期上访者被边缘化和“孤立”。这种社会隔离反而加剧了信访者的对抗情绪，增强了他们对信访行为的依赖，阻碍了其回归社会。长期上访者需要恢复或建立正常的生活，恢复正常的社会交往以及参加社区活动的机会。

（2）需要社区相关资讯。在恢复正常的家庭和社会生活的过程中，长期信访的服务对象可能需要社会最新资讯，如社区举办各类活动、讲座等信息，也可能需要政策或法律等相关信息。

（3）需要协助沟通并探讨化解方案。服务对象需要得到协助，能与各个利益相关方、责任单位以及政府相关部门沟通和协调，探讨合理的化解方案。

（二）需求评估访谈要点

1. 了解核心诉求及目前急需解决的问题

了解服务对象的核心诉求是什么，诉求有怎样的演变过程，目前急需解决的问题是什么。

2. 了解信访事件

了解服务对象的整个信访历程，如是从什么时候开始信访的，平时间隔多久上访一次或者至今共上访了几次，信访一般和谁一起去，信访的主要内容是什么，期待解决的问题是什么，通过什么方式信访，去哪里信访，信访目标是否已达到或效果如何。

3. 信访的方式和获得的反馈

了解服务对象分别去了哪些部门信访，信访的方式是什么，是否合规合法，每次信访都获得了什么反馈，没有被受理或回应的原因是什么，自己怎么看待自己的信访行为，是否接受目前的状态。

4. 信访对服务对象生活的影响

(1) 个人层面。是否影响上班就业，是否打乱了平时生活作息，对健康是否有危害，是否承受了巨大的精神压力。

(2) 家庭层面。家庭成员对于信访持什么态度，是支持、中立还是反对，是否因为信访影响了家庭的功能，是否影响与家庭成员的关系，是否给家庭带来了经济压力，自己的信访行为是否对家庭成员的工作、事业造成了负面作用。

(3) 社会层面。服务对象有没有脱离社会，是否感觉到孤独、难以融入社会，社会关系变得如何，亲戚、邻里、居委是否知道自己信访而与自己保持距离或特别看待。

（三）访谈注意事项

1. 保持中立、接纳态度

社工应保持中立的态度，既不反对排斥，也不鼓励支持。只需倾听服务对象反馈的事件，表示对服务对象的理解与接受。在访谈过程中不能因服务对象在信访而对其产生偏见，应充分尊重服务对象的想法，满足服务对象的需求，全心全意为服务对象提供理想的服务，接纳其行为。

2. 注意言辞，谨慎，不承诺

在交谈过程中，服务对象可能会录音，所以社工应尽量多倾听、少说话，说话需谨慎，不要正面回应服务对象非理性的需求，更不要对服务对象作出承诺，以免陷入不必要的尴尬或伦理难题之中。

3. 保持适当的距离

与服务对象应保持适当的距离，既不要刻意疏远对方，让对方觉得受到差别对待，也不要让对方感觉到社工过于热心，以免让对方误认为社工支持和鼓励其信访行为。

4. 评估信访方式是否安全，如不安全及时劝阻及上报

当服务对象告知社工即将再次信访时，社工应了解服务对象采取的信访方式是否合规、合法及安全。如不安全，社工应及时劝阻并第一时间向有关部门上报。

（四）服务建议

首先应与服务对象建立专业的工作关系，在深入了解信访服务对象诉求和案情的基础上，进行情绪疏导，对其不合理认知和过激行为进行辨识，对其非理性诉求进行政策解读及法律解释等。表 3-5 中的服务方向和内容指引可供参考。

表 3-5　信访家庭服务方向与服务内容指引

服务方向	服务内容指引
情绪和心理调适	及时觉察服务对象在信访过程中出现的不良情绪，及时给予安抚，引导其合理宣泄，使其逐步恢复情绪稳定
心理辅导	（1）识别及判断服务对象的心理偏差及严重程度，为存在一般或严重心理困扰，但尚未达到精神障碍的服务对象提供心理辅导 （2）为疑似或存在精神障碍的服务对象链接专业心理咨询机构或专业医疗机构，进行诊断和系统干预

（续表）

服务方向	服务内容指引
信访协调	（1）沟通协调。根据服务对象的诉求，联系相关部门和单位，做好现场政策解释和沟通协调工作，促进信访矛盾的化解 （2）转介与跟进。根据信访诉求，澄清服务目标，厘清服务对象需办理的事项，与相关部门和单位沟通并协助处理；根据信访相关规定，与相关部门和单位沟通联系，了解办理进度及答复情况，回访服务对象，评价信访成效 （3）资源链接。识别服务对象情况和诉求，与相关部门、单位及社会组织进行资源链接；协助有需要的服务对象申请经济或法律援助
宣传倡导	（1）宣传教育。在基层街道、社区、企事业单位开展相关法规等宣传教育活动；协助基层信访工作人员开展培训讲座，改善服务对象信访环境；加强宣传，引导服务对象通过合法渠道提出信访事项；引导公众对信访人作出客观、公正的社会评价 （2）政策倡导。结合信访工作的开展，针对信访工作相关的条例、规定、工作机制和流程，提出合理的意见和建议，有序优化信访系统工作

资料来源：深圳市市场监督管理局：《信访社会工作服务指南》，2021 年 12 月 22 日发布，第 2 页。

（五）服务资源

信访家庭除了希望通过信访的途径维护自己的权益之外，也有不同的需求，社工可以根据服务对象的需求链接相关资源，如心理咨询、医疗健康等资源。

（六）服务案例

信访家庭服务案例

六、残疾家庭

残疾家庭主要指家庭中有家庭成员因身体残损或残疾程度严重，身心功能存在严重障碍，个人生活不能自理，并影响其参加社会生活和工作的家庭。

（一）残疾家庭的需求

1. 康复资源的需求

残疾人士需要获得相关的辅导、援助等医疗资源。例如，部分残疾人士需较长期的治疗或康复训练，因此，需要就医协助或康复相关的医疗资源，特别是对他们而言比较便利的社区医疗和康复资源。还有部分残疾人士需要如轮椅、助行器等相关的辅助器械。

2. 心理需求

（1）需要情绪支持与学习情绪处理方法。残疾人士可能会存在孤独感、自卑感，过度敏感，情绪反应强烈且不稳定，富有同情心等。其家庭成员也可能面临社区中亲友、邻居等基于传统观念的流言蜚语，精神压力较大，导致负面情绪。残疾人士及其家人需要情绪支持及陪伴服务，以减轻其精神压力以及对生活的绝望感和无力感。与此同时，他们也需要学习如何更好地疏解自己的负面情绪，学习处理和掌控自己情绪的方法。

（2）需要专业的心理咨询。部分残疾人士出现心理症状，特别是近期因意外或疾病致残的服务对象，他们需要专业的心理评估、辅导或治疗服务。

（3）需要恢复自信和自尊。残疾人士可能由于受到他人的嘲笑、异样的眼光，或无法实现自己的人生目标等因素的影响，从而出现质疑自我价值、失去生存信心、低自尊等现象。因此，他们需要增进自我认识，重拾自信和自尊，重建自我价值。

3. 恢复社会交往和重建社会支持系统的需求

（1）需要来自家庭的照顾和支持。残疾人士需要其他的家庭成员给予生理、心理等各方面照顾、关心与支持，需要家庭成员给予生活协助、照顾、理解和鼓励，并帮助其重建新的生活。

（2）需要恢复社会交往，获得社区及社会支持。

部分残疾人士可能由于残疾、失学、失业等原因而自我封闭，并影响到其与家人和朋友之间的关系，出现社会交往减退、社会撤离，甚至脱离社会和社会隔离倾向。因此，他们需要重新走出家庭，恢复人际交往，改善与家人、朋友的关系，重新融入社会。

（3）需要获得资讯。残疾人士需要各类社区活动、就业、就医等相关信息，社工需要为他们链接资源，畅通各类咨询的渠道。

（二）需求评估访谈要点

根据残疾人残疾分类和分级的国家标准，了解残疾人士的残疾种类和程度，以及基本情况。

1. 精神类残疾

（1）了解专业的医学诊断。了解专业的医学检查情况和病史，如常规检查、量表检查的结果。

（2）了解精神残疾证和等级的情况。精神残疾分为以下四个等级：精神残疾一级，生理、心理上完全不能自理，无法与人正常交流、无法工作；精神残疾二级，基本上不能与人交流；精神残疾三级，偶尔能与人交流，但需要依靠环境的支持；精神残疾四级，生活上一般能自理，但比正常人差。

（3）了解残疾人士是否已经得到了相关的残疾

补贴，以及具体的数额、发放部门等。

（4）了解残疾人士的法定监护人是谁，与残疾人士的关系，是否正常履行监护责任。

（5）了解残疾人士是否知晓残疾人士的相关法律、政策，特别是关于残疾人士的相关社会保障、福利等。

（6）了解残疾人士是否知晓其所在街镇的主管部门，在有帮助和需求时是否知晓如何寻求帮助。

2. 肢体类、听说类、视力类残疾

了解服务对象具体的伤残等级。伤残等级评定标准分为以下十级：

一级伤残。日常生活完全不能自理，全靠别人帮助或采用专门设施，否则生命无法维持；意识消失；各种活动均受到限制而卧床；完全丧失劳动能力。

二级伤残。日常生活需要随时有人帮助；各种活动受限，仅限于床上或椅子上的活动；不能工作；社会交往极度困难。

三级伤残。不能完全独立生活，需经常有人监护；各种活动受限，仅限于室内的活动；明显职业受限；社会交往困难。

四级伤残。日常生活能力严重受限，或需要帮助；各种活动受限，仅限于居住范围内的活动；职

业种类受限；社会交往严重受限。

五级伤残。日常生活能力部分受限，偶尔需要监护；各种活动受限，仅限于就近的活动；需要明显减轻工作；社会交往贫乏。

六级伤残。日常生活能力部分受限，但能部分代偿，条件性需要帮助；各种活动降低；不能胜任原工作；社会交往面狭窄。

七级伤残。日常生活有关的活动能力严重受限；短暂活动不受限，长时间活动受限；工作时间需要明显缩短；社会交往能力降低。

八级伤残。日常生活有关的活动能力部分受限；远距离流动受限；断续工作；社会交往受约束。

九级伤残。日常活动能力大部分受限；工作和学习能力下降；社会交往能力大部分受限。

十级伤残。日常活动能力部分受限；工作和学习能力有所下降；社会交往能力部分受限。

3. 智力与认知残疾

（1）了解服务对象智力的残疾等级。

智力残疾分为以下四个等级：

一级智力残疾（极重度）。IQ 值在 20 或 25 以下。适应行为极差，面容明显呆滞；终身生活需全部由他人照料；运动感觉功能极差，如通过训练，只在下肢、手及颌的运动方面有所反应。

二级智力残疾（重度）。IQ 值在 20—35 或 25—40 之间。适应行为差；生活能力即使经过训练也很难达到自理，仍需要他人照料；运动、语言发育差，与人交往能力也差。

三级智力残疾（中度）。IQ 值在 30—50 或 40—55 之间，适应行为不完全；实用技能不完全，如生活能部分自理，能做简单的家务劳动；具有初步的卫生和安全常识，但阅读和计算能力很差；对周围环境辨别能力差，能以简单方式与人交往。

四级智力残疾（轻度）。IQ 值在 50—70 或 55—75 之间。适应行为低于一般人的水平；具有相当的实用技能，如能自理生活，能承担一般的家务劳动或工作，但缺乏技巧和创造性；一般在指导下能适应社会；经过特别教育，可以获得一定的阅读和计算能力；对周围环境有较好的辨别能力，能比较恰当地与人交往。

（2）了解服务对象的致残原因，残疾情况存在的时间、病史以及经历。

智力残疾的原因有先天原因和后天原因。

① 先天原因包括遗传（如染色体异常和畸变、先天性代谢异常），以及发育障碍（如胎儿和新生儿窒息、早产、低体重和过期产、发育畸形、营养不良）。

② 后天原因较多，包括疾病（如感染性脑疾

病、脑血管病、物质代谢、营养疾患、内分泌障碍、惊厥性疾病、精神病)，创伤或意外伤害（如母孕期外伤及物理伤害、产伤、工伤、交通事故、其他外伤)，中毒与过敏反应，不良文化因素（如文化剥夺、教养不当、感觉器官剥夺)。

(3) 了解服务对象的药物治疗情况。

了解服务对象正在使用什么药物进行治疗，是否定期按时服药。

(4) 了解服务对象目前的主要症状表现。

了解服务对象近期是否有攻击性、自虐行为、幻听幻想等症状。

(5) 了解服务对象日常生活等基本情况。

如家庭相处模式、家庭经济情况、家庭居住环境、主要照顾者及社会支持系统等情况。

(三) 访谈注意事项

1. 提前掌握服务对象情况，选择适合的沟通方式，做好准备工作

残疾人士是一个比较特殊的服务对象群体，他们有各种功能局限，如听力功能、视力功能、语言功能、肢体与智力功能障碍或功能丧失。这些功能障碍可能会影响沟通的质量，因此，社工应提前了解服务对象的情况，做好充分的准备，选择合适且

有效的方式与服务对象沟通。

2. 社工应选择安全的会面环境，注意人身安全

有一些患有精神障碍的服务对象，可能会出现暴力行为，社工与其接触时，应做好适当的安排，以预防人身安全受到伤害。具体建议如下：

（1）提前预估面谈的风险程度。在初次会面前，建议社工提前了解服务对象精神方面的相关信息，了解其是否有暴力倾向、是否曾经有过暴力行为。

（2）选择公共场所进行面谈。如果初次会面前尚不能掌握相关情况，建议尽量将会面地点安排在社区服务中心、居委会的谈心室等公共服务场所。但是，见面场所应符合安静、不被打扰和私密性等条件。为了保护服务对象隐私，建议提前预定并确认场所是否适合会面。

（3）避免与服务对象单独面谈。建议社工在居委会工作人员或服务对象家属陪同下与服务对象面谈，一方面可以了解更多服务对象的情况，另外一方面也可以避免社工单独与其相处。如果服务对象不便外出见面，家庭社工应前往服务对象家中进行需求评估。此时，建议尽量不要一个人前往，尽可能在居委会工作人员或其他社工的陪同下前往，尽量在服务对象家属在场的情况下进行家访。

（4）避免刺激服务对象。有的精神障碍患者曾经受到过伤害或有不好的经历，他们对某些词汇或动作特别敏感，容易受到刺激而失控并做出极端行为。社工应注意避免使用这些敏感的词汇和动作，以防止发生意外情况而产生不良后果。

（四）服务建议

残疾家庭需求通常是多方面的，需要整合多方面的资源为他们提供服务。在协助残疾服务对象及其家庭解决问题和困难时，不仅需要运用个案管理和个案服务方法，也可运用小组工作、社区工作和政策倡导等方法。残疾家庭的社工服务建议详见表3-6。

表3-6　残疾家庭服务方向与服务内容指引

服务方向	服务内容指引
链接各类资源	（1）链接各类服务资源。如家庭照顾、医疗康复、经济、教育、就业等资源，协调和管理各种服务资源，使各项服务有序地为残疾家庭服务 （2）协助残疾人士申请和获得其所需要的特殊用具或设施，协助安排设施的安装或改造等 （3）可根据残疾人士及其家人需求或实际情况，为其推荐链接面向残疾人士的官方政策、公益性、医疗康复、心理科普等方面的公众号或其他网络和新媒体资源 （4）倡导社会为残疾人士建设无障碍环境，促进残疾人友好社区建设，促进物质环境无障碍、信息和交流无障碍

（续表）

服务方向	服务内容指引
社区康复服务	（1）协助康复医护人员，观察了解残疾人士在诊治、康复和重建过程中的功能障碍和功能恢复情况 （2）协助残疾人士及其家属了解与其康复有关的经济情况和社会资源，促使残疾人士及其家属善用康复资源与设施 （3）启发残疾人士及其家属振作精神，发挥自我潜能，促进其积极、主动地进行康复治疗和训练 （4）开发和运用社会各种资源，开展社区康复工作训练计划，指导社区康复工作，以充分满足残疾人及其家属的需要
心理疏导服务	（1）心理支持与情绪疏导。以真诚、尊重、接纳的态度倾听其心声，引导其将不幸遭遇、内心痛苦和负面情绪得以抒发，运用同理心表达等技术，给予恰当的、支持性的回应，使服务对象感受到关怀和温暖 （2）风险评估与危机干预。对于近期因突发事件而致残的服务对象，需进行心理评估和风险评估，一方面要预防服务对象因无法接受现实而心理崩溃，导致危机事件发生；另一方面，如果有需要，应及时提供危机干预 （3）输入希望，重建生活信心。正向引导服务对象直面现实生活，让他们看到自己的能力和优势，引导他们正向发展，使他们看到希望，重燃对生活和未来的信心，制定未来的发展方向与目标
家庭支持服务	（1）为残疾人士家庭成员提供心理支持。残疾人士家庭成员可能会面临来自照顾亲人、生活、观念等各方面的压力，导致负面的情绪，从而需要心理情绪支持服务，以减轻其精神压力以及对生活的无望感和无力感。要帮助他们学习如何更好地抒发自己的负面情绪，学习掌控自己情绪的方法

（续表）

服务方向	服务内容指引
家庭支持服务	（2）改善家庭关系，提升家庭功能。为有需要的家庭改善家庭关系，协助解决家庭矛盾和冲突，减少不良互动，促进家庭关系的和谐以及家庭功能的正常发挥 （3）为家庭照顾者提供支持性服务，如喘息服务、陪护服务等。可以开展家庭照顾技能培训，提升家庭照顾者的照顾能力
融入社会服务	（1）鼓励并协助残疾服务对象及其家人参与社区活动，与社区居民交流互动，增进了解和相互帮助 （2）鼓励服务对象参加生活技能及职业技能训练，提升他们的生活能力和自信心。为能够就业的服务对象链接就业资源，鼓励其再就业 （3）为残疾家庭拓展社会支持网络，使他们能在家门口得到社区的支持和帮助
维护合法权益	（1）政策咨询。社工需掌握有关政策，为遇到如意外伤害赔偿、劳动就业、求学等问题的残疾人提供政策咨询 （2）法律援助。为有需要的服务对象提供相关资源，使他们获得法律援助 （3）普法宣传。在社区进行《残疾人保障法》的宣传，促进《残疾人保障法》的贯彻
开展小组服务	（1）面向残疾人士自身小组的常用主题 ① 以个人生活经历/经验分享、互助与支持、健康知识交流等为主题 ② 以学习自我照顾与自我保护技能、学习自我心理调适等为主题 ③ 以提升抗逆力、自信心等为主题 （2）面向残疾人士照顾者/家属小组的常用主题。 ① 以情绪支持、照顾经验交流等为主题 ② 以疾病知识学习、照顾技能学习等为主题 ③ 以情绪疏导、心理关爱、应对能力和抗逆力提升等为主题

（续表）

服务方向	服务内容指引
开展社区活动	（1）社会支持类。例如，残疾人职场体验活动、残疾人社区招聘会等 （2）人际交往类。例如，残疾人士人际交往拓展活动、残疾人文娱活动等 （3）技能培训类。例如，残疾人士手工技能培训活动、残疾人职业技能培训会等

（五）服务资源

1. 上海市残疾人法律援助中心

上海市残疾人法律援助中心是为维护残疾人合法权益，无偿为残疾人提供法律法规咨询，为本市困难或情况特殊的残疾人提供法律服务和援助。残疾人法律援助中心根据残疾人来访请求法律援助，涉及最多的是劳动纠纷、交通事故、医疗纠纷、房产纠纷、婚姻家庭等五大类侵权问题。

接待时间：每周一、三、五 13：00—15：00

地址：上海市虹口区四平路 419 号

联系电话：63211941

2. 上海市残疾人就业服务中心

上海市残疾人就业服务中心是贯彻执行国家和本市的残疾人就业、培训和保障法律、法规、政策，承担本市残疾人劳动就业、职业培训、社会保障、残疾人就业保障金征收、盲人按摩、“阳光之家”等工作的管理和服务职能，组织开展各类残疾人就业服务项目，为各区残疾人就业服务机构提供相关业务指导。

地址：上海市静安区洛川东路201号

邮编：200072

总机：021-22817155

3. 上海市残疾人康复职业培训中心

上海市残疾人康复职业培训中心综合运用神经发育学疗法、姿势分析与矫正、精神运动疗法等先进的康复技术，为各类有功能障碍的人群提供康复服务，服务内容有脑瘫康复、青少年特发性脊柱侧弯的综合康复、盲童康复训练、听障儿童康复训练等。

地址：上海市浦东新区临沂北路265号

电话：58733212

邮箱：kangfzx@163.com

4. “上海一网通办”上海市残疾人联合会

在“上海一网通办”上海市残疾人联合会（网址：https://zwdt.sh.gov.cn/govPortals/municipalDepartments/SHCJSH）主页下，可以办理残疾人就业创业、社会保障、医疗卫生、司法公证等方面的服务申请，服务内容有就业困难残疾人职业康复援助服务、残疾人机动轮椅车燃油补贴、精神残疾人日间照料及康复服务申请、8—16周岁贫困重度残疾少年儿童机构养护服务申请、无障碍电影放映点信息查询等。

5. 各类残疾人群团组织

除了有市、区级残疾人联合会之外，还有各类残疾人群团组织能对特定人群提供有针对性的政策资源和服务资源，如上海市盲人协会、上海聋人协会、上海肢残人协会、上海市精残亲友协会、上海市智残亲友协会等。

（六）服务案例

残疾家庭服务案例

第四章

项 目 管 理

本章将以乐群为例介绍如何管理家庭社会工作项目，主要从项目的服务团队管理和项目的管理制度两个方面，介绍服务团队的岗位设置及岗位职责，项目管理的相关制度，如台账管理、沟通、评估、宣传等管理制度。

一、项目团队管理

乐群为家庭社会工作项目组建了项目服务与管理团队，还配备专业督导、心理咨询师、律师、医生等专业团队及顾问提供技术支持，以保障项目的专业性和服务品质。

（一）项目团队与岗位

乐群的家庭社会工作项目团队由家庭社会工作项目负责人、项目督导、区域主管、家庭社工组成。根据浦东新区妇联的要求，每个街镇设置一个家庭社工岗位，每5—6个街镇为一个区域，每个区域设置一名区域主管。家庭社会工作项目负责人统筹和管理整个家庭社会工作项目的运营，区域主管则管理本区域的家庭社会工作项目工作，每个家庭社工负责在本街镇提供服务，项目督导对所有家庭社会工作区域主管及家庭社工开展专业督导。管理团队架构如图 4-1 所示。

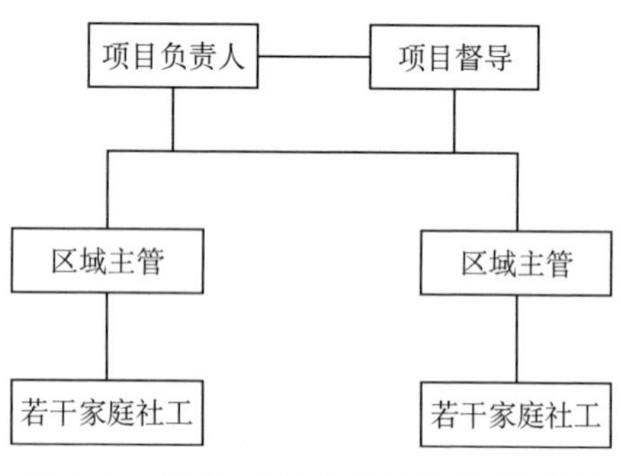

图 4-1 家庭社会工作项目管理团队架构

（二）岗位职责

如图 4-1 所示，乐群为家庭社会工作项目设置了四类项目岗位，分别是项目负责人、项目督导、区域主管和家庭社工，每一类岗位均有具体的岗位职责。

1. 项目负责人职责

（1）确定项目方案。每年在与浦东新区妇联和街镇妇联沟通项目情况的基础上，与项目团队一起确定各街镇服务方案。

(2) 监控项目进度。督导、审批和监管项目的每项活动计划、实施、总结及报销，确保服务按照项目书要求进行。

(3) 项目团队管理。做好各街镇家庭社工的人员安排，统筹协调项目督导与区域主管的配备，确保在人力充足的情况下开展服务。

(4) 与合作方沟通。与浦东新区妇联和街镇妇联保持日常沟通，每半年一次向新区妇联汇报工作情况，做到工作任务上传下达。

(5) 与项目督导沟通培训内容。定期与项目督导沟通，协商确定项目培训例会的内容和计划，以保证服务的专业性。

2. 项目督导职责

(1) 对专业服务的督导。

① 督导重点个案。对每名家庭社工，一年需督导 5 个重点个案，跟进督导社工开展服务的全过程，从挖掘个案、分析需求、制定服务目标及策略、开展个案辅导，到个案的评估与结案。

② 督导社区活动。指导家庭社工策划和开展社区活动，需要时亲临活动现场，进行现场督导，并帮助社工总结服务经验。

③ 督导增能培训。指导家庭社工在与街镇妇联沟通的基础上，确定每年的培训主题和内容。每年指导家庭社工完成 2 场妇女工作者增能培训。

④ 指导家庭社工培育自治团队。根据各街镇的具体情况和需求，指导家庭社工制定自治团队的培育计划，开展各项团队活动，督导家庭社工完成每年培育 1 支自治团队的任务。

（2）行政性督导。

① 对服务记录的审阅批复。项目督导需登录浦东家庭社会工作信息系统，审阅家庭社工的工作日志或周志，并及时批复家庭社工的服务记录。乐群规定，项目督导对每一位家庭社工的服务记录批复频率为至少每周一次。

② 指导自我评估。项目督导需对每一位家庭社工进行每半年一次的一体化检测评估，要跟进并指导家庭社工进行项目的自我评估。项目督导需指导家庭社工做好评估相关资料的准备，将自我评估的结果以 PPT 的形式展示，并指导家庭社工进行模拟汇报。

（3）指导家庭社工提升专业能力。

① 开展专业培训。根据家庭社工的专业水平和培训需求，制定年度培训方案并开展专题培训，以提升社工的专业能力。

② 召开个案研讨会。定期组织家庭社工召开个

案研讨会，对典型个案和疑难个案进行剖析和讨论，给予家庭社工专业指导。

③ 指导撰写成功案例。项目督导在指导家庭社工开展个案服务的基础上，指导家庭社工每年完成5个成功案例的撰写。

（4）协助街镇妇联沟通。

① 与各街镇妇联主席保持紧密联系与沟通，不定期进行探访和交流，了解妇联主席对本项目的想法、目标和要求，协助家庭社会工作项目负责人制定每年的街镇服务总计划。

② 跟进各街镇特色项目及“家中心”项目的开展，了解并指导具体相关活动。

③ 信息回馈。项目督导在与街镇妇联日常交流过程中，若了解到对方与乐群有其他合作意向，除了应向乐群区域主管回馈相关信息外，还应将合作意向转达给家庭社会工作项目负责人，并协助项目负责人跟进，努力促成新的合作项目。

3. 区域主管职责

（1）管理项目的执行进度。

项目进度的月度管理。根据项目的任务指标要求，对项目执行进度监督和管理，每月对各街镇社工的服务数据进行统计并公布，及时督促执行进度落后街镇的家庭社工。

(2) 定期查阅项目信息系统。每月登录浦东妇联家庭社会工作系统，不定期地抽查家庭社工上传资料和督导对服务记录的批复情况，及时发现问题、解决问题。对上传资料不及时的情况，应提醒社工。对督导未及时给予批复的情况，应及时提醒督导审阅并批复社工的工作记录。

(3) 心理支持与情绪疏导。如有家庭社工出现负面情绪，应及时处理，给予心理支持和情绪疏导，帮助家庭社工恢复平稳、积极的工作状态。如果区域主管的安抚和疏导未取得效果，社工还无法调整好状态，应及时向项目督导汇报，由督导协助一起处理。

(4) 相关叠加项目的跟进。区域主管应跟进各街镇特色项目及“家中心”等项目的开展，区域主管也需指导家庭社工完成各项具体任务，如“家中心”项目、议事会项目、培训项目等。如果服务量较大，需要其他社工的支援，区域主管应向项目负责人提出，由项目组统一调配合适的工作人员支持。

4. 家庭社工职责

(1) 有效回应家庭需求。家庭社工应以个案管理员的角色，为有多种需求的个案家庭提供综合性服务，从需求评估、寻求资源、安排转介、督导服务到追踪评估等，为个案家庭提供支持性、补充性服务，并注重为个案家庭赋权增能，以协助其建立或恢复正常和完整的家庭功能。协助家庭了解需求、分析处境及认识问题，探讨解决问题的办法，选择恰当的方式，并发展有效处理问题的能力，让家庭社工的服务对象有能力与家庭社工一起为解决问题而努力。

（2）有效整合社区资源。家庭社工根据家庭需要链接政策、社区及社会资源，并协助家庭运用相关资源。如为困境家庭链接相关救助福利资源；运用社区志愿者为有需要的家庭提供儿童辅导、陪伴、课后照顾等服务，或为家庭照顾者提供喘息服务等；链接企业、基金会等资源为家庭改善困境等。家庭社工视个别家庭的需求，可以提供所需的转介服务，如针对有成员患精神疾病、吸毒、酗酒的家庭，转介相关医疗及戒治资源；针对需要就业辅导的家庭，转介就业服务相关单位，提供职业训练及就业辅导资源。

（3）有效推进项目工作。家庭社工根据项目目标和任务，与街镇妇联保持密切沟通，做好每月工作计划和总结，按计划开展项目服务。配合项目评估工作，做好相应的服务记录及汇报工作。每月参加管理会议，将工作进度汇报给项目负责人。每月接受项目督导一对一的指导和机构培训，提升专业理念和服务技巧。

二、项目制度化管理

乐群通过建立项目管理制度，使家庭社会工作项目在执行过程中服务标准化和规范化，从而保障服务的专业品质。家庭社会工作项目的管理制度包括文档管理制度、项目监测与报告制度、督导制度、沟通制度、评估制度以及公共关系和宣传制度。

（一）文档管理制度

家庭社会工作项目对文档的管理，沿用乐群的台账管理制度，要求项目的所有资料档案均达到保密性和完整性规定。

1. 档案资料的保密性要求

按照机构档案管理规范和要求进行档案管理，由专人负责、统一收集、整理家庭社会工作项目的所有服务对象资料、服务记录等文字档案。档案中凡涉及服务对象资料、志愿者信息资料或项目相关信息的资料，只限于在本项目的范围内部使用。

2. 档案资料的完整性要求

项目进展过程中形成的具有保存价值的资料，包括项目计划书、报表、总结、专项活动文字记录、影（声）像资料以及其他文书档案，均属资料收集、保管和整理归档范围。项目负责人要指定专人负责及时收集，初步进行整理，定期或不定期进行清理，确保档案资料齐全、完整、系统，便于利用。项目所涉及的资料及相关规定如下：

（1）项目举办的各类活动与服务资料，包括但不限于影（声）像、文字、照片、服务记录等形式。

（2）对项目的意见与问题等反馈，要做书面记录，及时报告并通知相关人员。

（3）相关机构与该项目合作来往的相关材料应完整保存。

（4）采购的相关物品及礼物等，均做好入库签收手续、领用签收单等工作。

（5）项目中走访、个案、小组、社区、培训类所有服务记录，应在每月底上传至浦东家庭社会工作信息系统中。

（6）凡涉及项目财务报销，需要上传至机构 OA 系统，走审批流程。

（7）项目周期内所有材料在项目结束前归档完毕。

（二）项目监测与报告制度

乐群制定了家庭社会工作的项目管理、自我监测和报告制度，通过项目管理会议对项目进展进行自检自查，在此基础上形成项目工作完成情况总结报告，并对下个月的工作做出具体计划。

1. 项目管理会议制度

家庭社工在项目执行过程中，根据档案管理要求做好文档和数据记录，并及时将相关文档和数据提交 OA 系统。

每月由项目负责人召开项目管理会议，对当月项目执行情况进行自检自查，从而总结当月的项目进展情况，并根据当月的项目执行情况，对下个月的项目工作做出计划安排。

2. 项目执行情况汇报制度

乐群的家庭社工在每月的月底向街镇妇联主席汇报本月项目完成情况和下月工作计划，听取街镇妇联的意见与建议。

3. 及时提交资料与接受检查

在项目执行过程中，随时接受项目购买方和项目评估方对项目实施情况的检查。项目结束后，应及时向项目购买方提供台账、项目决算表、项目总结报告等相关数据资料。

（三）项目沟通制度

为了能保障信息沟通的及时性和准确性，乐群与项目购买方（浦东新区妇联）以及项目合作方各街镇妇联建立了常态化的工作沟通机制，听取各合作方的意见与建议，不断完善服务品质，为服务对象提供持续和有效的服务。

1. 与浦东新区妇联沟通

乐群的家庭社会工作区域主管每6个月向项目购买方（浦东新区妇联）以面对面的形式汇报家庭社会工作项目的实施情况，听取区妇联对项目执行的意见与建议。

2. 与街镇妇联及基层合作方沟通

家庭社工每月至少一次主动与街镇妇联、妇代干部、居委干部等合作方沟通，向街镇妇联提交每月工作总结和下月工作计划表。街镇妇联可通过浦东家庭社会工作服务系统，了解家庭社工的服务情况，并给予建议和意见。

项目负责人和区域主管至少每半年一次与街镇妇联进行沟通汇报，及时听取合作方的意见与建议，调整服务计划和进度。

（四）项目督导制度

乐群家庭社会工作项目为每一位家庭社工配备一名乐群机构的内部督导，这支内部督导团队由乐群的总监、督导和专业能力较强的资深社工组成，共11人。督导团队负责家庭社工的专业督导，以个别督导、集体督导和培训等形式开展工作。

1. 个别督导

督导每月对每个街镇的家庭社工进行一对一的个别督导，督导的内容与形式根据家庭社工的实际需求，并遵循乐群的督导管理制度。督导发挥行政性、教育性和支持性督导功能，为家庭社工提供专业支持。

2. 集体督导

按照家庭社会工作项目督导制度的要求，每月开展一次以小组为单位的集体督导，帮助社工提升专业能力和实务技巧。集体督导采取多种形式进行。

（1）开设个案系列实务课程。课程内容包括案例分享、技巧演练、专业知识总结等，通过实操的方式让家庭社工更好地掌握个案技巧。

（2）开展个案研讨会。针对不同类型的案例，进行探讨和梳理，通过个案研讨会，帮助社工共同梳理个案思路，包括个案基本情况、个案的评估需求分析、个案目标设置、个案计划以及开展过程，特别是当前个案服务中遇到的困惑、处理的方式、所需的资源，以及在这个个案中社工的成长和思考等内容。

3. 专题培训

督导还以专题培训的形式进行督导工作。督导在了解家庭社工日常工作中遇到的困难和培训需求的基础上，结合家庭社会工作项目的工作要求，以及当下时事热点，制定年度培训计划，整合相关资源，对家庭社工进行有针对性的专题培训。

（五）项目内部评估制度

乐群为家庭社会工作项目制定了内部评估制度，对项目方案设计、项目中期和终期不同阶段所需要完成的评估工作做出了具体规定。

1. 服务方案评估

乐群的项目内部评估制度规定，当家庭社工在需求评估的基础上拟订服务方案后，项目区域主管、项目督导和项目负责人须对服务方案就针对性、可行性、专业性、具体性和影响力等方面进行评估，并进行审批。方案评估的程序如下：首先，由家庭社工初步拟定服务方案，递交给区域主管；其次，区域主管对方案审批和修改后，交给项目督导和项目负责人；然后，由项目督导和项目负责人对服务方案进行评估，审核方案是否可以实施。获得批准的方案则可以执行；未获得批准的服务方案，则要对该社工就服务方案进行督导，社工重新修改并重新走方案评估流程。

2. 项目中期评估

乐群对项目中期评估也有具体规定，由机构研发部、督导部、家庭社工项目负责人和项目督导等组成内部评估团队，在第三方的项目中期评估之前，在全面掌握家庭社工服务开展情况的基础上，对项目进行阶段性跟踪和考评。

中期评估的具体步骤如下：第一步，家庭社工需要在项目信息系统上提交相关的服务记录和数据统计。第二步，从项目实施情况（如服务方案、服务内容、服务时间、服务频次、服务人数、服务记录等）和项目评价情况（如合作方满意度、服务对象满意度）等方面进行评估性自我总结；与此同时，家庭社工应对开展过程中遇到的问题和困难、下阶段工作方向等内容进行自我反思。第三步，将以上内容通过 PPT 形式进行汇报。

内部评估团队在听取家庭社工现场汇报后，从提升家庭社工专业度和总结提炼项目服务成效的角度，现场给予意见和建议。

3. 服务终期评估

乐群的项目终期评估要求机构内部评估团队对家庭社工项目整体的结果进行效率分析和评价，判断服务对象的改变程度及满意程度，了解项目的社会效益。项目内部终期评估应在第三方项目评估之前完成。

终期评估具体要求如下：

（1）每个家庭社工应向机构内部评估团队汇报各自街镇项目实施情况和项目成效情况。

（2）项目负责人需对项目管理（如进度管理、资金管理、团队管理、专业督导、宣传推广等）和项目影响力（如对服务对象、机构、行业和社会的影响）等方面进行总结，并向机构内部评估团队进行汇报。

（3）由内部评估团队对项目进行过程评估、结果评估、效益评估、影响评估，并分析成功或失败的原因，提出意见与建议，最终形成内部项目评估报告。

（六）公共关系维护与项目宣传要求

1. 管理和维护与合作方的关系

在项目实施过程中加强公关管理，制定公关管理方案。积极与浦东新区妇联、各个街镇妇联及基层各合作方建立和维护良好的合作关系。

2. 标注“浦东新区妇联”字样

根据浦东新区妇联的要求，乐群在项目执行过程中所开展的对外宣传活动，以及用资助经费购置有关物品时，须在适当的位置标注“浦东新区妇联”的字样。

3. 整合媒体资源，做好项目宣传

由项目执行社工与机构宣传部门工作人员共同负责媒体公关管理工作。在与媒体建立和维护良好关系的基础上，有效地整合媒体资源，通过多种形式的宣传渠道，对项目中的突出事例进行宣传报道，向社会大众宣传家庭社会工作项目的意义与成效，从而提升家庭社会工作项目的社会影响力及社会效应。

图书在版编目(CIP)数据

家庭社会工作项目实务手册/沙卫主编;殷茹媛副主编. —上海:复旦大学出版社,2023.12
(社会工作实务操作手册/沙卫主编;5)
ISBN 978-7-309-17071-9

Ⅰ.①家… Ⅱ.①沙…②殷… Ⅲ.①家庭问题-社会工作-中国-手册 Ⅳ.①D669.1-62

中国国家版本馆 CIP 数据核字(2023)第 224453 号

社会工作实务操作手册/家庭社会工作项目实务手册
沙 卫 主 编
殷茹媛 副主编
责任编辑/宋启立

复旦大学出版社有限公司出版发行
上海市国权路 579 号 邮编:200433
网址:fupnet@fudanpress.com http://www.fudanpress.com
门市零售:86-21-65102580 团体订购:86-21-65104505
出版部电话:86-21-65642845
上海盛通时代印刷有限公司

开本 787 毫米×1092 毫米 1/32 印张 18.375 字数 310 千字
2023 年 12 月第 1 版
2023 年 12 月第 1 版第 1 次印刷

ISBN 978-7-309-17071-9/D·1176
定价:98.00 元(全五册)